T0219560

Relationale Datenbanken

Thomas Studer

Relationale Datenbanken

Von den theoretischen Grundlagen
zu Anwendungen mit PostgreSQL

2., überarbeitete und erweiterte Auflage

 Springer Vieweg

Thomas Studer
Universität Bern
Bern, Schweiz

ISBN 978-3-662-58975-5   ISBN 978-3-662-58976-2 (eBook)
https://doi.org/10.1007/978-3-662-58976-2

Die Deutsche Nationalbibliothek verzeichnet diese Publikation in der Deutschen Nationalbibliografie; detaillierte bibliografische Daten sind im Internet über http://dnb.d-nb.de abrufbar.

Springer Vieweg

Springer Vieweg ist ein Imprint der eingetragenen Gesellschaft Springer-Verlag GmbH, DE und ist ein Teil von Springer Nature.
Die Anschrift der Gesellschaft ist: Heidelberger Platz 3, 14197 Berlin, Germany

Vorwort

Die automatische Informationsverarbeitung entwickelte sich in den letzten Jahrzehnten zu einem immer wichtigeren Aspekt unserer Gesellschaft. In vielen Bereichen des täglichen Lebens spielen die Speicherung und der Zugriff auf riesige Datenmengen eine wesentliche Rolle. Somit benötigen wir verlässliche Technologien, um die Verarbeitung dieser Daten effizient und sicher zu gewährleisten.

Das relationale Modell beschreibt einen klassischen Ansatz, um strukturierte Daten zu verwalten und dabei Konsistenz und Transaktionssicherheit zu garantieren. Dieses Modell wurde in relationalen Datenbanksystemen vielfach und äusserst erfolgreich implementiert.

Ein entsprechend wichtiges Thema sind relationale Datenbanken in der Informatikausbildung. Dieses Buch richtet sich an Studierende der Informatik oder Wirtschaftsinformatik an Universitäten und Fachhochschulen sowie an Software-Entwickler, die mit relationalen Datenbanken arbeiten. Es eignet sich zum Selbststudium oder als Begleitskript für Kurse und Vorlesungen.

In diesem Buch studieren wir relationale Datenbanken aus Sicht des Anwendungsentwicklers und Benutzers. Wir gehen im Detail auf folgende Themen ein:

1. Datenbanktheorie,
2. Design von Datenbanken,
3. Datenbanksprache SQL,
4. Abfrageoptimierung,
5. Transaktionsverarbeitung.

Im theoretischen Teil geben wir eine präzise mathematische Beschreibung des relationalen Modells an und führen die relationale Algebra als formale Abfragesprache ein. Ausserdem studieren wir, wie ein gegebenes Datenbankschema in die dritte Normalform und in die Boyce–Codd Normalform zerlegt werden kann. Meistens verzichten wir aber darauf, die angegebenen Eigenschaften zu beweisen. Dafür enthält das Buch eine Vielzahl von ausführlichen Beispielen, welche die theoretischen Begriffe praxisnah illustrieren.

Der praktische Teil bietet eine Einführung in SQL als Query-Sprache aber auch als Sprache zur Datendefinition und -manipulation. Weiter zeigen wir an konkreten Beispielen, was ein gutes Datenbankdesign ausmacht. Ebenso behandeln wir die Themen

Abfrageoptimierung und Transaktionsverarbeitung. Für alle praktischen Aspekte beziehen wir uns auf die Open-Source-Datenbank PostgreSQL, wobei wir auch aktuelle Entwicklungen, wie beispielsweise Serializable Snapshot Isolation, behandeln. PostgreSQL und eine ausführliche Dokumention dazu sind verfügbar unter

www.postgresql.org

Zu diesem Buch gibt es auch eine Reihe von Begleitmaterialien, welche unter

db-buch.inf.unibe.ch

öffentlich zugänglich sind.

Danksagung

Dieses Buch wäre nicht möglich gewesen ohne die Hilfe einer Vielzahl von Personen. Zuerst möchte ich mich bei Gerhard Jäger bedanken. Sein Vorlesungsskript *Datenbanken* war meine Inspiration zu diesem Buch.

Ein grosses Dankeschön geht an Karin Abegglen, Dominik Feller, Anna Kaeser und Johannes Werner. Sie haben eine frühe Version dieses Buches sorgfältig gelesen und viele Fehler und Unstimmigkeiten korrigiert. Ich möchte mich auch bei den Studentinnen und Studenten meiner Datenbank-Vorlesung des Frühlingssemesters 2015 bedanken. Insbesondere Eveline Lehmann, Laurent Schwander, Mathias Stocker und Antonio Tuor haben mich auf verschiedene Fehler aufmerksam gemacht und Themen angeregt, die ich nun im Buch behandle. Und noch ein Merci an Jasmin für den Schlusssatz.

Dank auch an alle Mitarbeiterinnen und Mitarbeiter des Springer Verlags, welche die Produktion dieses Buches ermöglicht haben. Speziell erwähnen möchte ich dabei Hermann Engesser, Dorothea Glaunsinger und Lisa Nienhaus.

Bern, Schweiz   Thomas Studer
August 2015

Vorwort zur zweiten Auflage

Dies ist die zweite, erweiterte und überarbeitete Auflage dieses Buches. Die wichtigsten Unterschiede zur ersten Auflage sind:

1. Diese Auflage enthält zwei neue Kapitel zu den Themen *Rollen und Berechtigungen* sowie *Sicherheitsrichtlinien auf Zeilenebene*.
2. Alle praktischen Beispiele und Erklärungen beziehen sich auf die aktuelle PostgreSQL Version 11.1.

Daneben gibt es natürlich noch viele weitere kleine Änderungen. Zum Beispiel wird eine neue Definition der Umbenennungsfunktion in der relationalen Algebra verwendet.

Danksagung

Es haben viele Personen mitgeholfen, diese zweite, erweiterte Auflage zu erstellen. Zuerst möchte ich mich bei Nathalie Froidevaux bedanken. Sie hat grosse Teile der beiden neuen Kapitel geschrieben.

Danke an Kai Brünnler. Er hat die neue Definition der Umbenennungsfunktion angeregt. Danke an Eveline Lehmann für das neue Beispiel zu 1:1-Beziehungen. Danke an Samuel Bucheli für seine Bemerkungen zu Indizes und für das Halten der Datenbankvorlesung.

Danke auch an Sybille Thelen vom Springer Verlag. Sie hat die Produktion der zweiten Auflage tatkräftig unterstützt.

Bern, Schweiz   Thomas Studer
Februar 2019

Inhaltsverzeichnis

Mengenlehre

1

Wie es der Name bereits sagt, bilden Relationen das Grundgerüst relationaler Datenbanken. Um formal präzise über Eigenschaften relationaler Datenbanken sprechen zu können, ist es somit wichtig, das Konzept einer Relation im mathematischen Sinn zu verstehen.

Deshalb beginnen wir mit einer kurzen Repetition der wichtigsten Begriffe der Mengenlehre. Wir beschreiben allgemein, wie Mengen gebildet werden können und definieren einige Operationen auf Mengen. Relationen sind dann spezielle Mengen, auf denen weitere Operationen definiert und ausgeführt werden können. Wir werden dabei an ein paar Stellen, z. B. bei der Definition der Sprache oder beim kartesischen Produkt, von der klassischen mathematischen Mengenlehre abweichen. Dadurch wird die Theorie etwas einfacher und die mathematischen Definitionen entsprechen besser den tatsächlichen Konzepten relationaler Datenbanken. Die Begriffe, welche wir hier einführen, bilden die Grundlage, um später das relationale Modell exakt zu beschreiben. Dieses Kapitel dient auch dazu, die Notation festzulegen.

1.1 Objekte und Mengen

Wir verwenden eine zwei-sortige Sprache, um die Theorie relationaler Datenbanken zu entwickeln. Das heisst, wir unterscheiden zwei Arten von Entitäten: *Objekte* und *Mengen*. Wir benutzen Kleinbuchstaben $a, b, c, \ldots$ um Objekte zu bezeichnen und Grossbuchstaben $A, B, C, \ldots$ um Mengen zu bezeichnen.

Definition 1.1. Objekte sind entweder

1. *atomare Objekte*, d. h. unteilbare Objekte ohne interne Struktur oder
2. *n-Tupel* der Form $(a_1, a_2, \ldots, a_n)$, wobei a_1 bis a_n Objekte sind.

© Springer-Verlag GmbH Deutschland, ein Teil von Springer Nature 2019
T. Studer, *Relationale Datenbanken*,
https://doi.org/10.1007/978-3-662-58976-2_1

Wir spezifizieren die atomaren Objekte hier nicht näher, sondern nehmen einfach an, dass gewisse atomare Objekte existieren.

Wir verwenden den Begriff n-Tupel nur für $n \geq 1$. Sei $a = (a_1, \ldots, a_i, \ldots, a_n)$ ein n-Tupel, dann nennen wir a_i die i-*te Komponente* von a. Spielt bei einem n-Tupel die Anzahl der Komponenten keine Rolle (oder ist sie klar aus dem Kontext), so sprechen wir einfach von einem *Tupel*. Die Komponenten eines Tupels sind geordnet.

Mit Hilfe der Projektionsfunktion $\pi_i(a)$ können wir die i-te Komponente aus einem Tupel a extrahieren. Wir definieren für $a = (a_1, \ldots, a_n)$ und $1 \leq i \leq n$:

$$\pi_i(a) := a_i.$$

Beispiel 1.2. Seien a, b und c Objekte. Dann sind auch

$$(a, a, b) \quad \text{sowie} \quad ((a, a, b), c)$$

Objekte. Dabei ist (a, a, b) ein 3-Tupel bei dem die erste und zweite Komponente identisch sind. Das Objekt $((a, a, b), c)$ ist ein 2-Tupel, dessen erste Komponente ein 3-Tupel ist.

Definition 1.3. Seien $a = (a_1, \ldots, a_n)$ und $b = (b_1, \ldots, b_n)$ zwei n-Tupel. Es gilt

$$a = b \qquad \text{g.d.w.} \qquad a_i = b_i \text{ für alle } 1 \leq i \leq n.$$

Das heisst, zwei n-Tupel sind genau dann gleich, wenn Gleichheit für alle Komponenten gilt.

Definition 1.4. Eine *Menge* ist eine ungeordnete Kollektion von Objekten. Falls das Objekt a zu einer Menge M gehört, sagen wir a ist ein *Element von A* und schreiben $a \in M$. Analog schreiben wir $a \notin M$ um auszudrücken, dass a nicht zur Menge M gehört. Eine endliche Menge M kann durch Aufzählen ihrer Elemente beschrieben werden. So besteht beispielsweise die Menge $M = \{a, b, c, d\}$ genau aus den Elementen a, b, c und d. Mit $\emptyset$ bezeichnen wir die *leere Menge*, welche keine Elemente enthält.

Bei der Beschreibung einer Menge geht es ausschliesslich um die Frage, *welche Elemente in ihr enthalten sind*. Es wird nicht danach gefragt, ob ein Element mehrmals enthalten ist oder ob es eine Reihenfolge unter den Elementen gibt. Das heisst,

$$\{b, b, a, c, d\} \qquad \text{und} \qquad \{a, b, c, d, d, d\}$$

beschreiben dieselbe Menge.

Annahme 1.5 *Die Klasse der Objekte und die Klasse der Mengen sind disjunkt.*

Dies bedeutet, dass Mengen keine Objekte sind. Somit kann eine Menge nicht Element einer (anderen) Menge sein. Für Mengen A und B ist also $A \in B$ nicht möglich.

Wir treffen diese Annahme, damit wir uns nicht um Paradoxien der Mengenlehre kümmern müssen, siehe Bemerkung 1.14 weiter unten.

Definition 1.6. Zwei Mengen sind *gleich*, falls sie dieselben Elemente enthalten. Formal heisst das

$$A = B \qquad \text{g.d.w.} \qquad \forall x (x \in A \Leftrightarrow x \in B).$$

Statt A und B sind gleich sagen wir auch, A und B sind *identisch*.

Anmerkung 1.7. Das Symbol $\forall$ heisst *Allquantor* und bedeutet *für alle*. Somit können wir die obige Formel

$$\forall x (x \in A \Leftrightarrow x \in B)$$

als

$$\text{für alle } x \text{ gilt } (x \in A \Leftrightarrow x \in B)$$

lesen. Wir werden auch das Symbol $\exists$ verwenden. Dieses Symbol heisst *Existenzquantor* und bedeutet *es gibt*.

Definition 1.8. Eine Menge A heisst *Teilmenge* einer Menge B (wir schreiben dafür $A \subseteq B$), falls jedes Element von A auch ein Element von B ist. Das heisst

$$A \subseteq B \qquad \text{g.d.w.} \qquad \forall x (x \in A \Rightarrow x \in B).$$

A heisst *echte* Teilmenge von B (in Zeichen $A \subsetneq B$), falls

$$A \subseteq B \quad \text{und} \quad A \neq B.$$

Anmerkung 1.9. Für zwei Mengen A und B gilt somit

$$A = B \qquad \text{g.d.w.} \qquad A \subseteq B \text{ und } B \subseteq A.$$

Bisher haben wir noch kein Prinzip gesehen, das die Existenz von Mengen garantiert. Um neue Mengen zu bilden, führen wir nun das Schema der *Komprehension* ein. Dazu benötigen wir den Begriff eines Prädikats. Ein Prädikat $\varphi(x)$ beschreibt eine Eigenschaft, welche Objekten zu- oder abgesprochen werden kann.[1] Der Ausdruck $\varphi(a)$ sagt, dass das Objekt a die durch $\varphi(x)$ beschriebene Eigenschaft hat. Wir sagen dann, a erfüllt φ.

Annahme 1.10 *Für jedes Prädikat $\varphi(x)$ gibt es eine Menge A, so dass für alle Objekte x gilt*

$$x \in A \qquad g.d.w. \qquad \varphi(x).$$

Wir verwenden folgende Schreibweise, um eine durch Komprehension gebildete Menge zu definieren

$$A := \{x \mid \varphi(x)\}$$

und sagen *A ist die Menge von allen x, welche φ erfüllen.*

Die folgenden drei Beispiele zeigen, wie mit dem Schema der Komprehension Mengen von Objekten gebildet werden können.

Beispiel 1.11. Sei $\varphi(x)$ das Prädikat

x ist eine Person mit dem Vornamen Tom.

Dann ist $A := \{x \mid \varphi(x)\}$ die Menge aller Personen mit dem Vornamen Tom.

Beispiel 1.12. Sei $\varphi(x)$ das Prädikat

x ist ein Auto der Marke VW oder Audi.

Dann ist $A := \{x \mid \varphi(x)\}$ die Menge aller VWs und Audis

Beispiel 1.13. Die Menge

$$A := \{x \mid \exists y \in \mathbb{N} \text{ mit } x = 2y\}$$

ist die Menge derjenigen x für die es eine natürliche Zahl y gibt mit $x = 2y$. Das heisst, A ist die Menge der geraden natürlichen Zahlen.

---

[1]Wir können an dieser Stelle unpräzise sein und offen lassen, in welcher Sprache Prädikate formuliert werden. Wir erlauben sogar umgangssprachliche Prädikate.

Anmerkung 1.14. In der üblichen mathematischen Mengenlehre ist das Schema der (uneingeschränkten) Komprehension nicht zulässig, da es zu Widersprüchen führt, wie z. B. der Menge aller Mengen die sich nicht selbst enthalten

$$R := \{x \mid x \notin x\}.$$

Für diese Menge gilt

$$R \in R \qquad \text{g.d.w.} \qquad R \in \{x \mid x \notin x\} \qquad \text{g.d.w.} \qquad R \notin R,$$

was unmöglich ist.

In unserem Ansatz verhindert die Annahme 1.5 die obige Paradoxie. Der Ausdruck $x \notin x$ ist syntaktisch nicht erlaubt, da die Element-Beziehung nur zwischen Objekten und Mengen ausgedrückt werden kann, aber nicht zwischen zwei Mengen oder zwischen zwei Objekten.

1.2 Operationen auf Mengen

In diesem Abschnitt betrachten wir einige grundlegende Operationen, um aus gegebenen Mengen neue Mengen zu bilden.

Definition 1.15. Die *Vereinigung* $A \cup B$ von zwei Mengen A und B besteht aus allen Objekten, die Element von A oder Element von B (oder auch von beiden) sind. Das heisst

$$x \in A \cup B \qquad \text{g.d.w.} \qquad x \in A \text{ oder } x \in B.$$

Definition 1.16. Die *Differenz* $A \setminus B$ von zwei Mengen A und B besteht aus allen Elementen von A, die nicht Element von B sind. Das heisst

$$x \in A \setminus B \qquad \text{g.d.w.} \qquad x \in A \text{ und } x \notin B.$$

Definition 1.17. Der *Schnitt* $A \cap B$ von zwei Mengen A und B besteht aus allen Objekten, die sowohl Element von A als auch Element von B sind. Das heisst

$$x \in A \cap B \qquad \text{g.d.w.} \qquad x \in A \text{ und } x \in B.$$

Anmerkung 1.18. Die Vereinigung, die Differenz und der Schnitt zweier Mengen existieren (als neue Mengen), da sie durch das Schema der Komprehension gebildet werden können.

Das folgende Lemma besagt, dass die Schnitt-Operation auch mit Hilfe der Differenz ausgedrückt werden kann.

Lemma 1.19. *Seien A und B zwei Mengen. Dann gilt*

$$A \cap B = A \setminus (A \setminus B).$$

Beweis. Die folgenden Aussagen sind äquivalent:

$$x \in A \cap B$$

$$x \in A \text{ und } x \in B$$

$$x \in A \text{ und } (x \notin A \text{ oder } x \in B)$$

$$x \in A \text{ und nicht } (x \in A \text{ und } x \notin B)$$

$$x \in A \text{ und nicht } x \in (A \setminus B)$$

$$x \in A \text{ und } x \notin (A \setminus B)$$

$$x \in A \setminus (A \setminus B)$$

Damit gilt $A \cap B = A \setminus (A \setminus B)$.   □

1.3   Relationen

In diesem Abschnitt führen wir den Begriff einer Relation ein und definieren das kartesische Produkt.

Definition 1.20. Eine Menge R heisst *n-stellige* (oder *n-äre*) *Relation* über Mengen $A_1, \ldots, A_n$, falls

$$R \subseteq \{(x_1, \ldots, x_n) \mid x_1 \in A_1 \text{ und } \cdots \text{ und } x_n \in A_n\}.$$

Für eine n-stellige Relation R über Mengen $A_1, \ldots, A_n$ gilt somit: Jedes Element von R ist ein n-Tupel $(x_1, \ldots, x_n)$ mit $x_i \in A_i$ für alle $1 \leq i \leq n$.

Beispiel 1.21. Wir verwenden eine Relation über Mengen $A_1, \ldots, A_n$, um die Beziehung zwischen Objekten dieser Mengen zu beschreiben. Sei Personen die Menge

$$\{\text{Ann, Bob, Tom}\}$$

und Autos die Menge

$$\{\,\text{Audi},\,\text{VW}\,\}.$$

Durch eine Relation über Personen und Autos können wir ausdrücken, welche Person ein Auto welcher Marke fährt. Wir finden, dass

$$P := \{(x_1, x_2) \mid x_1 \in \text{Personen und } x_2 \in \text{Autos}\}$$

die Menge

$$\{\,(\text{Ann},\text{Audi}),\ (\text{Ann},\text{VW}),\ (\text{Bob},\text{Audi}),\ (\text{Bob},\text{VW}),$$

$$(\text{Tom},\text{Audi}),\ (\text{Tom},\text{VW})\,\}$$

definiert. Jede Teilmenge von P ist nun eine Relation über Personen und Autos. Beispielsweise können wir folgende Relationen über Personen und Autos definieren:

$$R_1 := \{\,(\text{Ann},\text{Audi}),\ (\text{Bob},\text{VW})\,\}$$

$$R_2 := \{\,(\text{Ann},\text{Audi}),\ (\text{Ann},\text{VW})\,\}$$

$$R_3 := \emptyset$$

Die Relation R_1 besagt, dass Ann einen Audi fährt und Bob einen VW. Weiter besagt R_1, dass Tom kein Auto fährt. Wir nehmen nämlich an, dass eine Relation die *ganze* Information über die Beziehung darstellt. Somit folgt bspw. aus (Bob, Audi) $\notin R_1$, dass Bob *keinen* Audi fährt. Im Fachchinesisch heisst diese Annahme *closed world assumption*.

Natürlich kann eine Relation auch darstellen, dass eine Person mehrere Autos fährt. R_2 ist ein Beispiel dazu. Als letztes Beispiel besagt R_3, dass keine Person ein Auto fährt.

Definition 1.22. Für eine m-stellige Relation R und eine n-stellige Relation S definieren wir das *kartesische Produkt* $R \times S$ als $(m + n)$-stellige Relation durch

$$R \times S := \{(x_1, \ldots, x_{m+n}) \mid (x_1, \ldots, x_m) \in R \text{ und } (x_{m+1}, \ldots, x_{m+n}) \in S\}.$$

Das kartesische Produkt von R und S besteht aus allen möglichen Kombinationen von Elementen aus R mit Elementen aus S. Besteht R aus h-vielen Elementen und S aus k-vielen Elementen, so enthält das kartesische Produkt $(h \cdot k)$-viele Elemente.

Beispiel 1.23. Sei R die 1-stellige Relation $R = \{(a), (b), (c)\}$ und S die 2-stellige Relation $S = \{(1, 5), (2, 6)\}$. Dann ist $R \times S$ die 3-stellige Relation

$$R \times S = \{(a, 1, 5),\ (a, 2, 6),\ (b, 1, 5),\ (b, 2, 6),\ (c, 1, 5),\ (c, 2, 6)\}.$$

Es ist leicht zu sehen, dass das kartesische Produkt assoziativ ist.

Lemma 1.24. *Seien R, S und T Relationen. Es gilt*

$$(R \times S) \times T = R \times (S \times T).$$

Diese Eigenschaft erlaubt es uns, die Klammern wegzulassen und einfach $R \times S \times T$ zu schreiben.

Anmerkung 1.25. Definition 1.22 liefert ein *flaches* kartesisches Produkt. Das bedeutet, dass das kartesische Produkt einer m-stelligen mit einer n-stelligen Relation eine $(m + n)$-stellige Relation ist. Üblicherweise wird in der mathematischen Mengenlehre das kartesische Produkt anders definiert, nämlich durch

$$R \times S := \{(a, b) \mid a \in R \text{ und } b \in S\}. \tag{1.1}$$

Damit ist $R \times S$ immer eine 2-stellige Relation. Für R und S aus Beispiel 1.23 finden wir dann

$$R \times S := \{((a), (1, 5)),\ ((a), (2, 6)),\ ((b), (1, 5)),\ ((b), (2, 6)),$$
$$((c), (1, 5)),\ ((c), (2, 6))\}.$$

Die Elemente aus $R \times S$ sind 2-Tupel (Paare) bestehend aus einem 1-Tupel und einem 2-Tupel.

Im Gegensatz zu unserem kartesischen Produkt erfüllt das Produkt aus (1.1) das Assoziativgesetzt nicht.

Weiterführende Literatur[2]

1. Feferman, S.: A language and axioms for explicit mathematics. In: Crossley, J. (Hrsg.) Algebra and Logic. Lecture Notes in Mathematics, Bd. 450, S. 87–139. Springer, Berlin/New York (1975)
2. Friedrichsdorf, U., Prestel, A.: Mengenlehre für den Mathematiker. Vieweg, Braunschweig (1985). https://doi.org/10.1007/978-3-322-89856-2
3. Jäger, G., Studer, T.: Extending the system T_0 of explicit mathematics: the limit and Mahlo axioms. Ann. Pure Appl. Logic **114**, 79–101 (2002)
4. Jech, T.: Set Theory. Springer Monographs in Mathematics, 3. Aufl. Springer, Berlin (2003). https://doi.org/10.1007/3-540-44761-X

---

[2]Das Buch von Friedrichsdorf und Prestel [2] bietet eine gute und einfache Einführung in die mathematische Mengenlehre. Jech [4] liefert eine ausführliche Darstellung der Mengenlehre, welche auch weiterführende Themen behandelt. Eine zwei-sortige Sprache, wie wir sie in diesem Kapitel eingeführt haben, wird beispielsweise auch in Systemen der expliziten Mathematik [1, 3] eingesetzt, um Objekte und Mengen zu unterscheiden und so allgemeine Komprehensionsprinzipien zu ermöglichen.

Das Relationenmodell

2

Die Grundidee des Relationenmodells ist es, Daten in Form von Relationen abzuspeichern. In diesem Kapitel führen wir die wesentlichen Begriffe des Relationenmodells ein, wie beispielsweise Attribut, Domäne, Schema und Instanz. Ausserdem diskutieren wir das Konzept des Primärschlüssels eines Schemas. Im letzten Abschnitt behandeln wir Integritätsbedingungen auf einem Datenbankschema. Insbesondere definieren wir die Bedeutung von Fremdschlüsseln, unique Constraints und not null Constraints.

2.1 Struktur relationaler Datenbanken

Das mathematische Konzept der Relation bildet das theoretische Grundgerüst des Relationenmodells. Dieses ermöglicht eine formale Beschreibung der Struktur relationaler Datenbanken. Damit lassen sich Fragen im Zusammenhang mit Semantik, Integrität und Redundanz präzise untersuchen.

Im Relationenmodell sind die Daten, welche in der Datenbank gehalten werden, in der Form von Relationen abgespeichert. Als erstes beobachten wir, dass n-stellige Relationen als Tabellen mit n Spalten dargestellt werden können.

Beispiel 2.1. Wir nehmen an, wir wollen die Daten einer Menge von Autos in unserer Datenbank halten. Für jedes Auto soll dessen Marke und Farbe abgespeichert werden. Wir können also jedes Auto als Paar (`Marke`, `Farbe`) darstellen. Eine Menge von Autos entspricht somit einer Menge von solchen Paaren. Das heisst wir können eine Menge von Autos durch eine 2-stellige Relation repräsentieren. Wir betrachten nun folgendes konkretes Beispiel:

$$\text{Autos} := \{(\texttt{Opel}, \texttt{silber}), (\texttt{VW}, \texttt{rot}), (\texttt{Audi}, \texttt{schwarz})\}.$$

© Springer-Verlag GmbH Deutschland, ein Teil von Springer Nature 2019
T. Studer, *Relationale Datenbanken*,
https://doi.org/10.1007/978-3-662-58976-2_2

Die Relation `Autos` enthält in diesem Beispiel die Daten zu drei Autos.

Wir können diese Relation als Tabelle mit zwei Spalten darstellen:

Opel	silber
VW	rot
Audi	schwarz

Wir werden nun die Grundbegriffe des Relationenmodells einführen. Diese erlauben uns präzise über dieses Modell zu sprechen und formale Definitionen der Datenbank-Operationen auf Relationen anzugeben.

Attribut und Domäne

Wir geben jeder Spalte der Tabellendarstellung einer Relation einen Namen. Diese Namen heissen *Attribute*. Im obigen Beispiel nennen wir die linke Spalte `Marke` und die rechte Spalte nennen wir `Farbe`. Die Attribute sind also Namen für Eigenschaften von Objekten. In unserem Beispiel sind `Marke` und `Farbe` Eigenschaften von `Autos`.

In der Tabellenform geben wir den Namen der Relation und die Attribute als Überschriften folgendermassen an:

Autos

Marke	Farbe
Opel	silber
VW	rot
Audi	schwarz

Die Menge von möglichen Werten, die ein Attribut annehmen kann, bezeichnen wir als die *Domäne* dieses Attributs.

Es kann vorkommen, dass der Wert eines Attributes unbekannt ist. Dies kann sein, weil wir den Wert des Attributs nicht kennen oder weil es noch keinen Wert besitzt. Nehmen wir an, die Relation `Autos` hat noch ein drittes Attribut `Fahrer`. Es kann sein, dass wir den Fahrer eines Autos nicht kennen oder dass es noch keinen Fahrer hat (bspw. weil es noch nicht verkauft wurde). Um diese Fälle zu modellieren, führen wir einen speziellen Wert `Null` ein, *welcher zu jeder Domäne gehört*. Wir verwenden `Null`, um auszudrücken, dass der Wert eines Attributs unbekannt ist. Wir werden also dem Attribut `Fahrer` den Wert `Null` zuweisen, falls wir den Fahrer nicht kennen oder falls das Auto noch keinen Fahrer hat.

In der Tabellenform schreiben wir häufig − anstelle von `Null`. Nehmen wir also an, der `Opel` wird von `Tom` und der `Audi` von `Eva` gefahren. Der `VW` sei noch nicht verkauft. Wir können diese Information wie folgt darstellen:

```
Autos
Marke    Farbe      Fahrer
Opel     silber     Tom
VW       rot        -
Audi     schwarz    Eva
```

Da wir `Null` verwenden, um auszudrücken, dass der Wert eines Attributs unbekannt ist, erhält `Null` eine spezielle Semantik bezüglich der Gleichheit:

$$\text{Es gilt } \textit{nicht}, \text{ dass Null} = \text{Null}. \tag{2.1}$$

Wenn wir zwei unbekannte Werte vergleichen, so wissen wir eben nicht, ob sie gleich sind. Deshalb verwenden wir eine Semantik für die (2.1) der Fall ist.[1]

An einigen Stellen werden wir jedoch zwei `Null` Werte als gleichwertig betrachten müssen. Dazu führen wir folgende schwache Gleichheitsrelation zwischen zwei atomaren Objekten a und b ein:

$$a \simeq b \qquad \text{g.d.w.} \qquad a = b \quad \text{oder} \quad (a \text{ ist Null und b ist Null}).$$

Für zwei n-Tupel definieren wir analog:

$$(a_1, \ldots, a_n) \simeq (b_1, \ldots, b_n) \qquad \text{g.d.w.} \qquad a_i \simeq b_i \text{ für alle } 1 \leq i \leq n.$$

Relation und n-Tupel über Domänen $D_1, \ldots, D_n$

Gegeben seien n Domänen $D_1, \ldots, D_n$. Ein n-*Tupel über* $D_1, \ldots, D_n$ ist ein Objekt der Form

$$(a_1, \ldots, a_n),$$

wobei $a_i \in D_i$ für alle $1 \leq i \leq n$. Eine n-stellige *Relation* R über den Domänen $D_1, \ldots, D_n$ ist eine Menge von n-Tupeln über $D_1, \ldots, D_n$. Das heisst

$$R \subseteq \{(x_1, \ldots, x_n) \mid x_1 \in D_1 \text{ und } \cdots \text{ und } x_n \in D_n\}.$$

---

[1] In der Beschreibung der Selektionsoperation (Seite 48) werden wir im Detail auf die Semantik des `Null` Wertes eingehen.

Relationenschema

Relationenschemata (oder einfach nur *Schemata*) spezifizieren die bei Relationen verwendeten Attribute und Domänen. Es handelt sich dabei um Sequenzen der Form

$$(A_1 : D_1, \ldots, A_n : D_n),$$

wobei $A_1, \ldots, A_n$ Attribute mit den jeweiligen Domänen $D_1, \ldots, D_n$ sind. Ergeben sich die Domänen unmittelbar aus dem Kontext oder sind sie unwichtig, so schreiben wir manchmal nur

$$(A_1, \ldots, A_n)$$

anstelle von $(A_1 : D_1, \ldots, A_n : D_n)$. Weiter verwenden wir die Sprechweise *R ist eine Relation über* $A_1, \ldots, A_n$ und meinen damit, dass R eine Relation über den dazugehörenden Domänen $D_1, \ldots, D_n$ ist. Dafür sagen wir auch *R ist eine Instanz des Schemas* $(A_1, \ldots, A_n)$.

Relationales Datenbank-Schema

Als *relationales Datenbank-Schema* (oder kurz *DB-Schema*) bezeichnen wir die Menge aller verwendeten Relationenschemata.

Relationale Datenbank

Als *relationale Datenbank* (oder kurz *relationale DB*) bezeichnen wir das verwendete relationale Datenbank-Schema zusammen mit den momentanen Werten der Relationen. Eine relationale Datenbank besteht somit aus einem DB-Schema zusammen mit den aktuellen Instanzen aller Schemata des DB-Schemas. Wir sprechen in diesem Zusammenhang auch von einer *Instanz* eines DB-Schemas und meinen damit die Menge der aktuellen Instanzen aller Schemata des DB-Schemas.

2.2   Schlüssel

Beim Entwurf einer Datenbank ist es wichtig festzulegen, wie verschiedene Objekte auf sinnvolle Weise unterschieden werden können. In der realen Welt handelt es sich dabei tatsächlich um unterschiedliche Objekte. Im relationalen Modell müssen wir explizit angeben, mit Hilfe von welchen Attributen wir diese unterschiedlichen Objekte unterscheiden können. Das heisst, wir müssen angeben, welche Attribute wir zur Identifikation von Objekten verwenden wollen.

Dazu führen wir folgende Notationen ein. Es seien $A_1, \ldots, A_n$ Attribute,

$$\mathscr{S} = (A_1, \ldots, A_n)$$

ein Relationenschema,[2] und R eine Instanz von $\mathscr{S}$.

1. Ist t ein n-Tupel, das zu R gehört, so schreiben wir $t[A_i]$ für den Wert von t bei Attribut A_i. Für $(a_1, \ldots, a_i, \ldots, a_n) \in R$ heisst das

$$(a_1, \ldots, a_i, \ldots, a_n)[A_i] = a_i.$$

2. Ist $K = (A_{i_1}, \ldots, A_{i_m})$ eine Sequenz von Attributen, so definieren wir für ein n-Tupel $(a_1, \ldots, a_i, \ldots, a_n) \in R$

$$(a_1, \ldots, a_i, \ldots, a_n)[K] := (a_{i_1}, \ldots, a_{i_m}). \qquad (2.2)$$

Für $s, t \in R$ bedeutet also $s[K] = t[K]$, dass die Werte von s und t in allen Attributen aus K übereinstimmen.

Die Frage in diesem Abschnitt lautet ja, wie wir in einer Instanz R von $\mathscr{S}$ die einzelnen Elemente unterscheiden können. Dazu wählen wir einen sogenannten *Primärschlüssel*. Dies ist eine Sequenz von Attributen

$$K = (A_{i_1}, \ldots, A_{i_m}).$$

Dann verlangen wir für alle Instanzen R von $\mathscr{S}$ und alle $s, t \in R$, dass

$$s[K] = t[K] \quad \Longrightarrow \quad s \simeq t. \qquad (2.3)$$

Das heisst, wir können jedes Element t aus R eindeutig identifizieren anhand der Werte von t bei den Primärschlüssel-Attributen. Wenn die Werte von zwei Elementen s und t bei den Primärschlüssel-Attributen übereinstimmen, so müssen s und t identisch sein.

Zu jedem Relationenschema können wir nur *einen* Primärschlüssel wählen. Wir geben diesen an, indem wir beim Schema diejenigen Attribute unterstreichen, welche zum gewählten Primärschlüssel gehören.

Beispiel 2.2. Betrachten wir eine Relation `Autos` über den Attributen `Marke`, `Farbe`, `Baujahr`, `Vorname` und `Nachname`, welche neben Marke und Farbe der Autos auch das Baujahr, sowie Vor- und Nachname des Fahrers enthält.

---

[2]Das Zeichen $\mathscr{S}$ ist ein kaligraphisches S.

Autos

Marke	Farbe	Baujahr	Vorname	Nachname
Opel	silber	2010	Tom	Studer
Opel	schwarz	2010	Eva	Studer
VW	rot	2014	Eva	Studer
Audi	schwarz	2014	Eva	Meier

Es sei nun

$$t := (\text{Opel, schwarz, 2010, Eva, Studer}).$$

Damit gilt

$$t[(\text{Marke, Farbe})] = (\text{Opel, schwarz})$$

und

$$t[(\text{Nachname, Baujahr})] = (\text{Studer, 2010}).$$

Für die gegebene Relation `Autos` sind unter anderem die beiden folgenden Primärschlüssel möglich:

$$(\text{Marke, Farbe}) \quad \text{und} \quad (\text{Baujahr, Vorname, Nachname}). \tag{2.4}$$

Falls wir (Marke, Farbe) als Primärschlüssel wählen, so geben wir das Schema wie folgt an:

$$(\underline{\text{Marke}}, \underline{\text{Farbe}}, \text{Baujahr, Vorname, Nachname}).$$

Gemäss der Definition ist ein Primärschlüssel eine Sequenz von Attributen, d.h. die Attribute sind im Primärschlüssel geordnet. Diese Ordnung wird in der obigen Notation natürlich nicht angezeigt. Dies muss uns aber im Moment nicht stören.

In einer echten Datenbankanwendung sind wahrscheinlich beide möglichen Primärschlüssel aus (2.4) ungeeignet. Es ist nämlich gut möglich, dass wir später dieser Relation weitere Autos hinzufügen möchten. Da kann es dann sein, dass ein zweiter roter VW eingefügt werden soll oder ein weiteres Auto mit Baujahr 2010 und dem Fahrer Tom Studer.

Später, in Definition 9.13 werden wir noch im Detail darauf eingehen, welche Eigenschaften ein Primärschlüssel haben sollte und welche Attributmengen sich gut als Primärschlüssel eignen.

In der Praxis wird oft ein zusätzliches Attribut, nennen wir es `Auto_Id`, hinzugefügt, welches als Primärschlüssel dient. Dieses Attribut hat nur den Zweck, die verschiedenen Elemente der Relation eindeutig zu bestimmen. Es beschreibt aber keine echte Eigenschaft von Autos. Wir nennen einen solchen Primärschlüssel einen *nicht-sprechenden* Schlüssel. Ein *sprechender* Schlüssel hingegen hat eine logische Beziehung zu einem oder mehreren Attributen des Schemas.

Anmerkung 2.3. Es ist gute Praxis *keine* sprechenden Schlüssel zu verwenden, da diese die Tendenz haben zu zerbrechen. Das heisst, früher oder später wird eine Situation auftreten, in der ein neues Tupel eingefügt werden soll, dessen sprechender Schlüssel bereits ein Tupel in der Relation bezeichnet. Oder es kann sein, dass das System der Schlüsselgenerierung komplett geändert wird. Beispiele dazu sind:

1. das System der AHV-Nummern (eindeutige Personennummer der Alters- und Hinterlassenenversicherung) in der Schweiz, welches 2008 geändert wurde,
2. die Internationale Standardbuchnummer (ISBN), für die 2005 ein revidierter Standard eingeführt wurde.

Beispiel 2.4. In (2.3) verwenden wir auf der rechten Seite der Implikation die schwache Gleichheit. Hier zeigen wir weshalb wir diese Definition gewählt haben. Dazu betrachten wir die Tabelle

Autos

Marke	Farbe	Baujahr
Opel	silber	Null

mit dem Primärschlüssel $K = ($`Marke, Farbe`$)$. Wir setzen

$$s := t := (\text{Opel}, \text{Silber}, \text{Null}).$$

Es gilt $s[K] = t[K]$. Um (2.3) zu erfüllen, muss nun auch $s \simeq t$ gelten, was offensichtlich der Fall ist. Jedoch gilt *nicht* $s = t$, weil $s[$`Baujahr`$] = t[$`Baujahr`$]$ nicht gilt. Somit würde diese Relation eine Version von (2.3) mit der Bedingung $s = t$ nicht erfüllen.

Betrachten wir noch einmal die Tabelle aus Beispiel 2.2. In dieser Tabelle sind die Daten zu Eva Studer doppelt abgespeichert. Dies kann zu einer Reihe von Problemen führen: z. B. falls sie den Namen ändert, so muss diese Änderung an zwei Stellen in der Datenbank nachgeführt werden. Dies birgt die Gefahr von inkonsistenten Daten. Es könnte nämlich sein, dass nur eine Änderung ausgeführt wird, die andere aber nicht und somit diese Fahrerin mit zwei verschiedenen Namen in der Datenbank vorhanden ist.

Besser ist es, die Daten zu den Autos und zu den Fahrern in zwei separaten Tabellen zu speichern. So ist es möglich, dass die Angaben zu jeder Person nur einmal abgespeichert sind. Damit können Inkonsistenzen ausgeschlossen werden. Das folgende Beispiel illustriert dieses Vorgehen.

Beispiel 2.5. Die Daten zu Autos und deren Fahrer aufgeteilt in zwei Tabellen. Die Primärschlüssel sind jeweils unterstrichen.

Autos

Marke	Farbe	Baujahr	FahrerId
Opel	silber	2010	1
Opel	schwarz	2010	2
VW	rot	2014	2
Audi	schwarz	2014	3

Personen

PersId	Vorname	Nachname
1	Tom	Studer
2	Eva	Studer
3	Eva	Meier

Die Verknüpfung zwischen den beiden Tabellen geschieht über ein neues Attribut FahrerId in der Tabelle Autos, welches jedem Auto einen Fahrer zuordnet. Dazu enthält FahrerId den Primärschlüssel (d. h. den Wert von PersId) des entsprechenden Fahrers.

In dieser Situation sagen wir, FahrerId *referenziert* die Tabelle Personen oder FahrerId ist ein *Fremdschlüssel* für Personen.

Wenn wir also wissen wollen, wer den roten VW fährt, so suchen wir in der Tabelle Autos das Tupel für den roten VW. Dieses ist eindeutig, da (Marke, Farbe) der Primärschlüssel dieser Relation ist. Wir nehmen nun den Wert des FahrerId Attributs dieses Tupels, hier also den Wert 2. Da FahrerId ein Fremdschlüssel für Personen ist, wissen wir, dass es genau einen Eintrag in der Tabelle Personen gibt, dessen Primärschlüssel den Wert 2 hat. Wir suchen diesen Eintrag und erfahren so, dass der rote VW von Eva Studer gefahren wird.

2.3   Integritätsbedingungen

Unter *Integritätsbedingungen* (oder *Constraints*) werden Zusicherungen verstanden, welche die in der Datenbank enthaltenen Daten betreffen. Damit kann die Menge der erlaubten Instanzen eines Datenbankschemas eingeschränkt werden. Wir unterscheiden zwei Arten von Integritätsbedingungen:

1. *Strukturelle Regeln* (statische Integritätsbedingungen), die in einem Zustand erfüllt sein müssen, damit er erlaubt ist.
2. *Verhaltensregeln* (dynamische Integritätsbedingungen), die bei der Ausführung von Änderungen erfüllt sein müssen.

Strukturelle Regeln betreffen unter anderem die Wahl von Primär- und Fremdschlüsseln im Relationenmodell. Eine strukturelle Regel kann auch verlangen, dass gewisse Attribute nicht den Wert Null annehmen dürfen. Zum Beispiel könnte eine statische Integritätsbedingung ausdrücken, dass jedes Auto ein Baujahr haben muss, d. h., dass das Attribut Baujahr in der Relation Autos nicht Null sein darf.

Verhaltensregeln werden an Zustandsänderungen gestellt. Sie bestimmen welche Veränderungen der gespeicherten Daten erlaubt sind und welche nicht. Eine dynamische Integritätsbedingung könnte z. B. verlangen, dass der Vorname einer Person nicht geändert werden darf.

Im Folgenden geben wir eine Reihe von statischen Integritätsbedingungen an, welche wir von einer Datenbank verlangen können.

Unique Constraints

Es seien $A_1, \ldots, A_n$ Attribute. Ein *unique Constraint* auf einem Schema

$$\mathscr{S} = (A_1, \ldots, A_n)$$

ist bestimmt durch eine Sequenz von Attributen

$$U = (A_{i_1}, \ldots, A_{i_m}).$$

Definition 2.6 (Integritätsregel: unique Constraint). Gegeben sei ein Relationenschema $\mathscr{S}$ mit einem unique Constraint U. Für jede Instanz R von $\mathscr{S}$ und alle $s, t \in R$ muss gelten

$$s[U] = t[U] \quad \Longrightarrow \quad s \simeq t.$$

Ein unique Constraint U auf einem Schema $\mathscr{S}$ besagt, dass jede Kombination von Werten der Attribute aus U nur einmal vorkommen darf. Für eine Instanz R von $\mathscr{S}$ kann somit jedes Tupel $t \in R$ eindeutig anhand der Werte in den Attributen aus U bestimmt werden. Dies gilt jedoch nur, falls die Werte in U nicht Null sind.

Beispiel 2.7. Betrachte das folgende Schema für Autos

$$\mathscr{S} := (\text{Marke, Farbe, Baujahr})$$

mit einem unique Constraint

$$U := (\texttt{Marke}, \texttt{Farbe}).$$

Die folgende Instanz `Autos` von $\mathscr{S}$ erfüllt den unique Constraint U:

Autos		
Marke	**Farbe**	**Baujahr**
Opel	silber	2010
Null	schwarz	2012
Null	schwarz	2014

In der Tat ist es *nicht* der Fall, dass

$$(\texttt{Null}, \texttt{schwarz}) = (\texttt{Null}, \texttt{schwarz}),$$

da `Null` = `Null` nicht gilt. Somit ist die Integritätsregel 1 erfüllt, obwohl die beiden Einträge mit (`Null`, `schwarz`) unterschiedliche Werte für das Attribut `Baujahr` haben.

Not null Constraints

Es seien $A_1, \ldots, A_n$ Attribute. Ein *not null Constraint* auf einem gegebenen Schema $\mathscr{S} = (A_1, \ldots, A_n)$ ist bestimmt durch ein Attribut A_i.

Definition 2.8 (Integritätsregel: not null Constraint). Gegeben sei ein Relationenschema $\mathscr{S}$ mit einem not null Constraint A_i. Für jede Instanz R von $\mathscr{S}$ und alle $s \in R$ muss gelten

$$s[A_i] \text{ hat nicht den Wert } \texttt{Null}.$$

Primary key Constraints

Ein primary key Constraint wird durch einen Primärschlüssel definiert. Er setzt sich zusammen aus einem unique Constraint für den Primärschlüssel und not null Constraints für alle Attribute des Primärschlüssels.

Definition 2.9 (Integritätsregel: primary key Constraint). Gegeben sei ein Relationenschema $\mathscr{S}$ mit einem Primärschlüssel K. Für jede Instanz R von $\mathscr{S}$ und alle $s, t \in R$ muss gelten

$$s[K] = t[K] \implies s \simeq t.$$

Zusätzlich muss für jedes Attribute A_i, welches in K vorkommt, gelten: Für jede Instanz R von $\mathscr{S}$ und alle $s \in R$

$$s[A_i] \text{ hat nicht den Wert } \texttt{Null}.$$

Die Kombination aus unique Constraint und not null Constraints garantiert, dass der Primärschlüssel tatsächlich *alle* Elemente einer Relation eindeutig identifizieren kann. Der Fall aus Beispiel 2.7 wird durch die not null Constraints ausgeschlossen.

References Constraints

Fremdschlüssel erlauben uns, Beziehungen zwischen verschiedenen Schemata herzustellen. Damit diese Beziehungen tatsächlich bestehen, benötigen wir bestimmte Integritätsbedingungen auf den Relationen der beteiligten Schemata. Wir werden diese Bedingungen nicht nur für Fremdschlüssel formulieren, sondern sie ein wenig allgemeiner fassen.

Es seien $A_1, \ldots, A_n$ und $B_1, \ldots, B_h$ Attribute. Weiter seien zwei Schemata

$$\mathscr{S}_1 = (A_1, \ldots, A_n) \quad \text{und} \quad \mathscr{S}_2 = (B_1, \ldots, B_h)$$

gegeben. Zusätzlich sei auf $\mathscr{S}_2$ ein unique Constraint $U := (B_{j_1}, \ldots, B_{j_m})$ definiert worden. Ein *references Constraint* von $\mathscr{S}_1$ nach U ist bestimmt durch eine Sequenz

$$F := (A_{i_1}, \ldots, A_{i_m})$$

von Attributen aus $\mathscr{S}_1$, welche dieselbe Länge hat wie U. Wir sagen dann F *referenziert* U.

Definition 2.10 (Integritätsregel: references Constraint). Gegeben seien ein Relationenschema $\mathscr{S}_2$ mit einem unique Constraint U sowie ein Relationenschema $\mathscr{S}_1$ mit einem references Constraint $F = (A_{i_1}, \ldots, A_{i_m})$ nach U. Für jede Instanz R von $\mathscr{S}_1$ und jede Instanz S von $\mathscr{S}_2$ muss gelten: Für jedes $t \in R$, falls

$$t[A_{i_k}] \text{ ist nicht } \texttt{Null} \text{ für alle } 1 \leq k \leq m,$$

dann gibt es $s \in S$ mit

$$t[F] = s[U].$$

Da jeder primary key Constraint einen unique Constraint impliziert, können wir anstelle von U auch den Primärschlüssel von $\mathscr{S}_2$ verwenden. Da ein Schema nur einen Primärschlüssel besitzen kann, brauchen wir diesen nicht explizit anzugeben. Wir sagen

dann *F referenziert das Schema $\mathscr{S}_2$ oder eben F ist ein Fremdschlüssel (foreign key)
für $\mathscr{S}_2$.*

Verletzungen der referentiellen Integrität (d. h. Verletzung der Integritätsregel 4) können
dann auftreten, wenn neue Tupel in eine Relation eingefügt werden oder bestehende Tupel
aus einer Relation gestrichen werden. Im Beispiel 2.5 ist dies der Fall, wenn ein neues
Tupel *t* mit

$$t.[\texttt{FahrerId}] = 4$$

in die Tabelle `Autos` eingefügt wird oder wenn das Tupel

$$(3, \texttt{Eva}, \texttt{Meier})$$

aus der Tabelle `Personen` gelöscht wird.

Jedoch dürfen Attribute in Fremdschlüsseln (oder allgemeiner Attribute, welche in
references Constraints vorkommen) den Wert `Null` annehmen, wie das folgende Beispiel
zeigt.

Beispiel 2.11. Wir betrachten die Schemata aus Beispiel 2.5, wobei wir einen references
Constraint von `FahrerId` nach `PersId` annehmen. Nun fügen wir ein neues Tupel

`(VW,blau,2015,Null)`

zu der Relation `Autos` hinzu, so dass wir folgende Tabelle erhalten:

Autos

Marke	**Farbe**	**Baujahr**	**FahrerId**
Opel	silber	2010	1
Opel	schwarz	2010	2
VW	rot	2014	2
Audi	schwarz	2014	3
VW	blau	2015	–

Für den blauen VW ist der Fahrer unbekannt, deshalb hat das entsprechende Attribut
den Wert `Null`. Dieser Eintrag verletzt die referentielle Integrität nicht, da die Integritätsregel 4 nur Tupel betrifft, welche in den Attributen des references Constraints nicht
den Wert `Null` haben. Damit kann auch in der Gegenwart eines references Constraints
ausgedrückt werden, dass keine Referenz vorhanden ist.

Postulat. Das Einhalten der vier Integritätsregeln sollte von einem Datenbanksystem
laufend automatisch überprüft werden.

Weiterführende Literatur[3]

1. Codd, E.F.: Derivability, redundancy and consistency of relations stored in large data banks. IBM Research Report, San Jose **RJ599** (1969). Neu erschienen als [3]
2. Codd, E.F.: A relational model of data for large shared data banks. Commun. ACM **13**(6), 377–387 (1970). https://doi.org/10.1145/362384.362685
3. Codd, E.F.: Derivability, redundancy and consistency of relations stored in large data banks. SIGMOD Rec. **38**(1), 17–36 (2009). https://doi.org/10.1145/1558334.1558336

---

[3]Das Relationenmodell geht zurück auf die Arbeiten von Codd [1, 2], welche auch nach über 30 Jahren noch äussert lesenswert sind.

Diagramme und Modellierung

3

Die Datenmodellierung ist ein wichtiger Schritt bei der Entwicklung eines Informatiksystems. Es geht darum, ein DB-Schema zu finden, so dass

1. alle benötigten Daten im DB-Schema abgespeichert werden können,
2. effizient auf die Daten zugegriffen werden kann und
3. die Datenkonsistenz gewährleistet ist.

In diesem Kapitel studieren wir die grundlegenden Möglichkeiten, wie Entitäten[1] verschiedener Typen (z. B. Autos und ihre Fahrer) zueinander in Beziehung stehen können. Wir untersuchen dann, wie die Tabellenstruktur eines DB-Schemas diese Beziehungsarten abbilden kann. Dabei werden wir wesentlichen Gebrauch machen von den Constraints, welche wir im vorherigen Kapitel eingeführt haben. Auf das Thema der Effizienz wird später im Kap. 7 noch genauer eingegangen. Die Datenkonsistenz wird in den Kap. 9 und 10 ausführlich behandelt.

Ein DB-Schema ist üblicherweise aus sehr vielen Tabellen aufgebaut. In einer rein textuellen Beschreibung eines solchen DB-Schemas sind dann die Beziehungen zwischen den Tabellen nicht mehr klar darstellbar. Deshalb führen wir eine Diagramm-Notation für DB-Schemata ein, mit der wir die Tabellen-Struktur einer relationalen Datenbank graphisch darstellen können. Unsere Notation lehnt sich an die sogenannte Krähenfuss-Notation an.

---

[1]Hier könnten wir statt *Entitäten* auch *Dinge* sagen (falls wir Personen als Dinge betrachten). Häufig wird der Begriff *Entität* als Sammelbegriff verwendet um bspw. Dinge, Eigenschaften und Relationen auf einmal anzusprechen.

© Springer-Verlag GmbH Deutschland, ein Teil von Springer Nature 2019
T. Studer, *Relationale Datenbanken*,
https://doi.org/10.1007/978-3-662-58976-2_3

3.1   Diagramme für m:1-Beziehungen

In unseren Diagrammen wird jedes Schema (jede Tabelle) durch eine Box dargestellt. Die Kopfzeile der Box besteht aus dem Namen des Schemas. Danach werden die einzelnen Attribute aufgelistet, wobei die Attribute des Primärschlüssels unterstrichen sind. Falls Tabellen einer Datenbank dargestellt werden, so verwenden wir in der Kopfzeile den Namen der jeweiligen Tabelle, meinen damit aber eigentlich das Schema der entsprechenden Relation.

Abb. 3.1 zeigt eine Tabelle mit vier Attributen, wobei die ersten beiden den Primärschlüssel bilden.

Manchmal werden wir die Liste der Attribute weglassen, wenn sie nicht relevant ist. Die entsprechende Darstellung der Tabelle wird in Abb. 3.2 gezeigt.

Abb. 3.3 zeigt die beiden Tabellen aus Beispiel 2.5.

Es fehlt jetzt noch die Darstellung der Verbindung zwischen diesen beiden Tabellen. Die Daten zu Autos und Personen sind ja nicht isoliert, sondern es wird auch abgespeichert, wer der Fahrer eines Autos ist. Dies wird erreicht durch das Attribut `FahrerId` der Tabelle `Autos`, welches ein Fremdschlüssel auf die Tabelle `Personen` ist.

Diese Fremdschlüssel-Beziehung geben wir durch eine Verbindungslinie zwischen den beiden Boxen an, siehe Abb. 3.4.

Eine solche Beziehung heisst *m:1-Beziehung*. Die Zahl 1 besagt dabei, dass es zu jedem Auto *höchstens einen* Fahrer gibt. Auf der anderen Seite sagt der Buchstabe m, dass eine

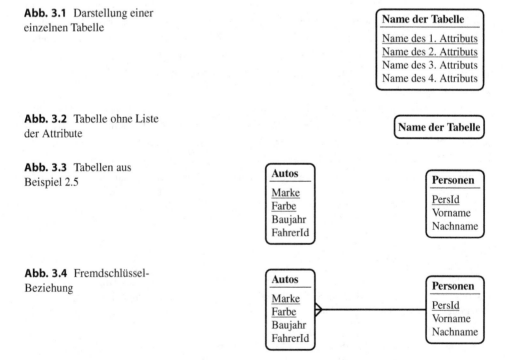

Abb. 3.1 Darstellung einer einzelnen Tabelle

Abb. 3.2 Tabelle ohne Liste der Attribute

Abb. 3.3 Tabellen aus Beispiel 2.5

Abb. 3.4 Fremdschlüssel-Beziehung

Person *mehrere* Autos fahren kann. Wir verwenden die Gabelung (den Krähenfuss) ⋝── der Verbindungslinie um auszudrücken, dass es mehrere Autos zu einem Fahrer geben kann. Auf der Seite der Personentabelle gibt es keine Gabelung, da ein Auto eben nicht von mehreren Personen gefahren werden kann.

Mit Hilfe eines *not null Constraints* auf dem Fremdschlüsselattribut `FahrerId` können wir verlangen, dass es zu jedem Auto *mindestens* einen Fahrer geben muss. Eine solche Bedingung nennen wir auch *Existenzbedingung*, da sie verlangt, dass gewisse Tupel in der `Personen`-Tabelle existieren müssen. Im Diagramm geben wir eine solche Existenzbedingungen für Personen mit einem senkrechten Strich durch die Verbindungslinie auf der Seite der `Personen`-Tabelle an. Das entsprechende Diagramm ist in Abb. 3.5 dargestellt.

Diese Darstellung drückt zwei Sachverhalte aus:

1. Jedes Auto hat genau einen Fahrer, das heisst mindestens einen und auch höchstens einen Fahrer.
2. Jede Person kann kein, ein oder mehrere Autos fahren.

In unserer Diagramm-Notation können wir die *mindestens ein* Bedingung auch auf der Seite mit mehreren Beziehungen hinzufügen, indem wir den senkrechten Strich mit dem Krähenfuss kombinieren. Wir erhalten so eine Verbindungslinie der Form ⋝|──. Diese Existenzbedingung können wir im relationalen Modell *nicht* durch einen not null Constraint auf einem Attribut ausdrücken. Trotzdem ist es wichtig, solche Bedingungen in den Diagrammen anzugeben, da sie die Semantik der modellierten Konzepte verdeutlichen. Nehmen wir also an, wir haben folgende Bedingungen:

1. Jedes Auto hat keinen oder einen Fahrer.
2. Jede Person fährt ein oder mehrere Autos.

Wir erhalten dazu das Diagramm in Abb. 3.6.

Natürlich kann die *mindestens ein* Bedingung auf beiden Seiten einer m:1-Beziehung verlangt werden. Wir haben dann:

1. Jedes Auto hat genau einen Fahrer.
2. Jede Person kann ein oder mehrere Autos fahren.

Dies ist in Abb. 3.7 dargestellt.

Abb. 3.5 Jedes Auto hat genau einen Fahrer

Abb. 3.6 Jede Person fährt mindestens ein Auto

Abb. 3.7 Jede Person fährt mindestens ein Auto und jedes Auto hat genau einen Fahrer

Tab. 3.1 Krähenfuss-Notation

Beschreibung	Symbol
Keine oder eine Beziehung	——
Keine, eine oder mehrere Beziehungen	—<
Genau eine Beziehung	—+
Eine oder mehrere Beziehungen	—K

Zusammenfassend gibt es vier Möglichkeiten, wie ein Ende einer Verbindungslinie aussehen kann. Wir geben diese Kombinationen von *höchstens ein* und *mindestens ein* mit ihrer graphischen Darstellung nochmals in Tab. 3.1 an.

3.2 Diagramme für m:n-Beziehungen

Im obigen Abschnitt haben wir gesehen, wie wir eine m:1-Beziehung zwischen zwei Konzepten modellieren können. Der allgemeine Fall einer Beziehung zwischen zwei Konzepten ist jedoch nicht die m:1-Beziehung sondern die sogenannte m:n-Beziehung. Betrachten wir ein DB-Schema für eine Bank, welche Kunden und ihre Konten verwalten muss. Dabei soll folgendes gelten:

1. Ein Kunde kann mehrere Konten haben.
2. Ein Konto kann mehreren Kunden gemeinsam gehören.

Es handelt sich also nicht um eine m:1-Beziehung, sondern um eine Beziehung bei der in beide Richtungen jeweils ein Tupel mit mehreren anderen in Relation stehen kann. Wir bezeichnen eine solche Beziehung als *m:n-Beziehung*. Um solche Beziehungen im relationalen Modell zu beschreiben, benötigen wir nicht nur eine Tabelle für die Kunden und eine für die Konten sondern auch noch eine zusätzliche Tabelle um die Beziehung zwischen Kunden und Konten zu modellieren. Wir betrachten folgendes Beispiel.

Beispiel 3.1. Die Bank verwaltet Kunden und ihre Konten. Kunden haben eine eindeutige Kundennummer und einen Namen. Zu einem Konto gehört die Kontonummer und der Kontostand. Dies ergibt folgendes DB-Schema für die Verwaltung der Kunden- und Kontendaten

$$\mathscr{S}_{\text{Kunden}} := (\,\underline{\texttt{KundenNr}},\ \texttt{Name}\,)$$

$$\mathscr{S}_{\text{Konten}} := (\,\underline{\texttt{KontoNr}},\ \texttt{Stand}\,)$$

Die entsprechenden Tabellen könnten beispielsweise die folgenden Daten enthalten:

Kunden			Konten	
KundenNr	**Name**		**KontoNr**	**Stand**
A	Ann		1	1000
B	Tom		2	5000
C	Eva		3	10
D	Bob			

Die Kunden und Konten sollen in einer m:n-Beziehung stehen. Wir nehmen an:

1. Konto Nr. 1 gehört Ann,
2. Konto Nr. 2 gehört Ann und Tom gemeinsam,
3. Konto Nr. 3 gehört Eva und Bob gemeinsam.

Um eine m:n-Beziehung zwischen Kunden und Konten zu modellieren, benötigen wir ein zusätzliches Schema, welches aus dem Primärschlüssel von $\mathscr{S}_{\text{Kunden}}$ und dem Primärschlüssel von $\mathscr{S}_{\text{Konten}}$ besteht. Wir setzen also:

$$\mathscr{S}_{\text{KuKo}} := (\,\underline{\texttt{KundenNr}},\ \underline{\texttt{KontoNr}}\,)$$

Wir können nun folgende Tabelle abspeichern, welche die obige Relation zwischen Kunden und Konten repräsentiert:

KuKo	
KundenNr	**KontoNr**
A	1
A	2
B	2
C	3
D	3

Wir wollen uns nun noch die Constraints in diesem DB-Schema überlegen. Es ist klar, dass der Primärschlüssel von $\mathscr{S}_{\text{KuKo}}$ aus den Primärschlüsseln von $\mathscr{S}_{\text{Kunden}}$ und $\mathscr{S}_{\text{Konten}}$ zusammengesetzt sein muss. Andernfalls kann eine m:n-Beziehung nicht dargestellt werden.

Weiter stellen wir fest, dass zu jedem Eintrag in der KuKo-Tabelle die entsprechenden Kunden und Konten existieren müssen. Das heisst,

1. das Attribut KundenNr in KuKo ist ein Fremdschlüssel auf Kunden,
2. das Attribut KontoNr in KuKo ist ein Fremdschlüssel auf Konten.

Diese Fremdschlüssel müssen einen not null Constraint erfüllen, da sie Teil des Primärschlüssels des KuKo Schemas sind.

Abb. 3.8 zeigt die Diagramm-Notation der m:n-Beziehung zwischen Kunden und Konten.

Wir müssen uns nun noch überlegen, welche Existenzbedingungen für die KuKo-Tabelle gelten sollen. Das heisst, wir müssen folgende Fragen beantworten:

1. Hat jeder Kunde ein Konto?
2. Muss jedes Konto cincm Kunden gehören?

Wir beantworten die erste Frage mit *ja*. Wer kein Konto hat, kann auch kein Kunde sein. Die zweite Frage verneinen wir. Unsere Bank ist etwas altmodisch und lässt nachrichtenlose Vermögen (d. h. Konten ohne bekannte Kundenbeziehung) zu. Wir fügen im Diagramm also noch die Existenzbedingung für KuKo auf der Kunden-Seite ein. Das vollständige Diagramm des DB-Schemas für unsere Bank wird in Abb. 3.9 gezeigt.

In diesem Beispiel enthält die Tabelle KuKo keine weiteren Daten ausser den Primärschlüsseln für Kunden und Konten. Im Prinzip können wir somit die Box für dieses Schema bei der Diagrammdarstellung des DB-Schemas weglassen. Dies führt dann zu der abgekürzten Schreibweise in Abb. 3.10. Dabei ist jedoch zu beachten, dass die Existenzbedingungen, welche im vollständigen Schema (siehe Abb. 3.2) bei der KuKo-Box angegeben waren, nun bei den Boxen für Kunden, beziehungsweise Konten, eingezeichnet sind.

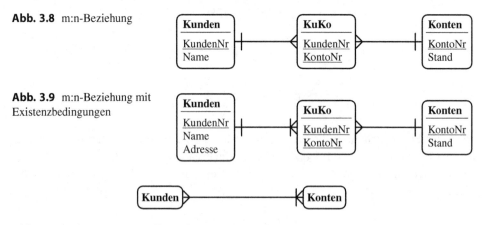

Abb. 3.8 m:n-Beziehung

Abb. 3.9 m:n-Beziehung mit Existenzbedingungen

Abb. 3.10 Abgekürzte Darstellung einer m:n-Beziehung

Bisher haben wir nur binäre Beziehungen betrachtet, das heisst Beziehungen zwischen *zwei* Konzepten. Für den allgemeinen Fall müssen wir auch Beziehungen betrachten, welche zwischen drei und mehr Konzepten bestehen. Dazu studieren wir folgendes Beispiel.

Beispiel 3.2. Wir betrachten ein DB-Schema für eine Universität. Dieses soll Studierende, Professoren und Vorlesungen verwalten können. Wir treffen folgende Annahmen. Studierende haben eine Matrikelnummer und einen Namen. Professoren haben eine Personalnummer und einen Namen. Vorlesungen sind durch ihre Bezeichnung und ihr Semester identifiziert. Zusätzlich wird zu jeder Vorlesung der entsprechende Hörraum angegeben. Dies ergibt folgendes DB-Schema:

$$\mathscr{S}_{\text{Studierende}} := (\, \underline{\texttt{MatNr}}, \, \texttt{Name} \,)$$

$$\mathscr{S}_{\text{Professoren}} := (\, \underline{\texttt{PersNr}}, \, \texttt{Name} \,)$$

$$\mathscr{S}_{\text{Vorlesungen}} := (\, \underline{\texttt{Bezeichnung}}, \, \underline{\texttt{Semester}}, \, \texttt{Raum} \,)$$

Wir können nun Prüfungen als ternäre (3-stellige) Beziehung zwischen diesen Konzepten modellieren. Ein Professor prüft seine Studierenden über eine Vorlesung. In diesem Fall wird die Beziehung auch noch zusätzliche Attribute haben (neben den Primärschlüsseln der in Beziehung stehenden Konzepte), nämlich das Datum und das Resultat (die Note) der Prüfung. Das ergibt folgendes Schema:

$$\mathscr{S}_{\text{Prüfungen}} := (\, \underline{\texttt{MatNr}}, \, \underline{\texttt{PersNr}}, \, \underline{\texttt{Bezeichnung}}, \, \underline{\texttt{Semester}}, \, \texttt{Datum}, \, \texttt{Note} \,).$$

Dieses Beispiel zeigt unter anderem:

1. Beziehungen können zwischen mehr als zwei Konzepten bestehen.
2. Wenn ein Primärschlüssel aus mehreren Attributen besteht, so muss der ganze Primärschlüssel in der Beziehungstabelle vorkommen. Im Beispiel enthält $\mathscr{S}_{\text{Prüfungen}}$ die Attribute `Bezeichnung` und `Semester`, um eine Vorlesung zu identifizieren.
3. Beziehungen können zusätzliche Attribute haben.

Das DB-Schema für die Universität ist in Abb. 3.11 graphisch dargestellt.

3.3   Diagramme für 1:1-Beziehungen

In den vorangehenden Abschnitten haben wir m:1- und m:n-Beziehungen betrachtet. Natürlich gibt es daneben auch noch 1:1-Beziehungen, welche wir in diesem Abschnitt studieren werden.

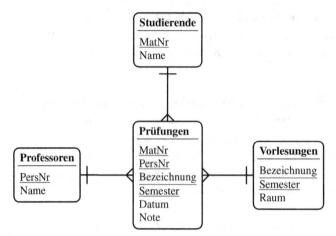

Abb. 3.11 Ternäre Beziehung

Als Beispiel für eine 1:1-Beziehung betrachten wir die Mitglieder der Schweizer Regierung (diese heissen Bundesrat bzw. Bundesrätin) sowie deren Departemente[2]. Jedes Regierungsmitglied steht *genau einem* Departement vor und und das wiederum wird von *genau* diesem Bundesrat oder dieser Bundesrätin geführt. Diese Situation können wir *nicht* mit Hilfe von Fremdschlüssel-Attributen beschreiben. Betrachten wir folgendes DB-Schema:

$$\mathscr{S}_{\text{Regierung}} := (\underline{\texttt{BrId}}, \texttt{DepId})$$

$$\mathscr{S}_{\text{Departemente}} := (\underline{\texttt{DepId}}, \texttt{BrId}).$$

Dabei ist im Schema $\mathscr{S}_{\text{Regierung}}$ das Attribut $\texttt{DepId}$ ein Fremdschlüssel auf $\mathscr{S}_{\text{Departemente}}$, und im Schema $\mathscr{S}_{\text{Departemente}}$ ist $\texttt{BrId}$ in ein Fremdschlüssel auf $\mathscr{S}_{\text{Regierung}}$. Zu diesem DB-Schema gibt es die folgende Instanz:

Regierung		Departemente	
BrId	**DepId**	**DepId**	**BrId**
A	Y	Y	C
B	Y	Z	A
C	Z		

Aus zwei Gründen entspricht dies nicht einer 1:1-Beziehung.

---

[2]Ein Departement in der Schweiz ist vergleichbar mit einem Ministerium in anderen Ländern.

1. Die Bundesrätinnen A und B haben beide Y als Departement eingetragen.
2. Das Departement Z wird von der Bundesrätin A geführt, diese hat jedoch Y als Departement eingetragen.

Wir können eine 1:1-Beziehung korrekt modellieren, indem wir beiden Tabellen einen gemeinsamen Primärschlüssel geben. Ein korrektes Schema für eine 1:1-Beziehung sieht also wie folgt aus:

$$\mathscr{S}_{\text{Regierung}} := (\,\texttt{BrDepId},\ \texttt{Name}\,)$$

$$\mathscr{S}_{\text{Departemente}} := (\,\texttt{BrDepId},\ \texttt{Bezeichnung}\,).$$

Abb. 3.12 zeigt die graphische Darstellung dieses DB-Schemas.

Folgende Tabellen sind eine zulässige Instanz dieses DB-Schemas.

Regierung			Departemente	
BrDepId	**Name**		**BrDepId**	**Bezeichnung**
1	Berset		1	EDI
2	Maurer		3	EJPD

`Berset` steht also dem EDI[3] vor. Für `Mauer` gibt es jedoch keinen Eintrag in der `Departemente`-Tabelle, und auch wer das EJPD[4] führt, ist in dieser Instanz nicht ersichtlich. Um diese Situation zu verhindern, können wir im Diagramm noch Existenzbedingungen hinzufügen. Diese bedeuten dann, dass es zu jedem Eintrag in der `Regierung`-Tabelle ein entsprechendes Tupel in der `Departemente`-Tabelle geben muss und umgekehrt. Damit ist obige Instanz ausgeschlossen.

Die entsprechende Integritätsbedingung lautet, dass in beiden Tabellen der Primärschlüssel gleichzeitig ein Fremdschlüssel ist auf die Tabelle, zu der die 1:1-Beziehung besteht. Das heisst, dass der Primärschlüssel `BrDepId` im Schema `Regierung` gleichzeitig ein Fremdschlüssel auf $\mathscr{S}_{\text{Departemente}}$ und der Primärschlüssel `BrDepId` in `Akten` gleichzeitig ein Fremdschlüssel auf $\mathscr{S}_{\text{Angestellte}}$ ist. Abb. 3.13 zeigt das entsprechende Diagramm.

Abb. 3.12 1:1–Beziehung

---

[3] Eidgenössisches Departement des Inneren.

[4] Eidgenössisches Justiz- und Polizeidepartement.

Abb. 3.13 1:1–Beziehung mit
Existenzbedingungen

Abb. 3.14 Vererbung

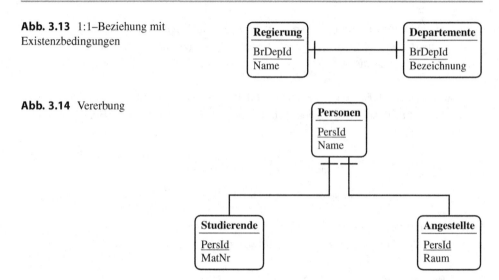

Eine wichtige Anwendung von 1:1-Beziehungen ist die Modellierung von *Vererbung* (auch *Spezialisierung* genannt). Studieren wir ein DB-Schema für eine Universität. An der Uni gibt es Personen, welche wir durch folgendes Schema beschreiben:

$$\mathscr{S}_{\text{Personen}} := (\ \texttt{PersId},\ \texttt{Name}\ ).$$

Nun wollen wir das Konzept *Personen* spezialisieren zu *Angestellte* und *Studierende*. Studierende sind Personen, die eine Matrikelnummer haben. Das heisst, sie erben alle Attribute von `Personen` und haben ein zusätzliches Attribut `MatNr`. Angestellte haben keine Matrikelnummer, dafür ist jedem Angestellten ein Büro zugeteilt, dessen Raumnummer gespeichert werden soll. Das heisst `Angestellte` erben ebenfalls die Attribute von `Personen` und besitzen ein zusätzliches Attribut `Raum`. Mit Hilfe von 1:1-Beziehungen können wir das durch folgende Schemata beschreiben:

$$\mathscr{S}_{\text{Studierende}} := (\ \texttt{PersId},\ \texttt{MatNr}\ )$$

$$\mathscr{S}_{\text{Angestellte}} := (\ \texttt{PersId},\ \texttt{Raum}\ ).$$

In beiden Schemata ist der Primärschlüssel `PersId` gleichzeitig Fremdschlüssel auf $\mathscr{S}_{\text{Personen}}$. Dies garantiert, dass jeder Studierende und jeder Angestellte auch tatsächlich eine Person ist. Abb. 3.14 zeigt die graphisch Darstellung der Vererbung.

Hier gibt es eine wichtige Asymmetrie. Jeder Studierende ist eine Person und auch jeder Angestellte ist eine Person. Jedoch muss nicht jede Person ein Studierender oder ein Angestellter sein. Die Existenzbedingungen gelten also (wie im Diagramm dargestellt) nur in eine Richtung der 1:1-Beziehungen. Im obigen Beispiel nennen wir deshalb die Relation

`Personen` *Basisrelation.* Die Relationen `Studierende` und `Angestellte` heissen *abgeleitete Relationen.*

Es gibt zwei grundlegende Bedingungen, welche wir an eine Vererbungsbeziehung stellen können:

Totalität   Die Vererbungsrelation ist *total*, wenn es für jedes Tupel in der Basisrelation ein entsprechendes Tupel in mindestens einer der abgeleiteten Relationen gibt. In unserem Beispiel heisst das, es gibt keine Entitäten die nur Personen sind. Jede Person muss Studierender oder Angestellter sein. In der objektorientierten Terminologie könnten wir sagen, `Personen` ist abstrakt.

Disjunktheit   Die abgeleiteten Relationen heissen *disjunkt*, falls es kein Tupel in der Basisrelation gibt, zu welchem in mehr als einer abgeleiteten Relation ein entsprechendes Tupel existiert. In unserem Beispiel heisst das, es gibt keine Personen, die sowohl Studierende als auch Angestellte sind.

Totalität und Disjunktheit können wir nicht direkt in unserer graphischen Notation darstellen. Wir können aber entsprechende Kommentare hinzufügen, siehe Abb. 3.15.

Eine weitere wichtige Anwendung von 1:1-Beziehungen ist die Vermeidung von zu vielen `Null` Werten. Betrachten wir ein Schema um Personen zu verwalten, welches Attribute enthält für den Namen (`Name`) und das Geburtsdatum (`GebDatum`) der Person, sowie (falls die Person Brillenträger ist) für die Korrektur der Brille (`Brille`). Dieses Schema hat also die Form:[5]

$$\mathscr{S}_{\text{Personen}} := (\; \underline{\texttt{PersId}}, \; \texttt{Name}, \; \texttt{GebDatum}, \; \texttt{Brille}\;).$$

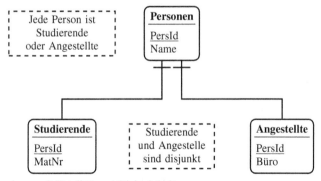

Abb. 3.15 Vererbung mit Totalität und Disjunktheit

---

[5]Wir vereinfachen hier das Beispiel und geben die Korrektur für das linke und rechte Auge nicht separat an.

Eine mögliche Instanz dieses Schemas ist:

Personen			
PersId	Name	GebDatum	Brille
1	Eva	19710429	Null
2	Tom	19720404	Null
3	Eva	19680101	-3.5
4	Ann	19841214	Null
5	Bob	20140203	Null

Natürlich gibt es viele Personen, die *keine* Brille tragen und somit ist der Wert des Attributs Brille in vielen Tupeln Null.

Wir werden später sehen, dass es sich lohnen kann unnötige Null Werte zu vermeiden. In diesem Beispiel gibt es dazu eine simple Methode. Wir können nämlich das Schema $\mathscr{S}_{\text{Personen}}$ wie folgt in zwei Schemata aufteilen:

$$\mathscr{S}_{\text{AllePersonen}} := (\text{PersId}, \text{Name}, \text{GebDatum})$$

$$\mathscr{S}_{\text{Brillenträger}} := (\text{PersId}, \text{Brille}),$$

wobei PersId in $\mathscr{S}_{\text{Brillerträger}}$ ein Fremdschlüssel auf $\mathscr{S}_{\text{AllePersonen}}$ ist. Die obige Relation wird somit aufgeteilt in:

AllePersonen		
PersId	Name	GebDatum
1	Eva	19710429
2	Tom	19720404
3	Eva	19680101
4	Ann	19841214
5	Bob	20140203

Brillenträger	
PersId	Brille
3	-3.5

Wir verwenden also AllePersonen als Basisklasse und haben diese zu einer einzigen abgeleiteten Klasse, nämlich Brillenträger, spezialisiert. Mit diesem DB-Schema lassen sich die vielen Null Werte vermeiden. Abb. 3.16 zeigt die graphische Darstellung dieses DB-Schemas.

Die Aufteilung der Tabelle Personen in die zwei Tabellen AllePersonen und Brillenträger vermeidet nicht nur die vielen Null Werte. Sie löst auch das Problem der zwei Bedeutungen von Null. In der Tabelle Personen können wir nicht unterscheiden ob,

1. Eva keine Brille hat oder
2. die Korrektur von Evas Brille unbekannt ist.

In beiden Fällen lautet der Eintrag in `Personen`

$$(1, \text{Eva}, 19710429, \text{Null}).$$

Wenn wir `Brillenträger` von `AllePersonen` ableiten, so können wir folgende Fälle unterscheiden:

1. Eva hat keine Brille. Dann gibt es in der Tabelle `Brillenträger` keinen Eintrag mit `PersId` 1.
2. Die Korrektur von Evas Brille ist unbekannt. Dann gibt es in `Brillenträger` einen Eintrag

$$(1, \text{Null}).$$

3.4 Modellierung komplexer Systeme

In diesem Abschnitt werden wir verschiedene Beispiele für Schemata von komplexen Datenbanken studieren. Wir beschreiben jeweils zuerst die Anforderungen an die Datenbank und geben dann die graphische Beschreibung eines entsprechenden Schemas an. Um das Schema zu entwickeln, werden wir üblicherweise Annahmen treffen müssen über Sachverhalte, die nur unvollständig in den Anforderungen spezifiziert sind. Diese zusätzlichen Annahmen werden wir ebenfalls auflisten.

Beispiel 3.3 (Hochschul-Datenbank).
Anforderungen. In einer Hochschul-Datenbank sind Daten über folgende Einzelheiten abzulegen:

1. Dozierende (Name, Fachbereich, Raum),
2. Assistenten (Name, Raum),

Abb. 3.16 Vermeidung von `Null` Werten

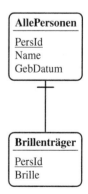

3. Vorlesungen (Nummer, Titel, Hörsaal),
4. Übungen zu Vorlesungen (Nummer, Hörsaal),
5. Studierende (Matrikel-Nummer, Name, Studienfach),
6. Hilfsassistenten (Matrikel-Nummer, Name, Anstellungsgrad).

Ferner ist zu beachten: Professoren haben Assistenten und halten Vorlesungen; Assistenten betreuen Übungen, welche wiederum nur in Verbindung mit einer Vorlesung stattfinden. Einer Übung können mehrere Hilfsassistenten zugeordnet werden (zur Korrektur von Übungsserien); ein Hilfsassistent ist jedoch insbesondere ein Studierender und hört als solcher Vorlesungen.

DB-Schema. Das DB-Schema für die Hochschul-Datenbank ist in Abb. 3.17 dargestellt.

Überlegungen zum Schema. Zusätzlich zu den Angaben in der Spezifikation haben wir folgende Annahmen getroffen:

1. `DozId` (in `Dozierende`) und `AssId` (in `Assistenten`) sind zusätzliche Attribute welche jeweils als Primärschlüssel dienen.
2. Ein Assistent ist bei *genau* einem Dozierenden angestellt. Um dies zu modellieren, ist in der Tabelle `Assistenten` das Attribut `Assistiert` ein Fremdschlüssel auf `Dozierende`.
3. Zu einer Vorlesung gibt es nur eine Übung und Übungen gibt es nicht ohne entsprechende Vorlesung.

Abb. 3.17 Hochschul-Datenbank

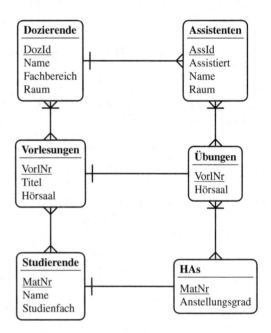

4. HAs (Hilfsassistenten) ist eine Spezialisierung von Studierende. Entsprechend wird das Attribut Name von Studierende geerbt und muss nicht extra in HAs erfasst werden.

5. Ein Hilfsassistent kann mehrere (muss jedoch mindestens eine) Übungen betreuen.

6. Ein Assistent kann mehrere (ev. auch keine) Übungen betreuen. Jede Übung hat mindestens einen Assistenten.

7. Das Schema garantiert nicht, dass ein Assistent, welcher die Übungen zu einer Vorlesung betreut, auch bei einem Dozierenden dieser Vorlesung angestellt ist.

Wir haben in Abb. 3.17 die abgekürzte Notation für m:n-Beziehungen verwendet. Das vollständige Diagramm (mit allen Tabellen, welche im DB-Schema vorkommen werden) ist in Abb. 3.18 dargestellt.

Beispiel 3.4 (Warenhauskette).

Anforderungen. Eine Datenbank für die Lagerverwaltung einer Warenhauskette soll Auskunft geben über das Sortiment jeder Filiale. Ausserdem soll für jeden Lieferanten ersichtlich sein, welchen Artikel er zu welchem Preis liefern kann. Für jeden Artikel sollen die Bezeichnung, für jeden verkauften Artikel der Verkaufspreis und das Verkaufsdatum, und für jeden gelieferten Artikel das Lieferdatum gespeichert werden.

DB-Schema. Das DB-Schema für die Warenhauskette ist in Abb. 3.19 dargestellt.

Überlegungen zum Schema.

1. Wir haben allen Tabellen Id-Attribute hinzugefügt, welche als Primärschlüssel dienen.

2. Ein Artikel ist ein bestimmter Gegenstand, der an Lager sein kann oder bereits verkauft wurde. Falls z. B. die Warenhauskette Computer verkauft, so sind die einzelnen Computer Artikel. Ein bestimmtes Computermodell ist dann ein Artikeltyp.

3. Ein Artikel wird in der Artikel-Tabelle eingetragen, wenn er ins Lager kommt. Wird er dann verkauft, so wird er auch noch in die Tabelle Verkäufe eingetragen (bleibt aber in Artikel).

4. Preis ist ein Attribut von TypLiefer, das angibt, welcher Lieferant diesen Artikeltyp gegenwärtig zu welchem Preis liefert.

5. Das Attribut Verkaufspreis in Artikeltyp gibt an, was der aktuelle Verkaufspreis für Artikel dieses Typs ist. So ist gewährleistet, dass alle gleichen Artikel auch gleich viel kosten. Bei Preisanpassungen (Aktionen) ist nur ein Update nötig und es muss nicht der Preis bei allen Artikeln einzeln angepasst werden.

6. Das Attribut Ankaufspreis in Artikel gibt an, zu welchem Preis dieser Artikel tatsächlich eingekauft wurde. Der aktuelle Preis, der in der Tabelle TypLiefer abgespeichert ist, kann davon abweichen.

7. Das Attribut Verkaufspreis in Verkäufe gibt an, zu welchem Preis dieser Artikel tatsächlich verkauft wurde. Der aktuelle Wert von Verkaufspreis in Artikeltyp kann davon abweichen.

Abb. 3.18 Vollständiges
Diagramm der
Hochschul-Datenbank

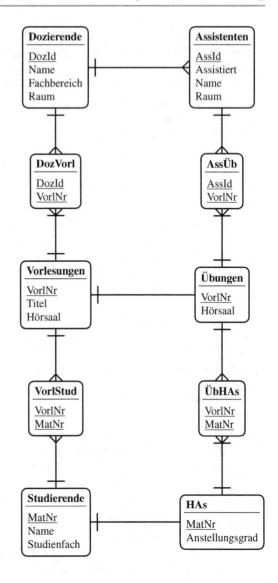

Variante. Im DB-Schema für die Warenhauskette haben wir zur Vermeidung von Null
Werten das Muster aus dem Beispiel der Brillenträger (siehe Abb. 3.16) angewendet. Das
heisst, wir haben die Tabellen Artikel und Verkäufe. So gibt es keine Null Werte
in den Attributen Verkaufsdatum und Verkaufspreis.

Gemäss Spezifikation soll unsere Datenbank zur Lagerverwaltung der Warenhauskette
dienen. Jedoch ist es in unserem DB-Schema sehr aufwändig folgende Abfrage zu
bearbeiten:

Welches ist der aktuelle Lagerbestand eines gegebenen Artikeltyps?   (3.1)

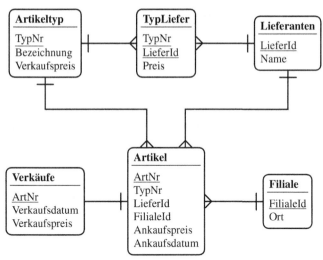

Abb. 3.19 Warenhauskette

Dazu müssen wir nämlich diejenigen Artikel des gegebenen Typs finden, welche *nicht* in der Verkäufe-Tabelle eingetragen sind.

Wir können diese Abfrage vereinfachen, indem wir die beiden Tabellen wieder zusammenfügen. Damit wird die Tabelle Verkäufe nicht mehr benötigt und sowohl Verkaufspreis als auch Verkaufsdatum sind Attribute von Artikel. Diese Attribute haben den Wert Null, falls der Artikel noch nicht verkauft wurde. Um (3.1) zu beantworten, können wir nun alle Artikel des gegebenen Typs suchen, deren Verkaufsdatum den Wert Null hat.

Entsprechend können wir die Abfrage

$$\text{Finde alle verkauften Artikel eines gegebenen Typs} \tag{3.2}$$

beantworten, indem wir alle Artikel des gegebenen Typs suchen, deren Verkaufsdatum nicht Null ist.

Abhänging von den verwendeten Abfragen und der konkreten Verteilung der Daten kann es sein, dass diese Tests auf Null (bzw. auf nicht Null) nicht effizient durchgeführt werden können.[6] Unter Umständen kann es sich lohnen, der Tabelle Artikel ein neues Attribut Status hinzuzufügen, welches zwei Werte annehmen kann: *an Lager* und *verkauft*. Nun können wir (3.2) ganz einfach beantworten, indem wir auf den Status *verkauft* testen. In der endgültigen Version braucht es dann die Tabelle Verkäufe nicht mehr und die Tabelle Artikel hat die Attribute ArtNr, TypNr,

---

[6]Damit ist gemeint, dass die aufgebauten Indizes diese Abfragen nicht beschleunigen können, siehe Abschn. 7.1.

`LieferId`, `FilialeId`, `Ankaufspreis`, `Ankaufsdatum`, `Verkaufspreis`,
`Verkaufsdatum` und `Status`.

Weiterführende Literatur[7]

1. Chen, P.P.S.: The entity-relationship model: toward a unified view of data. ACM Trans. Database
   Syst. **1**(1), 9–36 (1976). https://doi.org/10.1145/320434.320440
2. Martin, J., Odell, J.J.: Object-oriented Analysis and Design. Prentice-Hall, Inc., Upper Saddle
   River (1992)
3. Simsion, G.: Data Modeling: Theory and Practice. Technics Publications. ISBN: 978-0977140015
   (2007)

---

[7]Bereits Mitte der 70er- Jahre entwickelte Chen [1] mit den Entity-Relationship Diagrammen
(ER-Diagramme) eine einflussreiche konzeptionelle Modellierungssprache zur Unterstützung des
Datenbank-Entwurfs. Wir verwenden in unserem Buch jedoch eine andere, einfachere Diagramm-
Sprache, nämlich die sogenannten Krähenfuss-Diagramme (auch Martin Notation genannt) [2],
welche in der Praxis häufiger eingesetzt wird [3]. Der Vorteil der Krähenfuss Notation gegenüber
ER-Diagrammen ist die kleinere semantische Distanz, das heisst, die Modellierungssprache ist näher
bei der Implementierungssprache.

Die relationale Algebra

4

Die relationale Algebra kann als Abfragesprache des Relationenmodells verstanden werden. Sie geht von einigen Grundoperationen (Vereinigung, Mengendifferenz, kartesisches Produkt, Projektion, Selektion und Umbenennung) aus, welche aus einer oder zwei gegebenen Relationen eine neue Relation berechnen. Aus diesen Grundoperationen können komplexe Ausdrücke geformt werden, welche komplexe Berechnungen von Relationen beschreiben. Diese Ausdrücke entsprechen komplexen Abfragen einer Datenbank und geben (auf einer abstrakten Ebene) vor, wie das Resultat der Abfrage berechnet werden kann.

In diesem Kapitel führen wir die relationale Algebra formal ein. Wir zeigen dann, wie in der Sprache der relationalen Algebra verschiedene Join-Operationen und die relationale Division definiert werden können. Mit einer Reihe von konkreten Beispielen illustrieren wir, wie Datenbankabfragen als Ausdrücke der relationalen Algebra formuliert werden können. Zum Schluss erweitern wir die relationale Algebra noch mit Gruppierungsoperationen und Aggregatsfunktionen.

4.1 Basisrelationen

Die relationale Algebra bezieht sich auf ein gegebenes DB-Schema, welches die Basisrelationen der relationalen Algebra festlegt. Mit den Operationen der relationalen Algebra können wir dann aus diesen Basisrelationen komplexe Ausdrücke aufbauen, welche neue Relationen definieren.

© Springer-Verlag GmbH Deutschland, ein Teil von Springer Nature 2019
T. Studer, *Relationale Datenbanken*,
https://doi.org/10.1007/978-3-662-58976-2_4

Input Relationen

Sei $\mathscr{S}$ ein Schema des gegebenen DB-Schemas und sei R eine Instanz von $\mathscr{S}$. Dann ist R eine Basisrelation der relationalen Algebra.

Konstante Relationen

Sei A ein Attribut mit Domäne D, welches im gegebenen DB-Schema vorkommt. Weiter sei a eine Element von D. Dann ist die konstante 1-stellige Relation $\{(a)\}$ eine Basisrelation der relationalen Algebra. Offensichtlich ist die Relation $\{(a)\}$ eine Instanz des Schemas (A).

Anmerkung 4.1. Wir erinnern uns, dass der Wert Null zu jeder Domäne gehört. Somit gilt für jedes Attribut A, dass die konstante Relation $\{(\text{Null})\}$ eine Instanz von (A) ist.

4.2   Grundoperationen

Die Grundoperationen der relationalen Algebra sind einfache mengentheoretische Operationen auf den Relationen des Relationenmodells.

Projektion

Die Projektion ist eine einstellige Operation, welche die Input-Relation, vermindert um einige Attributwerte, wieder ausgibt. Wir gehen aus von Attributen $A_1, \ldots, A_n$, dem Relationenschema

$$\mathscr{S} = (A_1, \ldots, A_n)$$

sowie einer Teilmenge $\{A_{i_1}, \ldots, A_{i_m}\}$ von $\{A_1, \ldots, A_n\}$. Ist R eine Instanz von $\mathscr{S}$, so setzen wir

$$\pi_{A_{i_1}, \ldots, A_{i_m}}(R) := \big\{(b_1, \ldots, b_m) \mid \text{es gibt ein } a \in R \text{ mit}$$

$$b_1 \simeq \pi_{i_1}(a) \text{ und } \cdots \text{ und } b_m \simeq \pi_{i_m}(a)\big\}.$$

Das Resultat dieser Projektion ist also eine Instanz des Schemas

$$(A_{i_1}, \ldots, A_{i_m}).$$

Da die erhaltene Relation wieder eine Menge ist, werden etwa auftretende Duplikate selbstverständlich entfernt.

Beispiel 4.2. Betrachte eine Relation besucht. Diese Relation modelliert, welche Studierenden welche Vorlesungen besuchen. Sie sei wie folgt gegeben:

besucht	
MatNr	**Vorlesung**
1	Datenbanken
1	Programmieren
2	Programmieren

Für die Projektion $\pi_{\text{Vorlesung}}$(besucht) erhalten wir folgende Tabelle:

$\pi_{\text{Vorlesung}}$(besucht)
Vorlesung
Datenbanken
Programmieren

Mit einer Projektion können nicht nur Spalten eliminiert werden. Es kann auch die Reihenfolge der Spalten geändert werden und es können Spalten verdoppelt werden.

Beispiel 4.3. Betrachte eine Relation Studierende, welche Daten zu den Studierenden enthält. Diese sei gegeben durch:

Studierende	
MatNr	**Name**
1	Ann
2	Tom

Für die Projektion $\pi_{\text{Name,MatNr,MatNr}}$(Studierende) erhalten wir folgende Tabelle.

$\pi_{\text{Name,MatNr,MatNr}}$(Studierende)		
Name	**MatNr**	**MatNr**
Ann	1	1
Tom	2	2

Anmerkung 4.4. Im obigen Beispiel erhalten wir als Resultat des relationalen Ausdrucks eine Tabelle, welche zwei Spalten mit dem Attributnamen MatNr enthält. Dies ist zulässig, wenn im weiteren Verlauf nicht auf eine Spalte mit diesem Namen zugegriffen wird. Das heisst, der Ausdruck

$$\pi_{\text{Name}}\big(\pi_{\text{Name},\text{MatNr},\text{MatNr}}(\text{Studierende})\big)$$

ist ein zulässiger relationaler Ausdruck, da der Attributname Name der äusseren Projektion eindeutig eine Spalte von $\pi_{\text{Name},\text{MatNr},\text{MatNr}}(\text{Studierende})$ bezeichnet. Dagegen ist der Ausdruck

$$\pi_{\text{MatNr}}\big(\pi_{\text{Name},\text{MatNr},\text{MatNr}}(\text{Studierende})\big)$$

nicht zulässig, da der Attributname MatNr nicht eindeutig eine Spalte des Zwischenresultates bezeichnet.

Kartesisches Produkt

Wir gehen aus von Attributen $A_1, \ldots, A_m$ und $B_1, \ldots, B_n$, den Relationenschemata

$$\mathscr{R} = (A_1, \ldots, A_m) \text{ und } \mathscr{S} = (B_1, \ldots, B_n),$$

sowie einer Instanz R von $\mathscr{R}$ und einer Instanz S von $\mathscr{S}$. Wie üblich setzen wir

$$R \times S := \{(x_1, \ldots, x_{m+n}) \mid (x_1, \ldots, x_m) \in R \text{ und } (x_{m+1}, \ldots, x_{m+n}) \in S\}.$$

Nun wollen wir das zu $R \times S$ gehörende Relationenschema definieren. Dabei gilt es zu beachten, dass die Mengen $\{A_1, \ldots, A_m\}$ und $\{B_1, \ldots, B_n\}$ gemeinsame Elemente besitzen dürfen. Da wir unterscheiden wollen, ob ein Attribute aus $\mathscr{R}$ stammt oder aus $\mathscr{S}$, wählen wir folgende Definition. Das Relationenschema für das kartesische Produkt $R \times S$ von R und S hat die Form

$$(R.A_1, \ldots, R.A_m, S.B_1, \ldots, S.B_n).$$

Manchmal vereinfachen wir diese Notation, indem wir für diejenigen Attribute C, die nur in einem der beiden Schemata $\mathscr{R}$ oder $\mathscr{S}$ vorkommen, lediglich

$$C \text{ anstelle von } R.C, \text{ beziehungsweise } S.C, \tag{4.1}$$

schreiben.

Beispiel 4.5. Betrachte die Relationen Studierende und besucht. Diese modellieren, welche Studierenden welche Vorlesungen besuchen. Die beiden Relationen seien wie folgt gegeben:

Studierende			besucht	
MatNr	Name		MatNr	Vorlesung
1	Ann		1	Datenbanken
2	Tom		1	Programmieren
			2	Programmieren

Die entsprechenden Relationenschemata sind

$$(\texttt{MatNr}, \texttt{Name}) \quad \text{und} \quad (\texttt{MatrNr}, \texttt{Vorlesung}).$$

Damit hat das zur Relation Studierende × besucht gehörende Relationenschema die folgende Form:

$$(\texttt{Studierende.MatNr}, \texttt{Studierende.Name},$$
$$\texttt{besucht.MatrNr}, \texttt{besucht.Vorlesung}).$$

Falls wir bei der Namensgebung die Vereinfachung gemäss (4.1) vornehmen, so erhalten wir eine Relation über dem Schema

$$(\texttt{Studierende.MatNr}, \texttt{Name}, \texttt{besucht.MatrNr}, \texttt{Vorlesung}).$$

Die Relation Studierende × besucht selber wird dann durch folgende Tabelle repräsentiert:

Studierende.MatNr	Name	besucht.MatNr	Vorlesung
1	Ann	1	Datenbanken
1	Ann	1	Programmieren
1	Ann	2	Programmieren
2	Tom	1	Datenbanken
2	Tom	1	Programmieren
2	Tom	2	Programmieren

Anmerkung 4.6. Die konstanten 1-stelligen Relationen gehören zu den Basisrelationen der relationalen Algebra. Mit Hilfe des kartesischen Produktes können wir nun auch konstante n-stellige Relationen für beliebige n definieren. Insbesondere werden wir folgende Konstruktion benötigen.

Seien $A_1, \ldots, A_n$ Attribute. Dann gibt es einen Ausdruck der relationalen Algebra für die konstante n-stellige Relation

$$\{(\texttt{Null}, \ldots, \texttt{Null})\}$$

über dem Schema $(A_1, \ldots, A_n)$.

In der Tat, aus Anmerkung 4.1 wissen wir, dass für jedes i der Ausdruck $\{(\texttt{Null})\}$ eine konstante 1-stellige Relation über dem Schema (A_i) beschreibt. Somit ist das kartesische Produkt

$$\{(\texttt{Null})\} \times \cdots \times \{(\texttt{Null})\} = \{(\texttt{Null}, \ldots, \texttt{Null})\}$$

eine Relation über $A_1, \ldots, A_n$.

Anmerkung 4.7. Genauso wie bei der Projektion ist es auch beim kartesischen Produkt möglich, dass Spaltennamen mehrfach im Schema der Resultatrelation vorkommen können. Dies ist der Fall, wenn das kartesische Produkt einer Relation mit sich selber berechnet wird. Betrachte eine Relation S über einem Schema (A, B). Das kartesische Produkt S $\times$ S ist dann eine Relation über dem Schema

$$(\texttt{S.A}, \ \texttt{S.B}, \ \texttt{S.A}, \ \texttt{S.B}).$$

Selektion

Die Selektion ist ebenfalls eine einstellige Operation. Sie sortiert aus einer Relation diejenigen Tupel aus, die ein bestimmtes Prädikat erfüllen. Dabei ist ein Prädikat über Attributen $A_1, \ldots, A_n$ folgendermassen aufgebaut:

- Argumente sind konstante Werte und die Attributnamen $A_1, \ldots, A_n$;
- als Vergleichsoperatoren verwenden wir

$$<, \ \leq, \ >, \ \geq, \ =, \ \neq;$$

- komplexe Prädikate werden aufgebaut durch die Junktoren

$$\neg \ (\text{nicht}), \quad \vee \ (\text{oder}), \quad \wedge \ (\text{und}).$$

Bei der Auswertung von Prädikaten ist zu beachten, dass wir nicht nur die Wahrheitswerte true und false zur Verfügung haben, sondern noch einen dritten Wahrheitswert unknown. Dieser wird für das Resultat von Vergleichen verwendet, bei denen der

¬ (nicht)	
true	false
false	true
unknown	unknown

∨ (oder)	true	false	unknown
true	true	true	true
false	true	false	unknown
unknown	true	unknown	unknown

∧ (und)	true	false	unknown
true	true	false	unknown
false	false	false	false
unknown	unknown	false	unknown

Abb. 4.1 Wahrheitstafeln für die logischen Junktoren

Wert Null involviert ist. Beispielsweise liefert der Vergleich $7 <$ Null das Ergebnis unknown und auch Null $=$ Null resultiert in unknown (vergleiche (2.1)).

Die Bedeutung der logischen Junktoren ist auf diesen drei Wahrheitswerten durch die Wahrheitstafeln in Abb. 4.1 gegeben. Dieses System der 3-wertigen Logik ist auch unter dem Namen *Kleene*-Logik bekannt.

Anmerkung 4.8. Die Definition der logischen Negation ist verträglich mit der Semantik des Null Wertes. Insbesondere gilt für alle a:

$$\neg(a = \text{Null}) \quad \text{ist gleich} \quad a \neq \text{Null}.$$

In der Tat, wir haben

$$\neg(a = \text{Null}) \quad \text{ist} \quad \neg(\text{unknown}) \quad \text{ist} \quad \text{unknown}$$

und

$$a \neq \text{Null} \quad \text{ist} \quad \text{unknown}.$$

Wir können die Selektion nun wie folgt definieren. Gegeben seien wieder Attribute $A_1, \ldots, A_n$, ein Prädikat Θ über $A_1, \ldots, A_n$ sowie das Relationenschema

$$\mathscr{S} = (A_1, \ldots, A_n).$$

Ist R eine Instanz von $\mathscr{S}$, so ist die Selektion

$$\sigma_\Theta(R)$$

die Menge aller Tupel aus R, deren Werte dem Prädikat Θ den Wahrheitswert $\texttt{true}$ geben. Formal setzen wir

$$\sigma_\Theta(R) := \{t \mid t \in R \text{ und } \Theta(t)\}.$$

Damit ist $\sigma_\Theta(R)$ ebenfalls eine Instanz des Schemas $\mathscr{S}$.

Beispiel 4.9. Wir arbeiten noch einmal mit der Relation $\texttt{Autos}$ aus Beispiel 2.11. Diese ist gegeben durch:

Autos

Marke	Farbe	Baujahr	FahrerId
Opel	silber	2010	1
Opel	schwarz	2010	2
VW	rot	2014	2
Audi	schwarz	2014	3
VW	blau	2015	–

Betrachten wir das Prädikat Θ, das durch

$$\Theta \quad :\Longleftrightarrow \quad \texttt{Marke} = \texttt{'Opel'} \vee \texttt{FahrerId} = 2$$

gegeben ist. Die Relation $\sigma_\Theta(\texttt{Autos})$ wird nun durch folgende Tabelle repräsentiert:

$\sigma_\Theta(\texttt{Autos})$

Marke	Farbe	Baujahr	FahrerId
Opel	silber	2010	1
Opel	schwarz	2010	2
VW	rot	2014	2

Oft geben wir das Prädikat explizit in der Selektionsoperation an. Das heisst, wir schreiben direkt

$$\sigma_{\texttt{Marke}=\texttt{'Opel'} \vee \texttt{FahrerId}=2}(\texttt{Autos})$$

und führen keinen eigenen Namen für das Selektionsprädikat ein.

Beispiel 4.10. Wir betrachten noch einmal die Relationen Studierende und besucht:

Studierende	
MatNr	Name
1	Ann
2	Tom

besucht	
MatNr	Vorlesung
1	Datenbanken
1	Programmieren
2	Programmieren

Wir haben oben gesehen, dass das kartesische Produkt Studierende × besucht alle Kombinationen aus den Tupeln der beiden Relationen berechnet. Mit einer Selektion können wir nun diejenigen Kombinationen heraussuchen, bei denen die Werte der beiden MatNr Attribute übereinstimmen. Dazu führen wir folgendes Prädikat ein:

$$\Theta \quad :\Longleftrightarrow \quad \text{Studierende.MatNr} = \text{besucht.MatNr}.$$

Damit liefert der relationale Ausdruck

$$\sigma_\Theta(\text{Studierende} \times \text{besucht})$$

folgendes Resultat, wobei wiederum St für Studierende und be für besucht steht:

St.MatNr	St.Name	be.MatNr	be.Vorlesung
1	Ann	1	Datenbanken
1	Ann	1	Programmieren
2	Tom	2	Programmieren

Bei der Selektionsoperation ist es wichtig zu beachten, dass Null *nicht nur* für *unbekannter Wert* steht, sondern auch verwendet wird, wenn ein Attribut keinen Wert hat. Dies wird im folgendem Beispiel erläutert.

Beispiel 4.11. Wir betrachten nochmals die Tabelle Autos. Für das Selektionsprädikat

$$\Theta := \text{FahrerId} = 1 \lor \text{FahrerId} \neq 1$$

gilt

$$\text{Autos} \neq \sigma_\Theta(\text{Autos}).$$

In der Tat erfüllt das Tupel

$$(\texttt{VW}, \texttt{blau}, 2015, \texttt{Null})$$

das Prädikat Θ nicht, da sowohl $\texttt{Null} = 1$ als auch $\texttt{Null} \neq 1$ zu unknown ausgewertet werden und damit auch Θ zu unknown ausgewertet wird. Dies ist korrekt, wenn wir beachten, dass $\texttt{Null}$ für *keinen Wert* stehen kann.

Hätte $\texttt{Null}$ nur die Bedeutung *unbekannter Wert*, so müsste dieser unbekannte Wert entweder $= 1$ oder $\neq 1$ sein. Obwohl wir nicht wissen, welcher dieser beiden Fälle gilt, so wissen wir doch, dass einer von beiden gelten muss, und damit müsste Θ zu true evaluiert werden.

Umbenennung

Durch Verknüpfung der bisher eingeführten Operationen erhalten wir Ausdrücke der relationalen Algebra. Mit diesen können aus den Basisrelationen neue Relationen berechnet werden. Diesen berechneten Relationen haben wir implizit immer auch ein Schema zugeordnet. Mit Hilfe der Umbenennungsoperation ρ können wir nun die Attribute dieses Schemas umbenennen.

Ist E ein Ausdruck der relationalen Algebra, der eine n-stellige Relation beschreibt, so liefert der Ausdruck

$$\rho_{A_1, \ldots, A_n}(E)$$

das Ergebnis von E unter dem Schema $(A_1, \ldots, A_n)$.

Beispiel 4.12. Ausgangspunkt ist wiederum die Relation $\texttt{Autos}$ aus Beispiel 2.11, sowie das Prädikat Θ aus Beispiel 4.9. Wir können den Ausdruck

$$\pi_{\texttt{Marke,Baujahr}}(\sigma_\Theta(\texttt{Autos}))$$

bilden. Er beschreibt dann die Relation, die durch folgende Tabelle gegeben ist:

Marke	Baujahr
Opel	2010
VW	2014

Durch

$$\rho_{\texttt{Automarke,Jahrgang}}(\pi_{\texttt{Marke,Baujahr}}(\sigma_\Theta(\texttt{Autos})))$$

werden die Attributnamen dieser Tabelle umbenannt. Wir erhalten damit folgendes Resultat:

Automarke	Jahrgang
Opel	2010
VW	2014

Beispiel 4.13. Mit der Umbenennungsoperation können wir das Problem von mehrfach auftretenden Attributnamen lösen. In Anmerkung 4.4 haben wir gesehen, dass

$$\pi_{\text{MatNr}}\big(\pi_{\text{Name},\text{MatNr},\text{MatNr}}(\text{Studierende})\big)$$

kein zulässiger relationaler Ausdruck ist. Mit Hilfe der ρ-Operation können wir nun eines der MatNr Attribute umbennen und so einen zulässigen Ausdruck formulieren durch:

$$\pi_{\text{MatNr}}\big(\rho_{\text{Name},\text{MatNr},\text{MatNr2}}\big(\pi_{\text{Name},\text{MatNr},\text{MatNr}}(\text{Studierende})\big)\big).$$

Beispiel 4.14. In Anmerkung 4.7 haben wir gesehen, dass doppelte Attributnamen auch als Resultat eines kartesischen Produktes auftreten können. Im vorherigen Beispiel haben wir gesehen, dass wir mit einer ρ-Operation die mehrfach auftretenden Attribute umbennen können. Im Falle des kartesischen Produktes können wir auch zuerst die Attribute umbenennen und anschliessen das Produkt bilden.

Betrachte eine Relation S über einem Schema (A, B). Das kartesische Produkt

$$\rho_{\text{L.A,L.B}}(\text{S}) \times \rho_{\text{R.A,R.B}}(\text{S})$$

ist dann eine Relation über dem Schema

$$(\text{L.A, L.B, R.A, R.B}).$$

In diesem Schema sind die Namen der Attribute wieder eindeutig.

Wir werden diesen Ansatz später noch verwenden und führen dafür folgende abkürzende Schreibweise ein. Sei S eine Relation über einem Schema $(A_1, \ldots, A_n)$. Dann schreiben wir

$$\rho_L(\text{S})$$

für

$$\rho_{L.A_1,\ldots,L.A_n}(\text{S}).$$

Vereinigung und Mengendifferenz

Die mengentheoretische Vereinigung und die mengentheoretische Differenz von zwei Relationen sind weitere Grundoperationen der relationalen Algebra. Wir gehen aus von den Attributen $A_1, \ldots, A_n$ und dem Relationenschema

$$\mathscr{S} := (A_1, \ldots, A_n),$$

sowie Instanzen R und S von $\mathscr{S}$. Die Vereinigung $(R \cup S)$ und die Mengendifferenz $(R \setminus S)$ von R und S definieren wir dann durch

$$(R \cup S) := \{t \mid t \in R \text{ oder } t \in S\}$$

und

$$(R \setminus S) := \{t \mid t \in R \text{ und } t \notin S\}.$$

Offensichtlich sind $(R \cup S)$ und $(R \setminus S)$ ebenfalls Instanzen des Relationenschemas $\mathscr{S}$. Wir beachten, dass Tupel, die sowohl in R als auch in S vorkommen in $(R \cup S)$ nicht mehrfach gezählt werden.

Wir verlangen hier, dass bei der Bildung von Vereinigung und Mengendifferenz die beteiligten Relationen zum selben Relationenschema gehören. Manchmal wird auch etwas liberaler vorgegangen und nur gefordert, dass die involvierten Relationen dieselbe Stelligkeit und verträgliche Domänen haben.

Anmerkung 4.15. In der relationalen Algebra können nur *relative* Komplemente von Relationen S bezüglich von Relationen R eingeführt werden (mit Hilfe der Mengendifferenz $R \setminus S$). Dagegen ist es nicht möglich, das absolute Komplement einer Relation S, d. h. die Menge aller Tupel $\{t \mid t \notin S\}$, zu definieren. Im Falle von unendlichen Domänen würden dadurch nämlich Relationen mit unendlich vielen Elementen auftreten.

4.3   Weitere Operationen

In den beiden vorangehenden Abschnitten haben wir Ausdrücke der relationalen Algebra eingeführt. Diese sind aufgebaut aus den Basisrelationen

1. Inputrelationen,
2. konstante Relationen

und den Grundoperationen

1. Projektion,
2. kartesisches Produkt,
3. Selektion,
4. Umbenennung,
5. Vereinigung,
6. Differenz.

Die so definierten Ausdrücke reichen aus, um sehr viele Abfragen im relationalen Modell zu formulieren. Es wäre jedoch zu umständlich und nicht besonders bequem, nur damit zu arbeiten. Deshalb führen wir nun weitere Operationen ein, die sich mit Hilfe der Grundoperationen definieren lassen und daher die Ausdrucksstärke nicht erhöhen.

Durchschnitt

Der Durchschnitt von Relationen kann mit Hilfe der Mengendifferenz definiert werden (siehe Lemma 1.19). Gegeben seien Attribute $A_1, \ldots, A_n$, das Relationenschema

$$\mathscr{S} := (A_1, \ldots, A_n),$$

sowie Instanzen R und S des Schemas $\mathscr{S}$. Der Durchschnitt $(R \cap S)$ von R und S ist dann gegeben durch

$$(R \cap S) := (R \setminus (R \setminus S)).$$

Natürlicher Verbund (Natural Join)

Um den natürlichen Verbund von Relationen ganz allgemein einzuführen, gehen wir von Attributen $A_1, \ldots, A_m$ und $B_1, \ldots, B_n$, den Relationenschemata

$$\mathscr{S} := (A_1, \ldots, A_m) \text{ und } \mathscr{T} := (B_1, \ldots, B_n)$$

sowie einer Instanz S von $\mathscr{S}$ und einer Instanz T von $\mathscr{T}$ aus. Ausserdem gelte

$$\{A_1, \ldots, A_m\} \cap \{B_1, \ldots, B_n\} = \{A_{i_1}, \ldots, A_{i_p}\} \qquad \text{mit } i_l < i_h \text{ für } l < h$$

$$\{A_1, \ldots, A_m\} \setminus \{A_{i_1}, \ldots, A_{i_p}\} = \{A_{j_1}, \ldots, A_{j_q}\} \qquad \text{mit } j_l < j_h \text{ für } l < h$$

$$\{B_1, \ldots, B_n\} \setminus \{A_{i_1}, \ldots, A_{i_p}\} = \{B_{k_1}, \ldots, B_{k_r}\} \qquad \text{mit } k_l < k_h \text{ für } l < h.$$

Die Bedingung

$$\text{mit } i_l < i_h \text{ für } l < h$$

sagt, dass in der Sequenz $A_{i_1}, \ldots, A_{i_p}$ ein Attribut A_{i_l} genau dann vor einem Attribut A_{i_h} auftritt, wenn auch in der Sequenz $A_1, \ldots, A_m$ das Attribut A_{i_l} vor dem Attribut A_{i_h} auftritt. Der natürliche Verbund $(S \bowtie T)$ ist nun definiert als

$$S \bowtie T \quad := \quad \rho_{A_{i_1}, \ldots, A_{i_p}, A_{j_1}, \ldots, A_{j_q}, B_{k_1}, \ldots, B_{k_r}} ($$

$$\pi_{L.A_{i_1}, \ldots, L.A_{i_p}, L.A_{j_1}, \ldots, L.A_{j_q}, R.B_{k_1}, \ldots, R.B_{k_r}} (\tag{4.2}$$

$$\sigma_{L.A_{i_1} = R.A_{i_1} \wedge \cdots \wedge L.A_{i_p} = R.A_{i_p}} (\rho_L(S) \times \rho_R(T)))).$$

Der natürliche Verbund ist also eine zweistellige Operation, die

1. die Attributnamen so umbenennt, dass sie mit $L.$, beziehungsweise mit $R.$, beginnen,
2. ein kartesisches Produkt bildet,
3. eine Selektion durchführt, welche Gleichheit auf den Attributen verlangt, die beiden Schemata gemeinsam sind,
4. mit einer Projektion die Duplikate dieser gemeinsamen Attribute entfernt und die gemeinsamen Attribute an den Anfang stellt,
5. mit einer Umbenennung den Attributen wieder ihre ursprünglichen Namen gibt.

Die Umbenennung im ersten Schritt ist nötig, damit der natürliche Verbund $S \bowtie S$ einer Relation S mit sich selbst definiert ist. Würde man diese ersten Umbenennungen weglassen, so würde das kartesische Produkt $S \times S$ mehrfach auftretende Spaltennamen enthalten. Damit wäre die anschliessende Selektion nicht zulässig, weil die Attributnamen nicht mehr eindeutig eine Spalte bezeichnen würden.

Durch diese Umbenneng haben alle Attribute unterschiedliche Namen. Deshalb können wir für das kartesische Produkt die Vereinfachung der Attributnamen gemäss (4.1) verwenden.

Die Umbenennung im letzten Schritt wäre auch nötig, wenn man die Umbennung im ersten Schritt weglässt. Dann würde nämlich das kartesische Produkt neue Namen für die Attribute einführen.

Beispiel 4.16. Wir betrachten eine Relation `Autos` über dem Schema

$$(\underline{\text{Marke}}, \text{Jahrgang}, \text{PersId}).$$

Wir verwenden `Marke` als Primärschlüssel, damit das Beispiel übersichtlich bleibt. Das Attribut `PersId` ist ein Fremdschlüssel auf eine Relation `Personen`, um die Fahrer der Autos anzugeben. `Personen` ist eine Relation über dem Schema

(PersId, Name).

Die Relationen Autos und Personen seien gegeben durch:

Autos				Personen	
Marke	Jahrgang	PersId		PersId	Name
Opel	2010	1		1	Studer
VW	1990	1		2	Meier
Audi	2014	-			
Skoda	2014	2			

Mit dem natürlichen Verbund Autos ⋈ Personen können wir nun die Verknüpfung zwischen Autos und ihren Fahrern herstellen. Wir erhalten so:

Autos ⋈ Personen

PersId	Marke	Jahrgang	Name
1	Opel	2010	Studer
1	VW	1990	Studer
2	Skoda	2014	Meier

Bei der Verwendung eines natürlichen Verbundes ist es wichtig zu beachten, dass der Join über die gemeinsamen Attribute ausgeführt wird. Im obigen Beispiel ist es also wichtig, dass beide Tabellen das gemeinsame Attribut PersId besitzen. Es ist jedoch irrelevant, dass es einen Fremdschlüssel von Autos zu Personen gibt.

Wichtig ist auch, dass der Join über *alle* gemeinsamen Attribute berechnet wird, auch wenn diese nur zufällig gleich heissen und eine unterschiedliche Bedeutung haben. So kann es passieren, dass der natürliche Verbund nicht das gewünschte Resultat liefert. Dieser Fall wird im folgenden Beispiel illustriert.

Beispiel 4.17. Wir betrachen wieder die Relation Autos aus Beispiel 4.16. Die Relation Personen ergänzen wir nun durch ein neues Attribut Jahrgang wie folgt:

Personen

PersId	Name	Jahrgang
1	Studer	1990
2	Meier	1994

Das Attribut `Jahrgang` in der Tabelle `Autos` bezeichnet den Jahrgang des Autos, das Attribut `Jahrgang` in der Tabelle `Personen` meint den Jahrgang der Person. Für den natürlich Verbund erhalten wir nun aber folgende Tabelle:

Autos ⋈ Personen

Jahrgang	PersId	Marke	Name
1990	1	VW	Studer

Der Grund ist natürlich, dass sowohl `Jahrgang` als auch `PersId` als Join-Attribute verwendet werden. Damit müssen Tupel aus `Autos` und `Personen` in *beiden* Attributen übereinstimmen, damit ihre Kombination in das Resultat aufgenommen wird.

Auch im Beispiel 3.3 zur Hochschul-Datenbank darf man keinen natürlichen Verbund über `Vorlesungen` und `Übungen` verwenden, um die Vorlesungen mit den dazugehörigen Übungen zu erhalten. Es würden nämlich nur diejenigen gefunden, bei denen die Vorlesung und die Übungen im selben Hörsaal stattfinden.

Anmerkung 4.18. Diese Eigenschaft des natürlichen Verbundes ist etwas tückisch. Nehmen wir an, für eine Datenbank sei eine Abfrage mit Hilfe eines natürlichen Verbundes implementiert worden. Diese, auf der ursprünglichen Datenbank korrekte Implementierung der Abfrage, kann später falsche Antworten liefern, falls neue Attribute zu den Relationen des Joins hinzugefügt werden.

Anmerkung 4.19. Sei S eine Relation über dem Schema $(A_1, \ldots, A_m)$ und T eine Relation über dem Schema $(B_1, \ldots, B_n)$. Weiter nehmen wir an, dass die beiden Schemata keine gemeinsamen Attribute besitzen, d. h.

$$\{A_1, \ldots, A_m\} \cap \{B_1, \ldots, B_n\} = \emptyset.$$

In der Definition des natürlichen Verbundes (4.2) ist dann das Selektionsprädikat eine Konjunktion über der leeren Menge. Wie üblich verwenden wir

$$\bigwedge \emptyset = \texttt{true}.$$

Damit erhalten wir

$$S \bowtie T \quad = \quad S \times T.$$

Das heisst, falls die Schemata von S und T keine gemeinsamen Attribute besitzen, so ist der natürliche Verbund von S und T gleich dem kartesischen Produkt von S und T. Dabei verwenden wir die Vereinfachung der Attributnamen gemäss (4.1).

Θ-Verbund (Θ-Join)

Im natürlichen Verbund ist das Kriterium für den Join implizit vorgegeben: gleichnamige Attribute müssen den gleichen Wert haben. Im Θ-Verbund kann nun ein beliebiges Join-Kriterium Θ verwendet werden. In diesem Kriterium kann nicht nur auf Gleichheit von Argumenten getestet werden, sondern es sind beliebige Prädikate (im Sinne der Selektionsoperation) möglich.

Der Θ-Verbund $R \bowtie_\Theta S$ von zwei Relationen R und S ist definiert durch

$$R \bowtie_\Theta S := \sigma_\Theta(R \times S).$$

Beispiel 4.20. Mit den Daten aus Beispiel 4.17 erhalten wir für

$$\text{Autos} \bowtie_{\text{Autos.PersId=Personen.PersId}} \text{Personen}$$

folgende Tabelle, wobei A für Autos und P für Personen steht:

A.Marke	A.Jahrgang	A.PersId	P.PersId	P.Name	P.Jahrgang
Opel	2010	1	1	Studer	1990
VW	1990	1	1	Studer	1990
Skoda	2014	2	2	Meier	1994

Ein Θ-Join bei dem im Prädikat Θ nur auf Gleichheit getestet wird (so wie im Beispiel 4.20) wird oft *Equi-Join* genannt. In einem allgemeinen Θ-Join können aber beliebige Prädikate verwendet werden. Beispielsweise liefert der Θ-Join

$$\text{Autos} \bowtie_{\text{Autos.PersId=Personen.PersId}\wedge\text{Personen.Jahrgang}\leq 1990} \text{Personen}$$

die Fahrer, welche 1990 oder früher geboren wurden, zusammen mit ihren Autos. Das heisst, wir erhalten folgende Tabelle für die Relationen Autos und Personen aus Beispiel 4.20:

A.Marke	A.Jahrgang	A.PersId	P.PersId	P.Name	P.Jahrgang
Opel	2010	1	1	Studer	1990
VW	1990	1	1	Studer	1990

Linker äusserer Verbund

Betrachten wir noch einmal die Relationen `Autos` und `Personen` aus Beispiel 4.16:

Autos				Personen	
Marke	**Jahrgang**	**PersId**		**PersId**	**Name**
Opel	2010	1		1	Studer
VW	1990	1		2	Meier
Audi	2014	-			
Skoda	2014	2			

Im natürlichen Verbund `Autos` ⋈ `Personen` erscheint der `Audi` nicht, weil sein `PersId` Attribut den Wert `Null` hat. Wir können aber auch verlangen, dass *alle* Autos in der Resultatrelation des Verbundes vorkommen müssen. Dazu verwenden wir den linken äusseren Verbund `Autos` ⋈ `Personen`, welcher wie folgt definiert ist.

Gegeben seien eine Relation R über einem Schema $\mathscr{R}$ und eine Relation S über einem Schema $\mathscr{S}$. Weiter sei $\mathscr{T}$ das Schema des natürlichen Verbundes $R \bowtie S$.

Mit Anmerkung 4.6 können wir annehmen, dass

$$\{(\text{Null}, \ldots, \text{Null})\}$$

eine konstante Relation über dem Schema $(B_{k_1}, \ldots, B_{k_r})$ ist, wobei $B_{k_1}, \ldots, B_{k_r}$ diejenigen Attribute aus $\mathscr{S}$ sind, die nicht in $\mathscr{R}$ vorkommen.

Wir definieren nun

$$R \bowtie S := (R \bowtie S) \cup \pi_{\mathscr{T}}\Big(\big(R \setminus \pi_{\mathscr{R}}(R \bowtie S)\big) \times \{(\text{Null}, \ldots, \text{Null})\}\Big)$$

Wir erhalten so:

Autos ⋈ Personen			
PersId	**Marke**	**Jahrgang**	**Name**
1	Opel	2010	Studer
1	VW	1990	Studer
2	Skoda	2014	Meier
-	Audi	2014	-

Im Abschn. 5.4 werden wir noch weitere Varianten der Join-Operation betrachten, welche für Anwendungen wichtig sind und von der Datenbanksprache SQL unterstützt werden.

Division

Die Division wird häufig zur Formulierung von allquantifizierten Abfragen verwendet. Um die etwas umfängliche Definition besser verstehen zu können, beginnen wir mit einem Beispiel.

Beispiel 4.21. In diesem Beispiel geht es um Mechaniker, welche bestimmte Automarken reparieren können. Ausserdem betrachten wir eine Garage in der Autos von verschiedenen Marken abgestellt sind. Wir wählen die Attribute `Name` (des Mechanikers) sowie `Marke` (des Autos). Die Relation `Mechaniker` speichert, welcher Mechaniker welche Automarken reparieren kann:

Mechaniker	
Name	**Marke**
Studer	Opel
Meier	Opel
Meier	VW
Meier	Audi

Die Relation `Garage` speichert, welche Automarken in der Garage abgestellt sind:

Garage
Marke
Opel
Audi

Nun möchten wir die Namen derjenigen Mechaniker, welche *alle* Automarken die in der Garage vorkommen, reparieren können. Dies wird durch die (noch zu definierende) Division `Mechaniker` ÷ `Garage` erreicht. Wir erhalten nämlich:

Mechaniker ÷ Garage
Name
Meier

Bevor wir die Division formal einführen können, benötigen wir noch eine abkürzende Schreibweise, die auch später nützlich sein wird.

Definition 4.22. Gegeben seien paarweise verschiedene Attribute

$$A_1, \ldots, A_m, A_{m+1}, \ldots, A_{m+n}$$

sowie die Schemata

$$\mathscr{S} = (A_1, \ldots, A_m) \quad \text{und} \quad \mathscr{T} = (A_{m+1}, \ldots, A_{m+n}).$$

Weiter sei

$$\mathscr{R} = (A_{i_1}, \ldots, A_{i_{m+n}}) \quad \text{mit } i_j \text{ und } i_k \text{ paarweise verschieden}$$

ein Schema mit den Attributen $A_1, \ldots, A_{m+n}$.

Ist S eine Instanz von $\mathscr{S}$ und T eine Instanz von $\mathscr{T}$, ist s ein m-Tupel aus S und ist t ein n-Tupel aus T, so schreiben wir

$$(s * t)$$

für das $(m+n)$-Tupel, das wir durch geeignete Konkatenation von s und t erhalten, so dass gilt:

$$\pi_j(s * t) \simeq s[A_{i_j}] \quad \text{falls } i_j \leq m$$

$$\pi_j(s * t) \simeq t[A_{i_j}] \quad \text{falls } i_j > m$$

Damit kann $(s * t)$ in eine Instanz des Schemas $\mathscr{R}$ eingefügt werden. Die Bedeutung der $*$-Operation hängt also wesentlich von den beteiligten Schemata ab. Wir geben diese jedoch nicht explizit an, da sie immer aus dem Kontext klar sein werden.

Beispiel 4.23. Gegeben seien Attribute A, B, C und D, die Schemata

$$\mathscr{S} = (A, B) \qquad \mathscr{T} = (C, D) \qquad \mathscr{R} = (C, B, D, A)$$

sowie eine Instanz S von $\mathscr{S}$ und eine Instanz T von $\mathscr{T}$. Es seien nun

$$s = (1, 2) \in S \quad \text{und} \quad t = (3, 4) \in T.$$

Damit gilt

$$s * t = (3, 2, 4, 1).$$

Zur allgemeinen Einführung der Division von Relationen gehen wir aus von Attributen $A_1, \ldots, A_m$ und einer echten Teilmenge $\{B_1, \ldots, B_n\}$ der Attributmenge $\{A_1, \ldots, A_m\}$. Ausserdem sei

$$\{A_{i_1}, \ldots, A_{i_{m-n}}\} := \{A_1, \ldots, A_m\} \setminus \{B_1, \ldots, B_n\} \text{ mit } i_l < i_k \text{ für } l < k.$$

Schliesslich betrachten wir noch die Schemata

$$\mathscr{R} := (A_1, \ldots, A_m),$$

$$\mathscr{S} := (B_1, \ldots, B_n),$$

$$\mathscr{T} := (A_{i_1}, \ldots, A_{i_{m-n}}).$$

Ist R eine Instanz von $\mathscr{R}$ und S eine Instanz von $\mathscr{S}$, so ist die Division $(R \div S)$ von R durch S eine Relation die zum Schema $\mathscr{T}$ gehört. Ein $(m-n)$-Tupel t aus $\pi_{A_{i_1}, \ldots, A_{i_{m-n}}}(R)$ soll genau dann Element der Relation $(R \div S)$ sein, falls für alle Tupel s aus S das Tupel $(t * s)$ zu R gehört, d. h.

$$(R \div S) := \{ t \in \pi_{A_{i_1}, \ldots, A_{i_{m-n}}}(R) \mid (\forall s \in S)((t * s) \in R) \}.$$

Man kann leicht zeigen, dass sich $(R \div S)$ aus unseren Grundoperationen gewinnen lässt. Dazu muss man nur nachrechnen, dass

$$(R \div S) = \pi_{A_{i_1}, \ldots, A_{i_{m-n}}}(R) \setminus \pi_{A_{i_1}, \ldots, A_{i_{m-n}}}(\pi_{A_1, \ldots, A_m}(\pi_{A_{i_1}, \ldots, A_{i_{m-n}}}(R) \times S) \setminus R).$$

Für das Beispiel 4.21 bedeutet dieser relationale Ausdruck etwa Folgendes:

Finde alle Mechaniker,

für die es keine Automarke in der Garage gibt,

die sie nicht reparieren können.   (4.3)

Diese doppelte Negation ist zwar schlechtes Deutsch aber gute Logik!

Der Divisor (die Relation durch die geteilt wird) kann natürlich auch mehrere Attribute haben. Folgendes Beispiel illustriert diesen Fall.

Beispiel 4.24. Wir wählen Attribute A1, A2 und B1, B2 sowie die Relationen R, S, die durch folgende Tabellen gegeben sind:

R			
A1	A2	B1	B2
1	2	3	4
1	2	5	6
2	3	5	6
5	4	3	4
5	4	5	6
1	2	4	5
1	2	7	8

S	
B1	B2
3	4
5	6
7	8

Dann ist die Division R ÷ S von R durch S die Relation, die der folgenden Tabelle entspricht:

R ÷ S	
A1	**A2**
1	2

Das folgende Lemma zeigt, dass die Division von Relationen in einem gewissen Sinne die Umkehroperation zum kartesischen Produkt ist. Der Beweis dieser Behauptung wird durch einfaches Nachrechnen geführt.

Lemma 4.25. *Seien $\mathscr{R} = (A_1, \ldots, A_m)$ und $\mathscr{S} = (B_1, \ldots, B_n)$ zwei Relationenschemata, R eine Instanz von $\mathscr{R}$ und S eine Instanz von $\mathscr{S}$. Wir nehmen an, dass $\mathscr{R}$ und $\mathscr{S}$ keine gemeinsamen Attributnamen enthalten. Somit können wir das kartesische Produkt $R \times S$ als Relation über dem Schema $(A_1, \ldots, A_m, B_1 \ldots, B_n)$ auffassen.*

Dann gilt, falls S nicht-leer ist,

$$(R \times S) \div S = R.$$

Die Einschränkung auf nicht-leere Relationen S ist keine Überraschung. Über den rationalen Zahlen gilt $(a \cdot b)/b = a$ auch nur für $b \neq 0$.

Anmerkung 4.26. Die Division der relationalen Algebra verhält sich wie eine Division mit Rest (d. h. wie eine Ganzzahl-Division). Damit meinen wir, dass zwar

$$(R \div S) \times S \subseteq R$$

gilt, aber $(R \div S) \times S = R$ nicht gelten muss (siehe Beispiele 4.21 und 4.24). Genau so gilt für die Ganzzahl-Division nur $(7/3) \cdot 3 \leq 7$ aber nicht $(7/3) \cdot 3 = 7$.

4.4   Relationale Algebra als Query Sprache

Anhand der vorhergehenden Beispiele haben wir bereits gesehen, dass mithilfe der Operationen der relationalen Algebra Datenbankabfragen (Queries) formuliert werden können. Dieser Aspekt soll in diesem Abschnitt noch weiter diskutiert werden.

Als Beispiel betrachten wir hier eine Film-Datenbank. Dazu verwenden wir die Attribute PId (Personen-Id), Fn (Familienname), Vn (Vorname), FId (Film-Id), Dt (Datum), Reg (Regisseur), Titel und Jahr und betrachten die Relationenschemata

$$\mathscr{P} = (\underline{\text{PId}}, \text{Fn}, \text{Vn}),$$

$$\mathscr{PF} = (\underline{\text{PId}}, \underline{\text{FId}}, \underline{\text{Dt}}),$$

$$\mathscr{F} = (\underline{\text{FId}}, \text{Reg}, \text{Titel}, \text{Jahr}).$$

Ferner sei die Relation Personen eine Instanz von $\mathscr{P}$, die Relation Schaut eine Instanz von $\mathscr{PF}$ und Filme eine Instanz von $\mathscr{F}$.

Wir betrachten nun einige Datenbankabfragen und diejenigen Ausdrücke, mit denen diese Abfragen beantwortet werden können.

Query 1

Wie lauten die Titel der Filme aus dem Jahr 2002 bei denen Spielberg Regie geführt hat?

$$\pi_{\text{Titel}}(\sigma_{\text{Jahr}=2002 \wedge \text{Reg}='\text{Spielberg}'}(\text{Filme}))$$

Query 2

Ermittle Familien- und Vornamen derjenigen Personen, die Filme geschaut haben mit Spielberg oder Coppola als Regisseur.

$$\pi_{\text{Fn},\text{Vn}}(\text{Personen} \bowtie$$

$$(\text{Schaut} \bowtie (\sigma_{\text{Reg}='\text{Spielberg}' \vee \text{Reg}='\text{Coppola}'}(\text{Filme}))))$$

Query 3

Nenne Titel und Jahr der Filme, welche Eva Meier vor dem 30. November 2009 geschaut hat.

$$\pi_{\text{Titel},\text{Jahr}}(\sigma_{\text{Fn}='\text{Meier}' \wedge \text{Vn}='\text{Eva}'}(\text{Personen}) \bowtie$$

$$(\sigma_{\text{Dt}<20091130}(\text{Schaut}) \bowtie \text{Filme}))$$

Query 4

Wie lauten die Personennummern der Personen, die alle Filme von Spielberg geschaut haben?

$$\pi_{\mathrm{PId,FId}}(\texttt{Schaut}) \div \pi_{\mathrm{FId}}(\sigma_{\mathrm{Reg=' Spielberg'}}(\texttt{Filme}))$$

In diesem Ausdruck ist es wichtig, dass in der Division die Projektion

$$\pi_{\mathrm{PId,FId}}(\texttt{Schaut})$$

verwendet wird und nicht die ursprüngliche Relation Schaut. Die Abfrage

$$\pi_{\mathrm{PId}}(\texttt{Schaut} \div \pi_{\mathrm{FId}}(\sigma_{\mathrm{Reg=' Spielberg'}}(\texttt{Filme})))$$

liefert nämlich die Personennummer der Personen, die *an einem einzigen Tag* alle Filme von Spielberg geschaut haben.

4.5   Gruppierung und Aggregation

In diesem Abschnitt studieren wir Erweiterungen, die im strengen Sinne nicht zur relationalen Algebra gehören, aber für praktische Anwendungen sehr wichtig sind. Vor allem die sogenannten *Aggregatsfunktionen* spielen dabei eine grosse Rolle. Dazu gehören unter anderem folgende Funktionen:

* **count** (Zählen),
* **sum** (Summieren),
* **min**, **max** (Minimum bzw. Maximum),
* **avg** (Durchschnitt).

Häufig werden Aggregatsfunktionen nicht über eine ganze Relation berechnet, sondern die Relation wird in Gruppen zerlegt und die Aggregatsfunktion wird über jede Gruppe einzeln ausgewertet. Dies wird wie folgt definiert.

Gegeben seien Attribute $A_1, \ldots, A_m$, eine Teilmenge $\{B_1, \ldots, B_n\}$ der Attributmenge $\{A_1, \ldots, A_m\}$, ein Element C von $\{A_1, \ldots, A_m\} \backslash \{B_1, \ldots, B_n\}$ und das Relationenschema

$$\mathscr{S} = (A_1, \ldots, A_m).$$

Ist **agg** eine unserer Aggregatsfunktionen und R eine Instanz von $\mathscr{S}$, so definieren wir die *GroupBy* Operation γ durch:

$$\gamma(R, (B_1, \ldots, B_n), \mathbf{agg}, C) :=$$
$$\{(b_1, \ldots, b_n, a) \mid (b_1, \ldots, b_n) \in \pi_{B_1, \ldots, B_n}(R) \text{ und}$$
$$a = \mathbf{agg}(\{x \mid (b_1, \ldots, b_n, x) \in \pi_{B_1, \ldots, B_n, C}(R)\})\}.$$

Als Schema dieser Relation verwenden wir:

$$(B_1, \ldots, B_n, \mathbf{agg}(C)).$$

Wir betrachten nochmals unsere Beispiel-Filmdatenbank aus Abschn. 4.4. Mit Hilfe der Aggregatsfunktionen und Gruppierung können wir nun folgende Fragen beantworten.

Query 5

Welcher Regisseur hat in welchem Jahr wie viele Filme gedreht?

$$\gamma(\texttt{Filme}, (\texttt{Reg}, \texttt{Jahr}), \mathbf{count}, \texttt{FId})$$

Query 6

In welchem Jahr hat $\texttt{Spielberg}$ das letzte Mal Regie geführt?

$$\sigma_{\texttt{Reg}='\texttt{Spielberg}'}(\gamma(\texttt{Filme}, (\texttt{Reg}), \mathbf{max}, \texttt{Jahr}))$$

Beispiel 4.27. Wir betrachten die folgende Tabelle um die einzelnen Berechnungsschritte der Query 5

$$\gamma(\texttt{Filme}, (\texttt{Reg}, \texttt{Jahr}), \mathbf{count}, \texttt{FId})$$

zu illustrieren:

Filme

FId	Reg	Titel	Jahr
1	Lynch	Absurda	2007
2	Lynch	Mulholland Drive	2001
3	Spielberg	Jurassic Parc	1993
4	Lynch	Boat	2007
5	Spielberg	Schindler's List	1993
6	Lynch	Bug Crawls	2007

Wir berechnen zuerst die verschiedenen Gruppen:

$\pi_{\text{Reg,Jahr}}(\text{Filme})$	
Reg	**Jahr**
Lynch	2007
Lynch	2001
Spielberg	1993

Für jede Gruppe berechnen wir nun die Aggregatsfunktion. Das heisst, für jedes Tupel (b_1, b_2) aus der Relation $\pi_{\text{Reg,Jahr}}(\text{Filme})$ bestimmen wir

$$\mathbf{count}(\{x \mid (b_1, b_2, x) \in \pi_{\text{Reg,Jahr,Fid}}(\text{Filme})\}.$$

Für das Tupel (Lynch, 2007) müssen wir also $\mathbf{count}(\{1, 4, 6\})$ ausrechnen, was das Resultat 3 liefert. Insgesamt liefert die Query

$$\gamma(\text{Filme}, (\text{Reg}, \text{Jahr}), \mathbf{count}, \text{FId})$$

somit das Resultat:

Reg	**Jahr**	**count(FId)**
Lynch	2007	3
Lynch	2001	1
Spielberg	1993	2

Bisher haben wir noch nicht spezifiziert, wie sich die Aggregatsfunktionen bei Null Werten und bei der leeren Menge verhalten sollen.

Definition 4.28. Sei f eine Aggregatsfunktion und X eine Menge von Werten, welche möglicherweise Null enthält. Wir setzen

$$f(X) := f(X \setminus \{\text{Null}\}).$$

Das heisst, dass die Aggregatsfunktionen Null Werte ignorieren.
   Weiter definieren wir

$$\mathbf{count}(\emptyset) := 0$$

und

$$\mathbf{sum}(\emptyset) := \mathbf{min}(\emptyset) := \mathbf{max}(\emptyset) := \mathbf{avg}(\emptyset) := \texttt{Null}.$$

Beispiel 4.29. Mit dieser Definition erhalten wir für $X = \{\texttt{Null}, 1, 2, 3\}$ die folgenden Resultate:

$$\mathbf{sum}(X) = 6, \qquad \mathbf{count}(X) = 3 \qquad \text{und} \qquad \mathbf{avg}(X) = 2.$$

Ausserdem finden wir $\mathbf{count}(\{\texttt{Null}\}) = 0$ und $\mathbf{avg}(\{\texttt{Null}\}) = \texttt{Null}$.

Nach unserer Definition von γ wird die Aggregatsfunktion auf eine *Menge* angewendet, d. h. Duplikate von Elementen spielen keine Rolle (beziehungsweise werden entfernt). Dies kann zu unerwünschten Effekten führen, wie das folgende Beispiel zeigt.

Beispiel 4.30. Wir betrachten wieder die Filmdatenbank aus Abschn. 4.4. Jedoch erweitern wir das Schema $\mathscr{F}$ durch ein neues Attribut `Dauer`, um die Länge eines Films abzuspeichern. Wir haben also

$$\mathscr{F} = (\underline{\texttt{FId}}, \texttt{Reg}, \texttt{Titel}, \texttt{Jahr}, \texttt{Dauer}).$$

Die Instanz `Filme` des Schemas $\mathscr{F}$ habe folgende Einträge, wobei wir nur die Attribute `FId`, `Jahr`, `Dauer` betrachten.

Filme

FId	Jahr	Dauer
1	2010	120
2	2012	90
3	2012	120
4	2010	100
5	2012	120

Wir möchten nun mit Hilfe der Aggregationsfunktion **avg** folgende Frage beantworten.

Query 7

Welches ist die durchschnittliche Dauer der Filme pro Jahr?

Analog zu den obigen Beispielen wollen wir dazu den Ausdruck

$$\gamma(\texttt{Filme}, (\texttt{Jahr}), \mathbf{avg}, \texttt{Dauer})$$

verwenden. Dieser liefert als Resultat:

Jahr	avg(Dauer)
2010	110
2012	105

Für das Jahr 2010 wird die durchschnittliche Dauer berechnet durch

$$\mathbf{avg}(\{100, 120\}),$$

was das korrekte Resultat liefert. Für das Jahr 2012 wird die durchschnittliche Dauer jedoch berechnet durch

$$\mathbf{avg}(\{90, 120, 120\}),$$

was das (unerwünschte) Resultat 105 liefert. Da der Durchschnitt einer *Menge* genommen wird, werden Duplikate nicht korrekt behandelt. Die Dauer 120 wird nur *einmal* (statt zweimal) berücksichtigt.

Um derartige Probleme zu umgehen, arbeiten wir in Fällen, bei denen Duplikate eine Rolle spielen, nicht mit Mengen, sondern mit *Multimengen*. Dabei handelt es sich um Kollektionen von Objekten, bei denen mehrfache Vorkommnisse von Elementen registriert werden, aber ihre Reihenfolge unwichtig ist. Wir können Multimengen also als Mengen auffassen, bei denen Elemente mehrfach vorkommen können, oder als Listen, bei denen die Reihenfolge nicht beachtet wird.

Für Attribute $A_1, \dots, A_m$, eine Teilmenge $\{B_1, \dots, B_n\}$ von $\{A_1, \dots, A_m\}$, ein Element C von $\{A_1, \dots, A_m\} \setminus \{B_1, \dots, B_n\}$ und eine Relation R über dem Schema $(A_1, \dots, A_m)$ definieren wir die *Multimengen-GroupBy* Operation

$$\Gamma(R, (B_1, \dots, B_n), \mathbf{agg}, C)$$

analog zu $\gamma(R, \{B_1, \dots, B_n\}, \mathbf{agg}, C)$ mit dem Unterschied, dass wir den Input der Aggregatsfunktion **agg** als Multimenge behandeln.

Query 7 können wir also korrekt beantworten mit

$$\Gamma(\mathtt{Filme}, (\mathtt{Jahr}), \mathbf{avg}, \mathtt{Dauer}).$$

Wir erhalten so das richtige Resultat:

Jahr	avg(Dauer)
2010	110
2012	110

Weiterführende Literatur[1]

1. Abiteboul, S., Hull, R., Vianu, V.: Foundations of Databases: The Logical Level. Addison-Wesley (1995)
2. Codd, E.F.: A relational model of data for large shared data banks. Commun. ACM **13**(6), 377–387 (1970). https://doi.org/10.1145/362384.362685
3. Codd, E.F.: Extending the database relational model to capture more meaning. ACM Trans. Database Syst. **4**(4), 397–434 (1979). https://doi.org/10.1145/320107.320109
4. Grant, J.: Null values in SQL. SIGMOD Rec. **37**(3), 23–25 (2008). https://doi.org/10.1145/1462571.1462575

---

[1]Zusammen mit dem Relationenmodell führt Codd [2] auch die relationale Algebra ein. Diese erste Version enthält jedoch noch keine Null Werte. Verschiedene Interpretationen von Null Werten sowie äussere Verbund-Operationen werden später in [3] beschrieben. Grant [4] untersucht ebenfalls die unterschiedlichen Bedeutungen von Null und illustriert diese mit verschiedenen Beispielen (siehe auch unser Beispiel 4.11). Das Buch von Abiteboul et al. [1] bietet eine knappe und präzise Darstellung der relationalen Algebra und zeigt ihre Beziehung zu verschiedenen anderen formalen Query-Sprachen.

SQL Abfragen

5

SQL (Structured Query Language) ist die wichtigste Sprache im Bereich der relationalen Datenbanksysteme. Obwohl sie als *Query Language* bezeichnet wird, bietet SQL weit mehr Möglichkeiten als blosse Datenabfrage. So kann man etwa die Struktur von Daten definieren, Daten in einer Datenbank modifizieren und Sicherheitsbedingungen aufbauen. Nach einer Kurzeinführung in SQL werden wir in diesem Kapitel im Detail zeigen, wie mit SQL Datenbankabfragen formuliert werden können. Dabei betrachten wir auch die verschiedenen Arten von Join-Operationen, Gruppierung und Aggregation, sowie rekursive Queries.

5.1 SQL ganz kurz

In einer relationalen Datenbank werden sämtliche Daten in Tabellen gespeichert. In einem ersten Schritt müssen wir also eine solche Tabelle erzeugen. Dies geschieht mit einem CREATE TABLE Statement, welches eine leere Instanz (d. h. eine Relation, welche keine Tupel enthält) über einem Schema erstellt. Eine einfache Form des CREATE TABLE Statements ist:

```
CREATE TABLE TabellenName (
          Attribut_1 Domäne_1,
          Attribut_2 Domäne_2,
          Attribut_3 Domäne_3 )
```

Damit wird eine leere Instanz über dem Schema

```
(Attribut_1 : Domäne_1, Attribut_2 : Domäne_2,

 Attribut_3 : Domäne_3)
```

© Springer-Verlag GmbH Deutschland, ein Teil von Springer Nature 2019
T. Studer, *Relationale Datenbanken*,
https://doi.org/10.1007/978-3-662-58976-2_5

erzeugt. Dieser Instanz wird der Name `TabellenName` gegeben.

Mit folgendem Statement erzeugen wir eine Tabelle `Personen` mit den Attributen `PersNr`, `Name` und `GebDatum`. Die Domäne `INTEGER` bezeichnet dabei die ganzen Zahlen und `VARCHAR(30)` meint Zeichenketten mit maximal 30 Zeichen.

```
CREATE TABLE Personen (
    PersNr INTEGER,
    Name VARCHAR(30),
    GebDatum INTEGER)
```

Nun können wir Daten in die erzeugte Tabelle einfüllen. Dies erfolgt mit Hilfe eines `INSERT` Statements, welches folgende Form hat:

```
INSERT INTO TabellenName
    VALUES (Wert_1, Wert_2, Wert_3);
```

Dabei wird das Tupel

$$(Wert\_1, \ Wert\_2, \ Wert\_3)$$

in die Tabelle `TabellenName` eingefügt. Konkret könnte das wie folgt aussehen. Die Zeichenkette geben wir in *einfachen Anführungsstrichen* an.

```
INSERT INTO  Personen VALUES (1, 'Tom', 19720404)
```

Wir können auch `Null` Werte einfügen, indem wir an der entsprechenden Stelle im Tupel `null` angeben. So zum Beispiel, falls das Geburtsdatum unbekannt ist:

```
INSERT INTO  Personen VALUES (2, 'Eva', null)
```

Mit einem `SELECT` Statement können wir die Daten einer Tabelle wieder auslesen. Die einfachste Form eines solchen Statements ist:

```
SELECT * FROM TabellenName
```

Damit wird der Inhalt der Tabelle `TabellenName` ausgegeben. Somit können wir unsere Personendaten auslesen mit:

```
SELECT * FROM Personen
```

Dieses Statement liefert folgende Tabelle (nach dem Ausführen der obigen beiden `INSERT` Statements):

PersNr	Name	GebDatum
1	Tom	19720404
2	Eva	Null

Anmerkung 5.1. An dieser Stelle ist es wichtig, dass SQL Gross-/Kleinschreibung nicht unterscheidet. Das heisst, PostgreSQL setzt alle Identifier (Namen von Tabellen,

Attributen, etc.) automatisch in Kleinschreibung. Mit dem CREATE TABLE Statement weiter oben wird also intern eine Tabelle personen erzeugt, welche die Attribute persnr, name und gebdatum enthält.

Dieses Übersetzen in Kleinbuchstaben wird nicht nur beim Erzeugen der Tabelle angewendet, sondern bei allen Statements. Die obige Abfrage wird also übersetzt zu

```
SELECT * FROM personen
```

Damit passt sie wieder zu der intern verwendeten Kleinschreibung.

Das bedeutet auch, dass bei der Resultate-Tabelle in PostgreSQL die Attributnamen persnr, name und gebdatum ausgegeben werden. Wir werden das jedoch bei unseren Beispielen nicht berücksichtigen und Gross-/Kleinschreibung verwenden.

Zum Schluss wollen wir unsere Datenbank noch aufräumen. Mit folgendem DROP TABLE Statement löschen wir die Tabelle TabellenName.

```
DROP TABLE TabellenName
```

Für unsere Personen Tabelle heisst das also:

```
DROP TABLE Personen
```

5.2 Einfache Abfragen

Wir haben im vorherigen Abschnitt eine einfache Form des SELECT Statements gesehen. Die allgemeine Struktur eines SELECT Statements besteht aus den drei Klauseln SELECT, FROM und WHERE:

- Die SELECT Klausel entspricht der Projektionsoperation der relationalen Algebra. Sie wird verwendet, um diejenigen Attribute aufzulisten, die im Ergebnis einer Abfrage gewünscht werden.
- Die FROM Klausel entspricht der Bildung von kartesischen Produkten in der relationalen Algebra. Sie listet die Relationen auf, die bei der Evaluation eines Ausdrucks durchgesehen werden.
- Die WHERE Klausel entspricht dem Selektionsprädikat der relationalen Algebra. Sie besteht aus einem Prädikat, in dem Attribute derjenigen Relationen auftreten, die in der FROM-Klausel vorkommen.

Wir dürfen also die Selektionsoperation $\sigma_{\Theta}(R)$ der relationalen Algebra nicht mit der SELECT Klausel von SQL verwechseln. Eine typische SQL Abfrage hat die Form

```
SELECT A₁,A₂,...,Aₘ
FROM R₁,R₂,...,Rₙ
WHERE Θ
```

Dabei repräsentiert jedes A_i ein Attribut ($1 \leq i \leq m$) und jedes R_j eine Relation ($1 \leq j \leq n$); Θ ist ein Prädikat. Diese Abfrage ist äquivalent zum Ausdruck

$$\pi_{A_1,\ldots,A_m}(\sigma_\Theta(R_1 \times \cdots \times R_n))$$

der relationalen Algebra. Wir nennen diesen Ausdruck die *kanonische Übersetzung* der SQL Abfrage. Wird bei der SQL Abfrage die WHERE Klausel weggelassen, so ist dies gleichbedeutend damit, dass wir für Θ das Prädikat true verwenden. Es ist ferner zu beachten, dass das Ergebnis einer SQL Abfrage mehrere Kopien desselben Tupels enthalten kann (im Gegensatz zu Ausdrücken der relationalen Algebra, welche immer Mengen beschreiben).

SQL bildet also das kartesische Produkt der Relationen, die in der FROM Klausel genannt sind, führt die Selektion der relationalen Algebra unter Benutzung des Prädikats der WHERE Klausel durch und projiziert das Ergebnis auf die Attribute der SELECT Klausel. Dabei arbeitet SQL mit Multimengen und nicht mit gewöhnlichen Mengen.

SELECT Klauseln

In diesem Abschnitt bezeichnet Autos die Relation Autos aus Beispiel 2.5, die über den Attributen Marke, Farbe, Baujahr und FahrerId eingeführt worden ist. Zur Erinnerung geben wir hier die Tabelle nochmals an:

Autos

Marke	Farbe	Baujahr	FahrerId
Opel	silber	2010	1
Opel	schwarz	2010	2
VW	rot	2014	2
Audi	schwarz	2014	3

Das Ergebnis einer SQL Abfrage können wir ebenfalls als Tabelle darstellen. Beispielsweise erhalten wir mit der SQL Abfrage

```
SELECT Marke, Baujahr
FROM Autos
```

die Tabelle

Marke	Baujahr
Opel	2010
Opel	2010
VW	2014
Audi	2014

Wie bereits gesagt, werden Duplikate nicht entfernt. Man kann jedoch die Elimination von Duplikaten erzwingen, indem man das Schlüsselwort `DISTINCT` einfügt. Die Abfrage

```
SELECT DISTINCT Marke, Baujahr
FROM Autos
```

antwortet

Marke	Baujahr
Opel	2010
VW	2014
Audi	2014

Die `SELECT` Klausel kann auch arithmetische Ausdrücke mit Konstanten und den Operatoren $+$, $-$, $*$ und $/$ enthalten. Zum Beispiel liefert die SQL-Abfrage

```
SELECT DISTINCT Marke, Baujahr+1
FROM Autos
```

die Tabelle

Marke	Baujahr
Opel	2011
VW	2015
Audi	2015

In einer `SELECT` Klausel bedeutet das Symbol $*$ anstelle der Liste mit Attributnamen *alle Attribute*. Daher liefert

```
SELECT *
FROM Autos
```

die Tabelle

Marke	Farbe	Baujahr	FahrerId
Opel	silber	2010	1
Opel	schwarz	2010	2
VW	rot	2014	2
Audi	schwarz	2014	3

WHERE **Klauseln**

Die WHERE Klausel dient dazu, ein Selektionsprädikat anzugeben. Dabei verwenden wir anstelle der logischen Symbole $\neg$, $\vee$ und $\wedge$ die Schlüsselwörter NOT, OR und AND. Die Operanden dieser logischen Junktoren können Ausdrücke sein, in denen die Vergleichs-operatoren $<$, $<=$, $>$, $>=$, $=$ und $<>$ auftreten. Mit diesen Vergleichsoperatoren können in SQL Strings, arithmetische Ausdrücke und weitere spezielle Typen verglichen werden.

Wir betrachten wiederum die Relation Autos aus Beispiel 2.5. Mit der Abfrage

```
SELECT *
FROM Autos
WHERE Marke = 'OPEL' AND Baujahr > 2010
```

erhalten wir alle Autos der Marke OPEL, welche später als 2010 gebaut worden sind.

In SQL gibt es auch das Schlüsselwort BETWEEN, mit dem sich WHERE Klauseln vereinfachen lassen, in denen Werte kleiner-gleich und grösser-gleich als gegebene Werte spezifiziert werden. Mit

```
SELECT *
FROM Autos
WHERE Marke = 'OPEL' AND
   Baujahr BETWEEN 2000 AND 2010
```

erhalten wir also diejenigen Opel, welche zwischen 2000 und 2010 gebaut worden sind. Das Schlüsselwort BETWEEN schliesst die Grenzen mit ein. Die Abfrage ist also äquivalent zu

```
SELECT *
FROM Autos
WHERE Marke = 'OPEL' AND
   Baujahr >= 2000 AND Baujahr <= 2010
```

Für die nächsten Beispiele verwenden wir folgende Tabelle:

Personen	
Id	**Name**
1	Tom
2	Eva
3	-
4	Tim
5	
6	Thom

In dieser Tabelle hat das `Name` Attribut des Tupels mit `Id` 3 den Wert `Null`. Der Wert des `Name` Attributs des Tupels mit `Id` 5 ist der leere String. Für Stringvergleiche können wir mit dem Operator `LIKE` auch Zeichenketten mit einem Muster vergleichen. In einem solchen Muster steht der Platzhalter _ für ein beliebiges Zeichen. Der Platzhalter % steht für eine beliebige (ev. leere) Zeichenkette. Somit liefert die Abfrage

```
SELECT Id
FROM Personen
WHERE Name LIKE 'T%'
```

die `Id`s aller Personen, deren Name mit `T` beginnt: 1, 4 und 6.

Die Abfrage

```
SELECT Id
FROM Personen
WHERE Name LIKE 'T_m'
```

liefert die `Id`s aller Personen, deren Namen mit `T` beginnt, dann genau ein Zeichen enthält und dann mit m endet: 1 und 4.

Die Abfrage

```
SELECT Id
FROM Personen
WHERE Name LIKE '%'
```

liefert die `Id`s aller Personen, die einen beliebigen (ev. leeren) Namen haben: 1, 2, 4, 5 und 6. Das Tupel 3 fehlt im Resultat, da der Vergleich

$$Null \ LIKE \ '\%'$$

den Wert unknown liefert. Somit ergibt

```
SELECT Id
FROM Personen
WHERE Name NOT LIKE '%'
```

eine leere Tabelle (vergleiche die Definition der logischen Negation auf Seite 49).

Anmerkung 5.2. Bei Vergleichen mit dem Schlüsselwort `LIKE` gilt es zu beachten, dass diese im Allgemeinen nicht effizient durchgeführt werden können, da das Patternmatching Tupel für Tupel durchgeführt werden muss. Optimierungen sind dabei nur in Spezialfällen möglich.

In einer `WHERE` Klausel kann auch geprüft werden, ob ein Attribut den Wert `Null` hat. Dazu wird der Operator `IS NULL` eingesetzt. Die Abfrage

```
SELECT Id
FROM Personen
WHERE Name IS NULL
```

gibt also die Ids derjenigen Personen aus, deren Name nicht bekannt ist: 3.

Analog wird mit dem Operator IS NOT NULL getestet, ob ein Attribut einen Wert hat. Die Abfrage

```
SELECT Id
FROM Personen
WHERE Name IS NOT NULL
```

gibt also die Ids derjenigen Personen aus, deren Name bekannt ist (es kann auch der leere String sein): 1, 2, 4, 5, 6.

Anmerkung 5.3. Auch bei Abfragen dieser Form gilt es zu beachten, dass Tests auf IS NOT NULL üblicherweise nicht effizient durchgeführt werden können.

FROM **Klauseln**

Wie erwähnt, wird durch FROM Klauseln das kartesische Produkt der in der Klausel aufgeführten Relationen gebildet. Man kann damit leicht Tabellen miteinander verknüpfen und Tupel kombinieren, welche via Fremdschlüssel verbunden sind.

Wir betrachten nochmals die Tabellen aus Beispiel 2.5:

Autos

Marke	Farbe	Baujahr	FahrerId
Opel	silber	2010	1
Opel	schwarz	2010	2
VW	rot	2014	2
Audi	schwarz	2014	3

Personen

PersId	Vorname	Nachname
1	Tom	Studer
2	Eva	Studer
3	Eva	Meier

Mit diesen Tabellen liefert die Abfrage

```
SELECT Vorname, Nachname, Marke
FROM Autos, Personen
WHERE FahrerId = PersId
```

das folgende Resultat:

Vorname	Nachname	Marke
Tom	Studer	Opel
Eva	Studer	Opel
Eva	Studer	VW
Eva	Meier	Audi

Wenn ein Attribut in mehreren Tabellen vorkommt, so müssen wir bei jeder Angabe des Attributs spezifizieren, aus welcher Tabelle das Attribut genommen werden soll. Wir betrachten nochmals die Tabellen aus Beispiel 4.16:

Autos

Marke	Jahrgang	PersId
Opel	2010	1
VW	1990	1
Audi	2014	-
Skoda	2014	2

Personen

PersId	Name
1	Studer
2	Meier

Mit

```
SELECT DISTINCT Autos.PersId, Marke, Jahrgang, Name
FROM Autos, Personen
WHERE Autos.PersId = Personen.PersId
```

wird der natürliche Verbund Autos ⋈ Personen berechnet:

Autos ⋈ Personen

PersId	Marke	Jahrgang	Name
1	Opel	2010	Studer
1	VW	1990	Studer
2	Skoda	2014	Meier

Umbenennungen

In SQL kann man sowohl Relationen als auch Attribute umbenennen. Dazu verwendet man das Schlüsselwort AS und AS Klauseln der Form

$$alter\_Name \text{ AS } neuer\_Name.$$

Damit können wir die Spalten in einer Resultat-Tabelle umbenennen. Ausserdem können wir Spalten, die noch keinen Namen haben, einen Namen zuweisen. Solche Spalten entstehen zum Beispiel, wenn der Wert der Spalte durch einen arithmetischen Ausdruck berechnet wird.

Betrachten wir die folgende Relation R:

R	
a	b
2	4
3	5

Die Abfrage

```
SELECT 1 AS Konstante, a AS Argument, b, a+b AS Summe
FROM R
```

liefert folgendes Resultat:

Konstante	Argument	b	Summe
1	2	4	6
1	3	5	8

Durch die AS Klauseln haben wir

1. der ersten Spalte, welche die Konstante 1 enthält, den Namen Konstante gegeben,
2. die zweite Spalte von a zu Argument umbenannt,
3. der letzten Spalte, welche das Resultat von $a + b$ enthält, den Namen Summe gegeben.

Es gilt zu beachten, dass die Umbenennung erst am Schluss erfolgt. Das heisst, im arithmetischen Ausdruck $a + b$ verwenden wir noch den alten Namen a. Der Name Argument ist da noch unbekannt.

Mit AS Klauseln können auch Relationen in der FROM Klausel umbenannt werden. Dies kann nötig sein, wenn dieselbe Relation mehrfach in einer FROM Klausel vorkommt. Folgendes Beispiel illustriert diesen Fall.

Beispiel 5.4. Wir betrachten folgende Tabelle:

VaterSohn	
Vater	**Sohn**
Bob	Tom
Bob	Tim
Tim	Rob
Tom	Ted
Tom	Rik
Ted	Nik

Wir wollen nun daraus die Grossvater-Enkel Relation berechnen. Dazu verwenden wir die Abfrage:

```
SELECT N1.Vater AS Grossvater, N2.Sohn AS Enkel
FROM VaterSohn AS N1, VaterSohn AS N2
WHERE N1.Sohn = N2.Vater
```

Wir erhalten folgendes Resultat:

Grossvater	**Enkel**
Tom	Nik
Bob	Ted
Bob	Rik
Bob	Rob

Vereinigung, Differenz und Durchschnitt

Mit dem Schlüsselwort UNION kann die Vereinigung von zwei Relationen berechnet werden. Die Abfrage

```
    SELECT 1 as Generationen,
           Vater AS Vorfahre,
           Sohn AS Nachfolger
    FROM VaterSohn
UNION
    SELECT 2,
           N1.Vater,
           N2.Sohn
    FROM VaterSohn AS N1, VaterSohn AS N2
    WHERE N1.Sohn = N2.Vater
```

liefert das Resultat:

Generationen	Vorfahre	Nachfolger
1	Bob	Tom
1	Bob	Tim
1	Tim	Rob
1	Tom	Ted
1	Tom	Rik
1	Ted	Nik
2	Tom	Nik
2	Bob	Ted
2	Bob	Rik
2	Bob	Rob

Die UNION-Operation liefert per Default keine Duplikate zurück. Betrachten wir die Tabellen:

U1	U2
A	**A**
1	1
1	3
2	

Die Abfrage

```
    SELECT A FROM U1
UNION
    SELECT A FROM U2
```

resultiert in

A
1
2
3

Sollen die Duplikate in die Resultat-Tabelle aufgenommen werden, so muss das explizit mit dem Schlüsselwort UNION ALL angegeben werden. Die Abfrage

```
    SELECT A FROM U1
UNION ALL
    SELECT A FROM U2
```

liefert die Tabelle

A
1
1
2
1
3

Um die Mengendifferenz zweier Tabellen zu bilden, gibt es in SQL das Schlüsselwort EXCEPT. Mit der Abfrage

```
SELECT A FROM U1
EXCEPT
SELECT A FROM U2
```

erhalten wir die Tabelle

A
2

Sollen mehrfache Vorkommen von Tupeln berücksichtig werden, so können wir auch hier den Zusatz ALL verwenden. Die Abfrage

```
SELECT A FROM U1
EXCEPT ALL
SELECT A FROM U2
```

liefert die Tabelle

A
1
2

Mit dem Schlüsselwort INTERSECT können wir den Durchschnitt zweier Relation bilden. Die Query

```
SELECT A FROM U1
INTERSECT
SELECT A FROM U2
```

resultiert in

$$\frac{A}{1}$$

Auch für den Durchschnitt gibt es die Variante INTERSECT ALL, welche in diesem Beispiel aber dasselbe Resultat wie INTERSECT liefert.

Sortieren

Da die relationale Algebra auf (ungeordneten) Mengen operiert, gibt es dort keine Sortier-Operation. In SQL gibt es jedoch die ORDER BY Klausel, mit der Tabellen nach Attributwerten sortiert werden können. Wir betrachten die Tabelle:

Personen	
Id	**Name**
1	Tom
2	-
3	Eva

Die Abfrage

```
SELECT *
FROM Personen
ORDER BY Name ASC
```

ergibt das Resultat

Id	**Name**
3	Eva
1	Tom
2	-

Mit dem Schlüsselwort ORDER BY · DESC können wir auch absteigend sortieren. In diesem Fall kommen die Null Werte zuerst.

5.3   Subqueries

Innerhalb von WHERE Klauseln können vollständige Queries mit Hilfe der Operatoren

IN,   NOT IN,   ANY,   ALL

definiert werden, die dann als *Subqueries* bezeichnet werden. Es sei θ eine Vergleichsoperation und S eine Query / Relation. Dann kann die Bedeutung dieser vier Schlüsselwörter informell umschrieben werden als

$$a \text{ IN } S \quad : \quad a \in S$$

$$a \text{ NOT IN } S \quad : \quad a \notin S$$

$$a \, \theta \text{ ANY } S \quad : \quad \exists x (x \in S \wedge a\theta x)$$

$$a \, \theta \text{ ALL } S \quad : \quad \forall x (x \in S \rightarrow a\theta x).$$

Beispiel 5.5. Wir betrachten nochmals das Beispiel 2.5 mit den Relationen Autos und Personen. Wir finden diejenigen Personen, die kein Auto haben, mit folgender Abfrage:

```
SELECT *
FROM Personen
WHERE PersId NOT IN (
  SELECT FahrerId
  FROM Autos)
```

Eine Liste der ältesten Autos können wir mit der nächsten Abfrage erzeugen:

```
SELECT *
FROM Autos
WHERE Baujahr <= ALL (
  SELECT Baujahr
  FROM Autos)
```

Existenzaussagen können in SQL mit Hilfe des Schlüsselwortes EXISTS ausgedrückt werden. Wir verwenden dies im nächsten Beispiel.

Beispiel 5.6. Bestimme alle Personen, zu denen es eine zweite Person mit demselben Vornamen gibt.

```
SELECT *
FROM Personen
WHERE EXISTS (
  SELECT P2.*
  FROM Personen AS P2
  WHERE Personen.Vorname = P2.Vorname AND
        Personen.PersId <> P2.PersId)
```

In dieser Abfrage nimmt die Subquery Bezug auf Attribute der äusseren Query (`Personen.Vorname` und `Personen.PersId`). Eine solche Query nennen wir *korrelierte Subquery*. Die Korrelation hat zur Folge, dass die Subquery für jedes Tupel der äusseren Query neu berechnet werden muss. Entsprechend sind Abfragen mit korrelierten Subqueries häufig nicht besonders effizient. Im Vergleich dazu sind die Subqueries im Beispiel 5.5 *nicht korreliert*. Die Subquery kann einmal berechnet und anschliessend zur Auswertung der äusseren Query verwendet werden.

Mit dem Schlüsselwort `EXISTS` können wir Existenzaussagen formulieren. Um Allaussagen zu behandeln, nutzen wir die logische Äquivalenz

$$\forall x \varphi(x) \quad \Longleftrightarrow \quad \neg \exists x \neg \varphi(x)$$

aus und arbeiten mit dem Prädikat `NOT EXISTS`, das zur Negation von Existenzaussagen dient.

Beispiel 5.7. Mit Hilfe von `NOT EXISTS` Subqueries lässt sich die Divisionsoperation der relationalen Algebra in SQL implementieren. Im Beispiel 4.21 sind diejenigen Mechaniker gesucht, welche *alle* Automarken, die in der Garage vorkommen, reparieren können. Dazu müssen wir die Division

$$\text{Mechaniker} \div \text{Garage}$$

berechnen. Wir realisieren die Division mit folgender Abfrage:

```
SELECT DISTINCT Name
FROM Mechaniker AS m1
WHERE NOT EXISTS (
  SELECT *
  FROM Garage
  WHERE NOT EXISTS (
    SELECT *
    FROM Mechaniker AS m2
    WHERE (m1.Name = m2.Name) AND
          (m2.Marke = Garage.Marke)))
```

Diese Abfrage ist eine SQL Formulierung der Beschreibung der Division in (4.3). Allerdings funktioniert diese Abfrage nur korrekt, falls die Tabellen `Mechaniker` und `Garage` keine `Null` Werte enthalten. Falls `Null` Werte auftreten, so wird die Bedingung

```
(m1.Name = m2.Name) AND (m2.Marke = Garage.Marke)
```

zu unknown ausgewertet und die Abfrage als Ganzes liefert nicht das gewünschte Resultat.

Im Abschn. 5.5 werden wir noch eine alternative Implementierung der Division in SQL kennen lernen.

5.4 Joins

Im SQL Standard werden mehrere JOIN Schlüsselwörter definiert, um diverse Verbund-Operationen zu berechnen. Wir betrachten folgende Tabellen:

Links				Rechts		
A	**B**			**B**	**C**	
a1	b1			b1	c1	
a2	b2			b3	c3	

Wir können den natürlichen Join dieser beiden Tabellen berechnen mit:

```
SELECT A, B, C
FROM Links NATURAL JOIN Rechts
```

Das Resultat ist dann:

A	B	C
a1	b1	c1

Anstelle eines natürlichen Verbundes können wir einen INNER JOIN berechnen, der es erlaubt die Join-Attribute explizit anzugeben. INNER JOINs entsprechen gewissermassen Θ-Joins der relationalen Algebra. Die Abfrage

```
SELECT A, Links.B, C
FROM Links INNER JOIN Rechts ON Links.B = Rechts.B
```

liefert ebenfalls

A	B	C
a1	b1	c1

Da das Join-Attribut in beiden Tabellen des Verbundes gleich heisst und wir auf Gleichheit testen, können wir die USING Notation verwenden. Dabei geben wir nicht ein beliebiges Prädikat an (wie beim Θ-Join), sondern nur die Namen der Attribute über welche die beiden Tabellen verknüpft werden sollen. Damit ist auch klar, dass die beiden

Attribute denselben Wert haben und somit nicht beide im Resultat erscheinen müssen. Damit wird auch die SELECT Klausel einfacher. Obige Abfrage ist äquivalent zu

```
SELECT A, B, C
FROM Links INNER JOIN Rechts USING (B)
```

Tupel, für die kein Verbund-Partner gefunden wird, erscheinen nicht im Resultat von NATURAL JOIN oder INNER JOIN Abfragen. Falls solche Tupel in die Resultat-Relation aufgenommen werden sollen, muss ein sogenannter *äusserer Verbund* berechnet werden. Wir haben folgende Varianten. Die Abfrage

```
SELECT A, B, C
FROM Links LEFT OUTER JOIN Rechts USING (B)
```

liefert

A	B	C
a1	b1	c1
a2	b2	-

Umgekehrt liefert die Abfrage

```
SELECT A, B, C
FROM Links RIGHT OUTER JOIN Rechts USING (B)
```

das Resultat

A	B	C
a1	b1	c1
-	b3	c3

Es gibt auch *volle äussere Joins*, die alle Tupel enthalten. Mit der Abfrage

```
SELECT A, B, C
FROM Links FULL OUTER JOIN Rechts USING (B)
```

erhalten wir das Resultat

A	B	C
a1	b1	c1
a2	b2	-
-	b3	c3

5.5 Aggregation und Gruppierung

Im theoretischen Teil haben wir die Erweiterung der relationalen Algebra durch Gruppierung und Aggregatsfunktionen betrachtet. Diese Möglichkeiten sind in SQL ebenfalls verfügbar. Mit Hilfe von GROUP BY Klauseln können Tupel gruppiert werden. Auf diesen Gruppen können dann die Aggregatsfunktionen

$$COUNT, \quad SUM, \quad MIN, \quad MAX, \quad AVG$$

berechnet werden.

Wir betrachten nochmals das Beispiel 4.30 mit der Filmdatenbank. Die Frage nach der Durchschnittslänge der Filme pro Jahr haben wir beantwortet mit dem Ausdruck

$$\Gamma(\text{Filme}, (\text{Jahr}), \textbf{avg}, \text{Dauer}).$$

Der entsprechende SQL Ausdruck ist:

```
SELECT Jahr, AVG(Dauer)
FROM Filme
GROUP BY Jahr
```

Anmerkung 5.8. Bei Abfragen mit einer GROUP BY Klausel gilt es zu beachten, dass in der SELECT Klausel nur Attribute vorkommen dürfen, welche entweder in der GROUP BY Klausel vorkommen oder durch eine Aggregatsfunktion berechnet werden.

Der Grund dafür ist, dass für jedes Attribut der SELECT Klausel alle Tupel innerhalb einer Gruppe denselben Wert liefern müssen. Das lässt sich durch obige Bedingung am einfachsten erreichen.

In SQL gibt es einen Sonderfall für die COUNT Funktion. Anstelle von

$$COUNT(\text{Attributname})$$

können wir auch

$$COUNT(*)$$

verwenden. Die Funktion COUNT(*) bestimmt die Anzahl Elemente jeder Gruppe. Dabei werden auch Tupel mitgezählt, die Null Werte enthalten. Mit der Abfrage

```
SELECT Jahr, COUNT(*)
FROM Filme
GROUP BY Jahr
```

können wir somit für jedes Jahr die Anzahl Filme bestimmen.

Um Abfragen mit GROUP BY Klauseln genauer zu studieren, verwenden wir nun folgende Instanz von Filme, welche Filme mit einem unbekannten Jahr enthält. Bei diesen Filmen hat das Attribut Jahr den Wert Null.

Filme

FId	Jahr	Dauer
1	2010	110
2	2012	90
3	2012	120
4	2010	100
5	2012	120
6	2011	95
7	2010	12
8	–	140
9	2012	16
10	–	130

Natürlich können SQL Abfragen mit Gruppierung auch WHERE-Klauseln enthalten. Diese werden dann vor der Gruppierung angewendet. Damit kann man erreichen, dass nur bestimmte Tupel in die Gruppen aufgenommen werden. Beispielsweise können wir verlangen, dass Kurzfilme (d. h. Dauer < 30) nicht berücksichtigt werden sollen. Die Query

```
SELECT Jahr, AVG(Dauer)
FROM Filme
WHERE Dauer >= 30
GROUP BY Jahr
```

liefert die Antwort:

Jahr	AVG(Dauer)
2010	105
2011	95
2012	110
–	135

Bei dieser Abfrage werden also Kurzfilme nicht in die Gruppen aufgenommen und somit bei der Berechnung der Durchschnittslänge auch nicht berücksichtigt.

Ausserdem sehen wir an diesem Beispiel, dass die Filme, bei denen das Attribut Jahr den Wert Null hat, zu einer Gruppe zusammengefasst werden.

Nach der GROUP BY Klausel können wir noch eine HAVING Klausel angeben. Diese spezifiziert eine Bedingung, welche die einzelnen Gruppen erfüllen müssen, damit sie in die Resultat-Tabelle aufgenommen werden. Das Prädikat der HAVING Klausel dient also einer Selektion nach der Gruppenbildung.

Wir können beispielsweise verlangen, dass keine Jahre ins Resultat aufgenommen werden, in denen nur *ein* Film erschienen ist oder bei denen das Jahr unbekannt ist. Dies wird durch folgende Abfrage erreicht:

```
SELECT Jahr, AVG(Dauer)
FROM Filme
WHERE Dauer >= 30
GROUP BY Jahr
HAVING COUNT(*)>1 AND Jahr IS NOT NULL
```

Die Antwort ist dann:

Jahr	AVG(Dauer)
2010	105
2012	110

Die allgemeine Form eines SQL Query Blocks mit Aggregation und Gruppierung ist somit:

```
SELECT A₁, A₂, ..., Aₘ, AGG₁(Aₘ₊₁), ..., AGGₖ(Aₘ₊ₖ)
FROM R₁, R₂, ..., Rₙ
WHERE Θ₁
GROUP BY Ar₁, ..., Arₛ
HAVING Θ₂
ORDER BY ...
```

Wie früher repräsentiert dabei jedes A_i ein Attribut und jedes R_j eine Relation; Θ_1 und Θ_2 sind Prädikate. Ferner muss

$$\{A_1, A_2, \ldots, A_m\} \subseteq \{A_{r_1}, \ldots, A_{r_s}\}$$

gelten. Eine Abfrage dieser Art wird sequentiell wie folgt abgearbeitet:

1. Bedingung Θ_1 der WHERE Klausel auswerten.
2. Gruppierung gemäss GROUP BY auswerten.
3. Bedingung Θ_2 der HAVING Klausel auswerten.
4. Ergebnis in der Sortierfolge gemäss ORDER BY ausgeben.

Aggregatsfunktionen können auch ohne Gruppierung verwendet werden. In diesem Fall wird die ganze Resultat-Tabelle als eine einzige Gruppe betrachtet. Das heisst, die Aggregatsfunktionen werden über die ganze Tabelle berechnet. Beispielsweise finden wir die Laufzeit des kürzesten Films mit folgender Abfrage:

```
SELECT MIN(Dauer)
FROM Filme
```

Das Resultat ist dann 12.

Wenn wir auch die Film-Id des kürzesten Films wissen möchten, so geht das mit folgender Abfrage:

```
SELECT FId, Dauer
FROM Filme
WHERE Dauer = ( SELECT MIN(Dauer)
                FROM Filme )
```

Wir suchen zuerst mit einer Subquery die Dauer des kürzesten Films und suchen nachher alle Filme, welche diese kürzeste Dauer haben.

Anmerkung 5.9. Im obigen Beispiel verwenden wir in der WHERE Klausel ein Prädikat der Form

$$A = (Subquery). \tag{5.1}$$

Diese Konstruktion ist nur zulässig, wenn die beiden folgenden Bedingungen erfüllt sind:

1. Das Schema der Subquery besteht aus genau einem Attribut.
2. Das Resultat der Subquery besteht aus höchstens einem Tupel.

Der Wert der Subquery (S) wird dann wie folgt bestimmt:

1. Falls das Resultat der Subquery (S) leer ist, so hat (S) den Wert Null.
2. Falls das Resultat der Subquery (S) aus einem 1-Tupel (b) besteht, so hat (S) den Wert b.

Die Verwendung der COUNT Funktion kann etwas tricky sein, da diese Null Werte nicht mitzählt (siehe Definition 4.28). Somit liefert die Abfrage

```
SELECT COUNT(Jahr)
FROM Filme
```

das Resultat 8.

Will man eine Aggregatsfunktion über einer Menge (statt über einer Multimenge) berechnen, d. h. jeden Wert nur einmal berücksichtigen, so kann man das Schlüsselwort DISTINCT hinzufügen.

Folgende Abfrage zählt, wie viele verschiedene Jahre in der Filmdatenbank vorkommen:

```
SELECT COUNT(DISTINCT Jahr)
FROM Filme
```

Das Resultat lautet 3, da `Null` Werte nicht mitgezählt werden.

Möchte man die Gruppe mit Jahr `Null` auch mitzählen, so wird die Abfrage komplizierter. Man könnte eine Gruppierung nach `Jahr` durchführen und dann die Anzahl Gruppen zählen. Dazu muss man eine Subquery in einer `FROM` Klausel formulieren. Folgendes Beispiel illustriert diesen Ansatz:

Beispiel 5.10. Mit dieser Abfrage finden wir die Anzahl der verschiedenen Jahre, wobei `Null` auch gezählt wird:

```
SELECT COUNT(*)
FROM (
  SELECT Jahr
  FROM Filme
  GROUP BY Jahr ) AS G
```

Diese Abfrage liefert nun das Resultat 4. Bei dieser Form von Subqueries ist zu beachten, dass man jeder Subquery in der `FROM` Klausel einen Namen geben muss. In unserem Beispiel ist das `G`.

Wir können Gruppierung und Aggregatsfunktionen verwenden, um eine alternative Abfrage für die relationale Division zu formulieren. Die Division

$$\text{Mechaniker} \div \text{Garage}$$

aus den Beispielen 4.21 und 5.7 können wir auch durch folgende Abfrage berechnen:

```
SELECT DISTINCT Name
FROM Mechaniker, Garage
WHERE Mechaniker.Marke = Garage.Marke
GROUP BY Name
HAVING COUNT(Mechaniker.Marke) = ( SELECT COUNT(Marke)
                                    FROM Garage )
```

Vergleichen wir diese Abfrage mit derjenigen aus Beispiel 5.7, so gibt es einen wichtigen Unterschied. Die beiden Abfragen verhalten sich unterschiedlich, falls die Relation `Garage` leer ist. Die Abfrage aus Beispiel 5.7 liefert in diesem Fall alle Mechaniker als Resultat. Hingegen liefert die Abfrage mit den `COUNT` Funktionen die leere Menge als Resultat. Die Division durch 0 (d. h. durch die leere Relation) ist auch in SQL problematisch!

Als letztes Beispiel für Anwendungen von Aggregatsfunktionen betrachten wir Ranglisten. Wir haben schon gesehen, wie wir den kürzesten Film finden können. Nun geht es darum, die zwei kürzesten Filme zu finden. Wir verwenden folgende Filme Tabelle:

Filme

FId	Jahr	Dauer
6	2011	95
7	2010	12
8	-	140
9	2012	16
10	-	130
11	2011	16

Die zwei kürzesten Filme können wir mit folgender Abfrage bestimmen:

```
SELECT *
FROM Filme
WHERE 2 > ( SELECT count(*)
            FROM Filme AS T
            WHERE T.Dauer<Filme.Dauer )
```

Es werden also alle Filme angegeben, für die es weniger als zwei Filme mit kürzerer Dauer gibt. Das Resultat ist somit:

FId	Jahr	Dauer
7	2010	12
9	2012	16
11	2011	16

Obwohl wir die *zwei* kürzesten Filme gesucht haben, enthält die Resultat-Tabelle *drei* Tupel. Der Grund ist natürlich, dass sich zwei gleich lange Filme den 2. Platz teilen.

Anmerkung 5.11. In PostgreSQL gibt es die Möglichkeit einer Abfrage eine LIMIT Klausel hinzuzufügen. Damit lässt sich angeben, dass nur die ersten n-Tupel, welche die Abfrage liefert, tatsächlich in die Resultat-Tabelle aufgenommen werden sollen. Die zwei kürzesten Filme finden wir also mit:

```
SELECT *
FROM Filme
ORDER BY Dauer ASC
LIMIT 2
```

Wir erhalten das Resultat:

FId	Jahr	Dauer
7	2010	12
9	2012	16

Es erscheinen also nur zwei Filme im Resultat. Dass es noch einen weiteren Film mit der gleichen Länge gibt, wird ignoriert.

5.6   Rang Abfragen und Window Funktionen

Im vorherigen Abschnitt haben wir gesehen, wie wir mit Hilfe von Aggregatsfunktionen und Subqueries den kürzesten Film, beziehungsweise die zwei kürzesten Filme, bestimmen können. Seit einigen Jahren bietet SQL einen speziellen Mechanismus an, um solche Rang-Abfragen einfach zu formulieren. Dieser basiert auf ORDER BY Klauseln und einer Funktion RANK(), welche den Rang eines Tupels in der durch ORDER BY sortierten Tabelle berechnet.

Als Beispiel dient uns in diesem Kapitel die Datenbank eines Weinguts. Für jedes Jahr und jede Sorte speichern wir ab, welche Menge Wein produziert wurde und welche Bewertung dieser erhalten hatte. Wir arbeiten mit folgender Tabelle:

Wein

WId	Sorte	Jahr	Menge	Bewertung
1	weiss	2014	20000	-
2	rot	2014	7000	-
3	weiss	2013	18000	7
4	rot	2013	9000	6
5	weiss	2012	18000	8
6	rot	2012	5000	10
7	weiss	2011	14000	5
8	rot	2011	8000	6
9	weiss	2010	19000	7
10	rot	2010	6000	5

Wir wollen nun eine Rangliste der Weine gemäss ihrer Bewertung erstellen. Dabei soll die höchste Bewertung den ersten Rang belegen. Dazu können wir folgende Abfrage verwenden:

```
SELECT
  WId,
  Bewertung,
  RANK() OVER (ORDER BY Bewertung DESC NULLS LAST)
    AS Rang
FROM Wein
```

Diese liefert das Resultat:

WId	Bewertung	Rang
6	10	1
5	8	2
9	7	3
3	7	3
8	6	5
4	6	5
10	5	7
7	5	7
2	-	9
1	-	9

Das Schlüsselwort DESC gibt an, dass die höchste Bewertung zuerst kommen soll. Der Zusatz NULLS LAST sagt, dass Null Werte am Schluss der Sortierung erscheinen sollen. Für jedes Tupel berechnet dann die RANK() Funktion den Rang des Tupels in dieser Sortierung.

Eine grundlegende Frage bei Ranglisten ist, wie mit der Situation umgegangen werden soll, wenn mehrere Tupel dieselbe Bewertung haben. Die RANK() Funktion weist diesen Tupeln denselben Rang zu und lässt anschliessend eine entsprechende Lücke. In unserem Beispiel haben die Weine 9 und 3 beide den Rang 3. Da dieser doppelt belegt ist, wird der Rang 4 übersprungen und die Rangliste wird mit Rang 5 weitergeführt.

Es gibt auch eine Funktion DENSE_RANK(), welche keine Lücken in der Rangliste erzeugt (aber ebenfalls Ränge doppelt vergibt). Mit

```
SELECT
  WId,
  Bewertung,
   DENSE_RANK() OVER (ORDER BY Bewertung
                        DESC NULLS LAST)
    AS Rang
FROM Wein
```

erhalten wir das Resultat:

WId	Bewertung	Rang
6	10	1
5	8	2
9	7	3
3	7	3
8	6	4
4	6	4
10	5	5
7	5	5
2	-	6
1	-	6

Es ist auch möglich, den Rang innerhalb einer Sorte zu bestimmen. Dazu gibt es in SQL das Schlüsselwort PARTITION BY. Wir betrachten folgende Abfrage:

```
SELECT
   WId,
   Sorte,
   Bewertung,
   RANK() OVER (PARTITION BY Sorte
               ORDER BY Bewertung DESC NULLS LAST)
      AS Rang
FROM Wein
```

Diese liefert das Resultat:

WId	Sorte	Bewertung	Rang
6	rot	10	1
8	rot	6	2
4	rot	6	2
10	rot	5	4
2	rot	-	5
5	weiss	8	1
9	weiss	7	2
3	weiss	7	2
7	weiss	5	4
1	weiss	-	5

In PostgreSQL gibt es noch eine Reihe weiterer Funktionen, welche anstelle von RANK() und DENSE_RANK() verwendet werden können. Beispielsweise kann man mit der Funktion NTILE(3) berechnen lassen, ob ein Tupel zum ersten Drittel, zweiten Drittel oder letzten Drittel einer Rangliste gehört. Diese Funktionen sind unter dem Titel *Window Funktionen* in der PostgreSQL Dokumentation beschrieben.

Der Name *Window Funktion* kommt von folgender Vorstellung: Mit

```
(PARTITION BY Sorte ORDER BY Bewertung DESC NULLS LAST)
```

wird für jedes Tupel *t* der Tabelle Wein ein sogenanntes Fenster (Window) bestimmt, durch das man einen Teil der Daten sieht. Das Resultat der Window Funktion wird dann aus den Daten dieses Fensters und dem Tupel *t* berechnet. In unserem Beispiel wird der Rang von *t* innerhalb des Fensters bestimmt. Dabei heisst PARTITION BY Sorte, dass das Fenster aus allen Weinen besteht, welche dieselbe Sorte wie das Tupel *t* haben. Somit wird der Rang eines Rotweins nur unter den Rotweinen bestimmt. Falls die PARTITION BY Klausel fehlt, enthält das Fenster *alle* Tupel (siehe das erste Beispiel in diesem Abschnitt).

Dieser Fenster-Mechanismus ist sehr mächtig. Es können nämlich nicht nur Rang-Funktionen auf einem Fester berechnet werden, sondern beliebige Aggregatsfunktionen. Ausserdem können Fenster so definiert werden, dass ein Tupel zu mehreren Fenstern gehören kann. Damit können wir beispielsweise die kumulierte Menge Wein jeder Sorte von Anfang der Datenerfassung bis zu einem bestimmten Jahr bestimmen. Dazu betrachten wir folgende Abfrage:

```
SELECT
    Jahr,
    Sorte,
    SUM(Menge) OVER (PARTITION BY Sorte
                     ORDER BY Jahr ASC
                     ROWS UNBOUNDED PRECEDING)
        AS Summe
FROM Wein
```

Als Resultat erhalten wir:

Jahr	Sorte	Summe
2010	rot	6000
2011	rot	14000
2012	rot	19000
2013	rot	28000
2014	rot	35000
2010	weiss	19000
2011	weiss	33000
2012	weiss	51000
2013	weiss	69000
2014	weiss	89000

Die Bedingung ROWS UNBOUNDED PRECEDING heisst, dass zum Fenster eines Tupels
t alle Tupel gehören, welche *t* in der partitionierten und sortierten Tabelle vorangehen
(inklusive *t* selbst).

Im nächsten Beispiel wollen wir die Qualitätsentwicklung der Weine bestimmen.
Dazu betrachten wir nicht die einzelnen Bewertungen, sondern den Durchschnitt der
Bewertungen der jeweils letzten drei Jahre. So kann die Wirkung von Ausreissern
gedämpft werden. Dazu verwenden wir folgende Abfrage:

```
SELECT
  Jahr,
  Sorte,
  AVG(Bewertung) OVER (PARTITION BY Sorte
                       ORDER BY Jahr ASC
                       ROWS 2 PRECEDING)
    AS Schnitt
FROM Wein
```

Diese liefert das folgende Resultat:

Jahr	Sorte	Schnitt
2010	rot	5
2011	rot	5.5
2012	rot	7
2013	rot	7.333
2014	rot	8
2010	weiss	7
2011	weiss	6
2012	weiss	6.666
2013	weiss	6.666
2014	weiss	7.5

Die Bedingung ROWS 2 PRECEDING heisst, dass zum Fenster eines Tupels *t* das
Tupel *t* selbst und die zwei *t* direkt vorangehenden Tupel gehören. PostgreSQL bietet
noch weitere Möglichkeiten, um Fenster zu definieren. Diese sind in der Dokumentation
gut beschrieben. Jedoch unterstützt PostgreSQL nicht alle Definitionsmöglichkeiten für
Fenster, welche der SQL Standard vorgibt.

Wir betrachten nun noch den Fall, dass wir eine Rangliste der Jahrgänge erstellen
möchten. Das heisst, wir berechnen die durchschnittliche Bewertung jedes Jahrgangs
und bestimmen dann die Rangliste dieser Durchschnitte. Dazu verwenden wir folgende
Abfrage:

```
SELECT
 Jahr,
 AVG(Bewertung),
 RANK() OVER (ORDER BY AVG(Bewertung) DESC NULLS LAST)
    AS Rang
FROM Wein
GROUP BY Jahr
```

Wir erhalten damit:

Jahr	Avg	Rang
2012	9	1
2013	6.5	2
2010	6	3
2011	5.5	4
2014	-	5

Es ist also möglich Gruppierung und Window Funktionen zu kombinieren. In diesem Fall wird zuerst die Gruppierung ausgeführt und die Aggregatsfunktionen auf den Gruppen berechnet. Diese können dann zur Definition der Fenster und zur Berechnung der Aggregatsfunktionen auf den Fenstern verwendet werden.

Zum Schluss kombinieren wir die beiden letzten Beispiele. Das heisst, wir betrachten nicht die durchschnittliche Bewertung eines Jahrgangs, sondern bilden den Schnitt über drei Jahre dieser durchschnittlichen Bewertungen. Folgende Abfrage bestimmt diese Werte:

```
SELECT
 Jahr,
 AVG(AVG(Bewertung)) OVER (ORDER BY Jahr ASC
                           ROWS 2 PRECEDING)
    AS Schnitt
FROM Wein
GROUP BY Jahr
```

Dabei berechnet AVG(Bewertung) die durchschnittliche Bewertung pro Jahr und AVG(AVG(Bewertung)) bildet dann den Durchschnitt der im Fenster enthaltenen durchschnittlichen Bewertungen. Damit erhalten wir das Resultat:

Jahr	Schnitt
2010	6
2011	5.75
2012	6.833
2013	7
2014	7.75

5.7 WITH Klauseln und Rekursion

Im Beispiel 5.10 haben wir eine Subquery in einer FROM Klausel angegeben. Man kann nun solche Subqueries auslagern, indem man sie in einer WITH Klausel definiert. Diese ausgelagerten Subqueries können dann in der Haupt-Abfrage (mehrfach) referenziert werden. Diese Kapselung von Subqueries erhöht zum einen die Lesbarkeit der Abfrage, zum anderen können auch Code-Duplikate vermieden werden.

Die Abfrage aus Beispiel 5.10 wird mit einer WITH Klausel wie folgt definiert:

```
WITH G AS (
  SELECT Jahr
  FROM FILME
  GROUP BY Jahr )
SELECT COUNT(*)
FROM G
```

Mit dem Schlüsselwort WITH RECURSIVE ist es möglich, auch rekursive Subqueries zu definieren. Wir betrachten wiederum die VaterSohn-Relation aus Beispiel 5.4. Nun wollen wir nicht die Grossvater-Enkel Relation berechnen sondern allgemein eine Vorfahre–Nachfolger Relation über beliebig viele Generationen. Da die Anzahl Generationen beliebig sein soll, können wir das nur mit Hilfe einer *rekursiven* Berechnung erledigen. Verschiedene Datenbanksysteme haben verschiedene Syntaxregeln für rekursive Abfragen. In PostgreSQL können wir mit Hilfe einer WITH RECURSIVE Klausel folgende Query formulieren:

```
WITH RECURSIVE t(v,n) AS (
    SELECT Vater, Sohn
    FROM VaterSohn
  UNION ALL
    SELECT t.v, VaterSohn.Sohn
    FROM t INNER JOIN VaterSohn
      ON t.n = VaterSohn.Vater
  )
SELECT v AS Vorfahre, n AS Nachfolger
FROM t
```

Wir erhalten das Resultat:

Vorfahre	Nachfolger
Bob	Tom
Bob	Tim
Tim	Rob
Tom	Ted
Tom	Rik
Ted	Nik
Bob	Rik
Bob	Ted
Bob	Rob
Tom	Nik
Bob	Nik

Die Subquery, welche mit der WITH RECURSIVE Klausel spezifiziert wurde, ist rekursiv, denn in der Definition der Relation t(v,n) wird auf t.v und t.n Bezug genommen.

Weiterführende Literatur[1]

1. ANSI: Database Language SQL (2011). Dokument X3.135-2011
2. Celko, J.: Divided we stand: The SQL of relational division (2009). https://www.simple-talk. com/sql/t-sql-programming/divided-we-stand-the-sql-of-relational-division/. Zugegriffen am 11.06.2019
3. Chamberlin, D.D., Boyce, R.F.: Sequel: A structured english query language. In: Proceedings of the 1974 ACM SIGFIDET (Now SIGMOD) Workshop on Data Description, Access and Control, SIGFIDET '74, 249–264. ACM (1974). https://doi.org/10.1145/800296.811515
4. Stonebraker, M., Rowe, L.A.: The design of postgres. In: Proceedings of the 1986 ACM SIGMOD International Conference on Management of Data, S. 340–355. ACM (1986). https://doi.org/10. 1145/16894.16888
5. Unterstein, M., Matthiessen, G.: Relationale Datenbanken und SQL in Theorie und Praxis. Springer, Berlin/Heidelberg (2012)

---

[1] SQL basiert auf der Abfragesprache SEQUEL, welche in den frühen 70er Jahren von IBM entwickelt wurde [3]. Das American National Standards Institute (ANSI) legte dann 1986 den ersten Standard für SQL fest. Seither gab es mehrere Aktualisierungen und Erweiterungen. Die neueste Version des Standards ist SQL:2011 [1]. Eine Schritt-für-Schritt Einführung in SQL findet sich im Buch von Unterstein und Matthiessen [5]. PostgreSQL, mit dem ursprünglichen Namen Postgres, geht auf Ingres zurück, eines der ersten relationalen Datenbanksysteme. Der Name Postgres steht denn auch für Post-Ingres. Die Basis von Postgres wurde 1986 von Stonebraker und Rowe [4] erstmals beschrieben. Eine ausgezeichnete Beschreibung der verschiedenen Möglichkeiten die Division in SQL zu implementieren findet sich in [2].

SQL zur Datendefinition und Datenmanipulation 6

In diesem Kapitel zeigen wir, wie mit SQL Daten eingefügt, geändert und gelöscht werden können. Dabei studieren wir auch sogenannte Sequenzen. Das sind Datenbankobjekte mit denen eindeutige Werte erzeugt werden können. Diese sind wichtig, um Primärschlüsselattribute korrekt abzufüllen.

Weiter betrachten wir die Möglichkeiten von SQL zur Definition von Tabellen und Constraints. Dazu führen wir die wichtigsten Datentypen von PostgreSQL ein und zeigen, wie Defaultwerte für Attribute definiert werden können. Ausserdem untersuchen wir die Funktionsweise von unique, not null, primary key, foreign key und check Constraints und geben Beispiele, wie Änderungen an Attributen eine Kaskade von Änderungen in anderen Tabellen zur Folge haben können. Zum Schluss führen wir noch dynamische und materialisierte Views ein.

6.1 Datenmanipulation

Bisher haben wir SQL als Sprache zur Abfrage einer Datenbank betrachtet. Nun wenden wir uns dem Problem zu, mit Hilfe von SQL Daten hinzuzufügen, zu entfernen und zu modifizieren. Ausserdem wollen wir SQL zur Definition von Datenbankschemata verwenden.

Um Daten in eine Relation *einzufügen*, spezifizieren wir ein Tupel, das eingefügt werden soll, oder schreiben eine Abfrage, deren Ergebnis eine Menge von Tupeln ist, die eingefügt werden sollen. Dabei ist zu beachten, dass die Attributwerte der einzufügenden Tupel zu den Domänen der betroffenen Attribute gehören müssen. Ausserdem müssen die einzufügenden Tupel die korrekte Stelligkeit besitzen.

Wir betrachten wieder die Relation `Autos` über dem Schema

```
(Marke, Farbe, Baujahr, FahrerId).
```

Wie bereits beschrieben, können wir mit der Anweisung

```
INSERT INTO Autos
   VALUES ('Audi', 'silber', 2008, 3)
```

ein neues Tupel in die Relation Autos einfügen.

Es können auch explizit Null Werte eingefügt werden, bspw. falls der Fahrer unbekannt ist. Die entsprechende Anweisung lautet dann:

```
INSERT INTO Autos
   VALUES ('Skoda', 'silber', 2009, Null)
```

Äquivalent dazu ist folgende Anweisung:

```
INSERT INTO Autos (Baujahr, Farbe, Marke)
   VALUES (2009, 'silber', 'Skoda')
```

Hierbei geben wir die Attribute des einzufügenden Tupels explizit an. Diese dürfen dann in einer beliebigen Reihenfolge auftreten. Attribute, welche nicht angegeben werden, erhalten den Wert Null.

Die einzufügenden Tupel können auch mit Hilfe einer SQL Abfrage erzeugt werden. Die Anweisung

```
INSERT INTO Autos
   SELECT 'Audi', 'silber', 2008, PersId
   FROM Personen
   WHERE Vorname = 'Eva' AND Nachname = 'Meier'
```

fügt das Tupel

```
                      ('Audi', 'silber', 2008, 3)
```

in die Relation Autos ein, da Eva Meier die PersId 3 hat.

Ein Problem bei der Formulierung von INSERT Statements besteht darin, einen eindeutigen Wert für die Primärschlüssel-Attribute zu finden. Wir betrachten die Relation Personen über dem Schema

```
                      (PersId, Vorname, Nachname),
```

wobei das Attribut PersId als Primärschlüssel dient. Wenn wir nun ein neues Tupel in diese Relation einfügen wollen, so müssen wir einen neuen, eindeutigen Wert für das Attribut PersId einfüllen.

Einen solchen Wert können wir mit einer sogenannten *Sequenz* kreieren. Eine Sequenz ist ein Datenbank-Objekt, welches eine Folge von fortlaufenden Nummern erzeugen kann. Wir erstellen eine Sequenz mit der Anweisung

```
CREATE SEQUENCE PersIdSequence START 10
```

Hier ist `PersIdSequence` der Name der Sequenz und 10 ihr Startwert. Mit der Anweisung

```
SELECT nextval('PersIdSequence')
```

können wir die nächste Zahl der Sequenz abfragen. Hier erhalten wir die Antwort 10. Der Wert der Sequenz wird mit der Funktion `nextval` automatisch um eins erhöht. Wenn wir also die Abfrage

```
SELECT nextval('PersIdSequence')
```

nochmals ausführen, so erhalten wir nicht mehr den Wert 10, sondern den Wert 11. Wir können diese Sequenz in einer `INSERT` Anweisung wie folgt verwenden:

```
INSERT INTO Personen
    VALUES ( nextval('PersIdSequence'),
             'Bob',
             'Müller' )
```

Wird die Sequenz nicht mehr benötigt, so kann sie mit

```
DROP SEQUENCE PersIdSequence
```

gelöscht werden.

Eine *Löschanweisung* in SQL hat folgende Form:

DELETE FROM *<Relation>*

WHERE *<Prädikat>*

Eine `DELETE` Anweisung wird in zwei Schritten ausgeführt:

1. Markiere zuerst alle Tupel in *<Relation>*, auf die *<Prädikat>* zutrifft.
2. Lösche die markierten Tupel aus der Relation *<Relation>*.

Wird keine `WHERE` Klausel angegeben, so werden alle Tupel aus *<Relation>* gelöscht. Das Prädikat in der `WHERE` Klausel kann so komplex sein, wie in `SELECT` Anweisungen. Eine Löschanweisung bezieht sich immer nur auf eine Relation. Sollen Daten aus mehreren Relationen gelöscht werden, so muss eine `DELETE` Anweisung für jede Relation ausgeführt werden.

Wollen wir alle Autos löschen, die einer Person mit Namen `Eva Meier` gehören, so verwenden wir folgende Anweisung:

```
DELETE FROM Autos
WHERE FahrerId IN
    ( SELECT PersId
      FROM Personen
      WHERE Vorname = 'Eva' AND Nachname = 'Meier' )
```

Es ist wesentlich, dass die Löschoperation zuerst die zu löschenden Tupel markiert und diese erst anschliessend aus der Relation entfernt. Falls die Tupel im ersten Schritt nicht nur markiert sondern direkt gelöscht würden, so wäre das Resultat der Löschoperation von der Reihenfolge der Tupel abhängig.

Zur Illustration betrachten wir nochmals die Tabelle VaterSohn aus Beispiel 5.4.

VaterSohn

Vater	Sohn
Bob	Tom
Bob	Tim
Tim	Rob
Tom	Ted
Tom	Rik
Ted	Nik

Wir führen nun folgende Löschanweisung aus:

```
DELETE FROM VaterSohn
WHERE Vater IN
    ( SELECT Sohn
      FROM VaterSohn )
```

Mit dem Zwei-Schritt-Verfahren der DELETE Anweisung (zuerst markieren, dann löschen) erhalten wir folgende Tabelle:

VaterSohn

Vater	Sohn
Bob	Tom
Bob	Tim

Würden wir hingegen die Tabelle VaterSohn von oben nach unten durchgehen und diejenigen Tupel, auf die das Prädikat

```
Vater IN
    ( SELECT Sohn
      FROM VaterSohn )
```

zutrifft, sofort löschen, dann würden wir folgendes (falsches) Resultat erhalten:

VaterSohn

Vater	Sohn
Bob	Tom
Bob	Tim
Ted	Nik

Neben Einfüge- und Löschoperationen unterstützt SQL auch *Änderungsanweisungen*, mit denen der Wert von einzelnen Attributen geändert werden kann. Die UPDATE Operation funktioniert analog zu den bereits eingeführten INSERT und DELETE Anweisungen. Wir betrachten hier nur zwei einfache Beispiele.

Nehmen wir an, wir wollen bei allen Autos, welche nach 2010 gebaut wurden, die Farbe blau zu himmelblau ändern. Dies wird durch folgende Anweisung erreicht.

```
UPDATE Autos
SET Farbe = 'himmelblau'
WHERE Farbe = 'blau' AND Baujahr > 2010
```

Es ist auch möglich den neuen Attributwert aus dem alten Wert zu berechnen. Folgendes Beispiel macht alle Autos ein Jahr älter.

```
UPDATE Autos
SET Baujahr = Baujahr - 1
```

6.2 Erstellen von Tabellen

Wie bereits früher beschrieben, können wir mit einer CREATE TABLE Anweisung eine leere Tabelle erzeugen. Diese Anweisung hat folgende Form:

```
CREATE TABLE TabellenName (
          Attribut_1 Domäne_1,
          ...
          Attribut_n Domäne_n )
```

Wir geben also den Namen der Tabelle und ihre Attribute mit den entsprechenden Domänen an. Für diese Domänen stehen uns verschiedene in PostgreSQL vordefinierte Datentypen zur Verfügung. Die folgende Liste gibt die für uns wichtigsten Datentypen an:

integer	Ganzzahlwert zwischen -2^{31} und $2^{31} - 1$
serial	Ganzzahlwert mit Autoinkrement
boolean	Boolscher Wert
char	Einzelnes Zeichen
char(x)	Zeichenkette mit der Länge x, gegebenenfalls wird sie mit Leerzeichen aufgefüllt
varchar(x)	Zeichenkette mit *maximaler* Länge x
text	Zeichenkette mit beliebiger Länge

Der Datentyp varchar(x) gehört zum SQL-Standard, wohingegen text ein PostgreSQL spezifischer Datentyp ist. Laut der PostgreSQL Dokumentation gibt es zwischen diesen beiden Datentypen keine Performance-Unterschiede. Der Datentyp serial wird im nächsten Abschnitt noch genauer besprochen.

Darüber hinaus unterstützt PostgreSQL die gängigen SQL Datentypen zur Speicherung von Datums- und Uhrzeitwerten, Gleit- und Fliesskommazahlen, sowie grossen Objekten (LOBs). Auch anwendungsspezifische Datentypen für bspw. geometrische Objekte oder Netzwerkadressen sind in PostgreSQL vordefiniert.

6.3   Default Werte

In einem `CREATE TABLE` Statement können wir Default Werte für Attribute angeben. Mit folgender Anweisung erzeugen wir eine Tabelle `Autos` bei der das Attribut `Farbe` den Default Wert `schwarz` hat.

```
CREATE TABLE Autos (
            Marke varchar(10),
            Farbe varchar(10) DEFAULT 'schwarz'  )
```

Das heisst, falls wir ein neues Tupel in dieser Tabelle erzeugen und dem Attribut `Farbe` keinen Wert zuweisen, so wird dieses Attribut auf den Wert `schwarz` gesetzt. Somit fügt die Anweisung

```
INSERT INTO Autos (Marke) VALUES ('Audi')
```

das Tupel

```
                ('Audi', 'schwarz')
```

in die Tabelle `Autos` ein.

Trotz des spezifizierten Default Wertes ist es möglich das Attribut `Farbe` auf `Null` zu setzen. Nach Ausführen des Statements

```
INSERT INTO Autos VALUES ('VW', null)
```

hat die Tabelle `Autos` folgende Form:

Autos	
Marke	**Farbe**
Audi	schwarz
VW	-

Ein Default Wert kann nicht nur durch eine Konstante angegeben werden. Er kann auch durch einen Ausdruck spezifiziert werden, der berechnet wird, wenn ein Tupel in die Tabelle eingefügt wird. Das übliche Beispiel dazu ist das Auslesen einer Sequenz. Betrachten wir noch einmal die Relation `Personen` und die Sequenz `PersIdSequence` aus Abschn. 6.1. Wir erzeugen die Tabelle `Personen` nun mit

```
CREATE TABLE Personen (
  PersId integer DEFAULT nextval('PersIdSequence'),
  Vorname varchar(10),
  Nachname varchar(10)    )
```

Wir können Bob Müller nun ganz einfach mit

```
INSERT INTO Personen (Vorname,Nachname)
  VALUES ('Bob','Müller')
```

in diese Tabelle einfügen und brauchen uns nicht um das Erzeugen der eindeutigen PersId zu kümmern.

Diese Konstellation tritt so häufig auf, dass es dafür eine Abkürzung gibt, nämlich den Datentypen serial. Dieser ist nicht ein eigentlicher Datentyp, sondern nur eine notationelle Annehmlichkeit, um eindeutige Attribute zu spezifizieren. Das Statement

```
CREATE TABLE TabellenName (
            AttributName serial  )
```

ist äquivalent zu

```
CREATE SEQUENCE TabellenName_AttributName_seq;
CREATE TABLE TabellenName (
  AttributName integer DEFAULT
    nextval('TabellenName_AttributName_seq')
);
```

Anmerkung 6.1. Diese Darstellung des Typs serial ist ein wenig zu einfach. Es wird z. B. zusätzlich sichergestellt, dass beim Löschen der Tabelle auch die Sequenz gelöscht wird. Eine genaue Beschreibung findet man in der PostgreSQL Documentation unter https://www.postgresql.org/docs/current/static/datatype-numeric.html

6.4 Constraints

Im Kapitel zum Relationenmodell haben wir verschiedene Constraints betrachtet, welche wir von Tabellen verlangen können. Nun geht es darum, wie wir diese in SQL formulieren können. Ganz allgemein ist der Aufbau einer CREATE TABLE Anweisung mit Constraints der folgende:

```
CREATE TABLE TabellenName (
            Attribut_1 Domäne_1,
            ...
            Attribut_n Domäne_n,
            Constraint_1,
            ...
            Constraint_m )
```

Eine Ausnahme bilden NOT NULL Constraints, welche wir direkt hinter die entsprechenden Attribute schreiben.

Wir nehmen nun an, wir wollen die Tabelle Autos erzeugen, mit dem Primärschlüssel (Marke, Farbe) und einem NOT NULL Constraint auf dem Attribut Baujahr. Dann verwenden wir folgende Anweisung:

```
CREATE TABLE Autos (
            Marke varchar(10),
            Farbe varchar(10),
            Baujahr integer NOT NULL,
            FahrerId integer,
            PRIMARY KEY (Marke, Farbe)  )
```

Falls der Primärschlüssel aus nur *einem* Attribut besteht, so können wir das Schlüsselwort PRIMARY KEY auch hinter das entsprechende Attribut schreiben. Wir können also die Tabelle Personen folgendermassen erzeugen:

```
CREATE TABLE Personen (
            PersId integer PRIMARY KEY,
            Vorname varchar(10),
            Nachname varchar(10)   )
```

Es fehlt nun noch die Fremdschlüsselbeziehung zwischen diesen Tabellen. Diese können wir mit dem Schlüsselwort FOREIGN KEY angeben, wenn wir die Tabelle Autos erzeugen.

```
CREATE TABLE Autos (
   Marke varchar(10),
   Farbe varchar(10),
   Baujahr integer NOT NULL,
   FahrerId integer,
   PRIMARY KEY (Marke, Farbe),
   FOREIGN KEY (FahrerId) REFERENCES Personen  )
```

Da der Fremdschlüssel aus nur einem Attribut besteht, können wir auch hier eine Notation verwenden, bei welcher der Constraint direkt hinter dem Attribut angegeben wird:

```
CREATE TABLE Autos (
            Marke varchar(10),
            Farbe varchar(10),
            Baujahr integer NOT NULL,
            FahrerId integer REFERENCES Personen,
            PRIMARY KEY (Marke, Farbe)     )
```

Mit Hilfe eines UNIQUE Constraints können wir verlangen, dass in der Tabelle Personen jede Kombination von Vorname und Nachname nur einmal vorkommt. Die entsprechende CREATE TABLE Anweisung lautet dann:

```
CREATE TABLE Personen (
            PersId integer PRIMARY KEY,
            Vorname varchar(10),
            Nachname varchar(10),
            UNIQUE (Vorname, Nachname)  )
```

Es ist nun auch möglich in der Tabelle Autos ein Tupel der Tabelle Personen via die Attribute Vorname und Nachname zu referenzieren. Dazu müssen wir nach dem Schlüsselwort REFERENCES nicht nur die Tabelle, sondern auch noch die eindeutigen Attribute angeben. Falls wir diese Attribute nicht angeben (wie im Beispiel weiter oben), so wird automatisch der Primärschlüssel referenziert. Eine CREATE TABLE Anweisung mit einer Referenz auf UNIQUE Attribute wird folgendermassen formuliert:

```
CREATE TABLE Autos (
  Marke varchar(10),
  Farbe varchar(10),
  Baujahr integer NOT NULL,
  FahrerVorname varchar(10),
  FahrerNachname varchar(10),
  PRIMARY KEY (Marke, Farbe),
  FOREIGN KEY (FahrerVorname, FahrerNachname)
    REFERENCES Personen(Vorname, Nachname)     )
```

6.5 Kaskadierung

In diesem Abschnitt diskutieren wir, wie sich Änderungen in einer Tabelle via Fremdschlüsselbeziehung auf eine andere Tabelle auswirken können. Wir betrachten dazu das folgende einfache Beispiel. Wir erzeugen zwei Tabellen durch:

```
CREATE TABLE S (
        Id integer PRIMARY KEY )
```

und

```
CREATE TABLE R (
        Fr integer REFERENCES S )
```

Das Attribut Fr in der Tabelle R ist also ein Fremdschlüssel auf die Tabelle S.

Wir nehmen an wir haben folgenden Zustand in den beiden Tabellen:

R	S
Fr	Id
1	1
2	2

Es ist nun nicht möglich einen Eintrag in der Tabelle S zu löschen oder zu ändern, da dies die referentielle Integrität verletzen würde. Das heisst, die Anweisungen

```
DELETE FROM S
WHERE Id = 1
```

und

```
UPDATE S
SET Id = 3
WHERE Id = 1
```

können nicht ausgeführt werden und liefern die Fehlermeldung:

> update or delete on table "S" violates foreign key constraint.

Im FOREIGN KEY Constraint können wir jedoch auch spezifizieren, dass Änderungen propagiert werden sollen. Man sagt dazu auch, Änderungen werden *kaskadiert*. Wir können dieses Verhalten für DELETE und UPDATE Operationen getrennt angeben.

Wir nehmen an, die Tabelle R wurde erzeugt mit:

```
CREATE TABLE R (
        Fr integer REFERENCES S ON DELETE CASCADE )
```

Dann führt die Löschanweisung

```
DELETE FROM S
WHERE Id = 1
```

zu folgenden Tabellen:

R	S
Fr	Id
2	2

Es wird also die Löschoperation in S ausgeführt. Um die referentielle Integrität zu erhalten, wird die Löschung in der Tabelle R propagiert und führt dort zur Löschung des Eintrags mit dem Fremdschlüssel 1.

Für Änderungsoperationen funktioniert das analog. Wir nehmen an, die Tabelle R wurde erzeugt mit:

```
CREATE TABLE R (
        Fr integer REFERENCES S ON UPDATE CASCADE )
```

Dann führt die Anweisung

```
UPDATE S
SET Id = 3
WHERE Id = 1
```

zu folgenden Tabellen:

R	S
Fr	Id
3	3
2	2

Wiederum wird die Änderung in S ausgeführt und nach R propagiert.

Das Schlüsselwort CASCADE deutet an, dass eine Änderungsanweisung eine ganze Reihe von Tabellen betreffen kann, falls diese durch eine Kette von Fremdschlüsseln verbunden sind. Wir betrachten nun drei Tabellen:

```
CREATE TABLE S (
        Id integer PRIMARY KEY )
```

und

```
CREATE TABLE R (
  RId integer PRIMARY KEY,
        FrS integer REFERENCES S ON DELETE CASCADE)
```

sowie

```
CREATE TABLE Q (
        FrR integer REFERENCES R ON DELETE CASCADE)
```

Wir nehmen an wir haben folgenden Instanzen:

Q	R		S
FrR	RId	FrS	Id
A	A	1	1
B	B	2	2

Eine Löschanweisung in der Tabelle S führt nun zu einer Löschoperation in allen drei Tabellen. Nach Ausführen der Anweisung

```
DELETE FROM S
WHERE Id = 1
```

erhalten wir nämlich folgende Instanzen:

Q		R		S
FrR		RId	FrS	Id
B		B	2	2

Neben dem Kaskadieren von Änderungen gibt es auch noch die Möglichkeit, Fremd-schlüsselattribute automatisch auf `Null` zu setzen, um die referentielle Integrität zu gewährleisten. Dazu erzeugen wir den Fremdschlüssel mit dem Zusatz `SET NULL`. In folgendem Beispiel wollen wir dies sowohl bei `DELETE` wie auch bei `UPDATE` Operationen verlangen. Das geht wie folgt:

```
CREATE TABLE S (
      Id integer PRIMARY KEY )
```

und

```
CREATE TABLE R (
      RId integer PRIMARY KEY,
      Fr integer REFERENCES S ON DELETE SET NULL
                                ON UPDATE SET NULL )
```

Wir nehmen folgende Instanzen an:

R		S
RId	Fr	Id
A	1	1
B	2	2
C	3	3

Die Löschanweisung

```
DELETE FROM S
WHERE Id = 1
```

führt nun zu folgendem Resultat:

R		S
RId	Fr	Id
A	-	2
B	2	3
C	3	

Wenn wir jetzt noch die Änderungsanweisung

```
UPDATE S
SET Id = 4
WHERE Id = 2
```

ausführen, so erhalten wir

R		**S**
RId	**Fr**	**Id**
A	-	4
B	-	3
C	3	

Zusätzlich zu den bisher beschriebenen Constraints bietet PostgreSQL die Möglichkeit sogenannte CHECK Constraints zu definieren. Das sind allgemeine Bedingungen, welche bei jeder Datenmanipulation überprüft werden.

Mit folgender CREATE TABLE Anweisung können wir verlangen, dass das Attribut Farbe nur die Werte blau und rot annehmen darf.

```
CREATE TABLE Autos (
            Marke varchar(10),
            Farbe varchar(10),
            Baujahr integer,
            FahrerId integer,
            CHECK ( Farbe IN ('blau', 'rot')) )
```

Mit einem CHECK Constraint können wir auch verlangen, dass ein Beginndatum vor einem Enddatum liegen muss. Beispielsweise wenn die Vermietung von Autos mit folgender Tabelle verwaltet wird:

```
CREATE TABLE Autos (
            Marke varchar(10),
            Farbe varchar(10),
            Mietbeginn integer,
            Mietende integer,
            FahrerId integer,
            CHECK (Mietbeginn < Mietende) )
```

Zum Schluss betrachten wir ein DB-Schema für folgende Anforderungen. Eine Datenbank soll Autos und ihre Automarken verwalten. Zusätzlich werden noch Mechaniker verwaltet. Es wird abgespeichert, welche Mechaniker für welche Autos ausgebildet sind. Weiter wird abgespeichert welche Mechaniker wann welche Autos repariert haben. Ein Mechaniker kann ein Auto mehrfach (an verschiedenen Daten) reparieren. Er darf aber nur Autos reparieren, für deren Marken er ausgebildet wurde. Wir erhalten das DB-Schema aus Abb. 6.1.

Abb. 6.1 DB-Schema für
Autoreparaturen

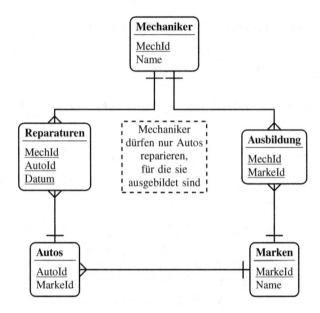

Wir erzeugen dieses Schema mit den folgenden Anweisungen.

```
CREATE TABLE Mechaniker (
        MechId integer PRIMARY KEY,
        Name varchar(10) );


CREATE TABLE Marken (
        MarkeId integer PRIMARY KEY,
        Name varchar(10) );


CREATE TABLE Autos (
        AutoId integer PRIMARY KEY,
        MarkeId integer NOT NULL
                    REFERENCES Marken );


CREATE TABLE Ausbildung (
        MechId integer REFERENCES Mechaniker,
        MarkeId integer REFERENCES Marken,
        PRIMARY KEY (MechId, MarkeId) );


CREATE TABLE Reparaturen (
        MechId integer REFERENCES Mechaniker,
        AutoId integer REFERENCES Autos,
        Datum integer,
        PRIMARY KEY (MechId, AutoId, Datum) )
```

Es fehlt noch die Bedingung, dass Mechaniker nur Reparaturen an Marken ausführen, für die sie ausgebildet sind. Gerne würden wir auch folgenden Constraint zu der Anweisung CREATE TABLE Reparaturen hinzufügen:

```
CHECK (
    EXISTS (
        SELECT *
        FROM (Autos INNER JOIN Ausbildung
                USING (MarkeId)) AS Tmp
        WHERE Tmp.MechId = Reparaturen.MechId AND
                Tmp.AutoId = Reparaturen.AutoId ) )
```

Jedoch unterstützt PostgreSQL keine Subqueries in CHECK Constraints. Der Grund dafür ist, dass die Überprüfung von solchen Constraints nur *global* auf der ganzen Datenbank erfolgen kann und somit äusserst aufwändig ist. Im obigen Beispiel kann eine DELETE Anweisung auf der Tabelle Ausbildung dazu führen, dass die Bedingung auf der Tabelle Reparaturen verletzt wird.

6.6 Ändern von Tabellen

PostgreSQL bietet eine Reihe von Operationen an, um die Tabellenstruktur zu ändern. Wir können Tabellen *umbenennen* mit der Anweisung:

```
ALTER TABLE <Tabelle> RENAME TO <Name>
```

Wir können die Tabelle Marken zu Automarken umbenennen mit:

```
ALTER TABLE Marken RENAME TO Automarken
```

Attribute können ebenfalls umbenannt werden. Dazu verwenden wir:

```
ALTER TABLE <Tabelle> RENAME <Attribut> TO <Name>
```

Wir ändern also das Attribut Name in Automarken mittels der Anweisung:

```
ALTER TABLE Automarken RENAME Name TO Bezeichnung
```

Wir können Attribute *hinzufügen* mit

```
ALTER TABLE <Tabelle> ADD <Attributname> <Datentyp>
```

Wir fügen also das Attribut `Baujahr` zu `Autos` hinzu durch:

```
ALTER TABLE Autos ADD Baujahr INTEGER
```

Ausserdem ist es möglich Constraints hinzuzufügen mit

```
ALTER TABLE <Tabelle> ADD <Constraint>
```

Es macht Sinn zu verlangen, dass die Werte des Attributs `Bezeichnung` in der Tabelle `Automarken` eindeutig sind. Wir erreichen das durch:

```
ALTER TABLE Automarken ADD UNIQUE(Bezeichnung)
```

Das geht auch mit anderen Constraints. Beispielsweise können wir verlangen, dass keine alten Autos abgespeichert werden sollen:

```
ALTER TABLE Autos ADD CHECK(Baujahr > 2010)
```

Wir können auch `NOT NULL` Constraints hinzufügen. Da diese nur eine einzelne Spalte betreffen, hat die entsprechende Anweisung eine etwas andere Syntax. Wir verlangen nun, dass jeder Mechaniker einen Namen haben muss:

```
ALTER TABLE Mechaniker ALTER Name SET NOT NULL
```

Falls eine Tabelle A einen Fremdschlüssel auf eine Tabelle B besitzt und umgekehrt B auch einen Fremdschlüssel auf A besitzt, so muss mindestens einer dieser Constraints mit einer `ALTER TABLE` Anweisung hinzugefügt werden. Dies wird in folgendem Beispiel illustriert.

Beispiel 6.2. Wir betrachten wiederum `Autos` und `Personen`. Jetzt nehmen wir an, jede Person kann höchstens *ein* Auto fahren und jedes Auto kann von höchstens *einer* Person gefahren werden. Wir wollen also sozusagen Autos-Personen Paare bilden, wobei diese Paare auch ändern können, wenn eine Person ihr Auto wechselt. Dazu fügen wir beiden Tabellen ein neues Attribut `PaarId` hinzu. Wir können die Tabellen `Autos` und `Personen` wie folgt erzeugen.

```
CREATE TABLE Autos (
       AutoId integer PRIMARY KEY,
       PaarId integer UNIQUE );

CREATE TABLE Personen (
       PersId integer PRIMARY KEY,
       PaarId integer UNIQUE
          REFERENCES Autos(PaarId) DEFERRABLE );

ALTER TABLE Autos ADD
   FOREIGN KEY (PaarId)
     REFERENCES Personen(PaarId) DEFERRABLE
```

Die Fremdschlüssel-Beziehung von `Autos` zu `Personen` kann nicht bereits bei der Erzeugung der Tabelle `Autos` verlangt werden, da es zu diesem Zeitpunkt die Tabelle `Personen` noch gar nicht gibt. Das Schlüsselwort `DEFERRABLE` sagt, dass die Überprüfung des references Constraints aufschiebbar ist, mehr dazu später in Beispiel 8.2.

Natürlich können Attribute und Constraints nicht nur hinzugefügt werden, Es ist auch möglich diese zu entfernen. Die Anweisung

```
ALTER TABLE Autos DROP Baujahr
```

beispielsweise entfernt das Attribut `Baujahr` aus der Tabelle `Autos`. Automatisch werden damit auch allfällige Constraints auf der Tabelle `Autos`, welche das Attribut `Baujahr` betreffen, entfernt.

6.7   Views

Sichten (oder *Views*) in einem Datenbanksystem sind virtuelle Tabellen, die mittels SQL Abfragen definiert werden. Virtuell heisst dabei, dass es sich zwar nicht um „echte" Tabellen handelt, dass sie aber in Abfragen wie Tabellen verwendet werden können.

Eine Sicht kann einen Ausschnitt aus einer Tabelle präsentieren, aber auch einen Verbund von mehreren Tabellen. Somit können Views:

1. komplexe Daten so strukturieren, dass sie einfach lesbar sind,
2. den Zugriff auf Daten einschränken, so dass nur ein Teil der Daten lesbar ist (anstelle von ganzen Tabellen),
3. Daten aus mehreren Tabellen zusammenfassen, um Reports zu erzeugen.

Um eine View zu kreieren, verwenden wir die Anweisung `CREATE VIEW`. Wir müssen dann der View einen Namen geben und mit Hilfe einer Query spezifizieren, wie die View berechnet werden soll. Die vollständige Anweisung lautet somit

`CREATE VIEW` *<Name>* `AS` *<Query Expression>*,

wobei *<Query Expression>* eine legale SQL Abfrage sein muss und *<Name>* die Bezeichnung der View ist.

Beispiel 6.3.   Wir betrachten erneut die Tabellen `Autos` und `Personen` aus Beispiel 2.5:

Autos

Marke	Farbe	Baujahr	FahrerId
Opel	silber	2010	1
Opel	schwarz	2010	2
VW	rot	2014	2
Audi	schwarz	2014	3

Personen

PersId	Vorname	Nachname
1	Tom	Studer
2	Eva	Studer
3	Eva	Meier

Mit folgendem Statement erzeugen wir eine View, welche die ältesten Autos enthält.

```
CREATE VIEW AlteAutos AS
  SELECT *
  FROM Autos
  WHERE Baujahr <= ALL (
    SELECT Baujahr
    FROM Autos)
```

Wir können diese View dann verwenden, um die Fahrer der ältesten Autos zu finden. Dazu formulieren wir folgende Abfrage:

```
SELECT Vorname, Nachname
FROM Personen INNER JOIN AlteAutos
  ON (PersId = FahrerId)
```

Diese liefert das Resultat:

Vorname	Nachname
Tom	Studer
Eva	Studer

Zusammenfassend soll festgehalten werden, dass auf einer View die üblichen Abfragen anwendbar sind. Dabei wird bei jeder Abfrage die View dynamisch neu berechnet. Views können auch über andere Views definiert werden. Rekursive Views werden jedoch nicht unterstützt.

Ebenso wie Relationen sind Views persistente Objekte. Ihre Lebensdauer wird durch den Befehl DROP VIEW beendet. Durch

```
DROP VIEW AlteAutos
```

wird die View im obigen Beispiel gelöscht. Die Abfrage nach den Fahrern der ältesten Autos wird damit ungültig.

Neben den Views wie wir sie oben beschrieben haben, unterstützt PostgreSQL auch *materialisierte Views*. Das sind Views, die nicht bei jeder Verwendung neu berechnet werden, sondern nur einmal zum Zeitpunkt ihrer Erzeugung. Dies bedeutet natürlich einen Performancegewinn bei Abfragen, da auf das vorberechnete Resultat der View zurückgegriffen werden kann. Dafür können materialisierte Views temporär nicht-aktuelle Daten enthalten. Falls diejenigen Daten, auf denen die View basiert, geändert wurden, so muss auch die View neu berechnet werden.

Wir können `AlteAutos` wie folgt als materialisierte View erzeugen:

```
CREATE MATERIALIZED VIEW AlteAutos AS
    SELECT *
    FROM Autos
    WHERE Baujahr <= ALL (
        SELECT Baujahr
        FROM Autos)
```

Die Abfrage aus Beispiel 6.3 nach den Fahrern der ältesten Autos liefert wiederum das Resultat:

Vorname	Nachname
Tom	Studer
Eva	Studer

Wir fügen nun ein Auto mit Baujahr 2008 hinzu:

```
INSERT INTO Autos VALUES ('Audi', 'silber', 2008, 3)
```

Da wir nun eine materialisierte View verwenden, erhalten wir mit der Abfrage nach den Fahrern der ältesten Autos immer noch das Resultat: `Tom Studer` und `Eva Studer`. Dieses falsche Ergebnis erhalten wir, weil zwar die Grunddaten aktualisiert wurden, die View aber noch auf einem alten (inzwischen falschen) Stand ist.

Um das richtige Resultat zu erhalten, müssen wir die View aktualisieren. Dies geschieht mit der Anweisung:

```
REFRESH MATERIALIZED VIEW AlteAutos
```

Damit wird die View neu berechnet und enthält wieder die korrekten Daten. Die Abfrage nach den Fahrern der ältesten Autos liefert jetzt das richtige Resultat:

Vorname	Nachname
Eva	Meier

Zum Schluss können wir die materialisierte View wieder löschen mit der Anweisung:

```
DROP MATERIALIZED VIEW AlteAutos
```

Weiterführende Literatur[1]

1. ANSI: Database language SQL (2011). Dokument X3.135-2011
2. The PostgreSQL Global Development Group: Postgresql documentation, data types (2018). https://www.postgresql.org/docs/current/static/datatype.html. Zugegriffen am 11.06.2019

---

[1]Die allgmeine Literatur zu SQL haben wir im vorangehenden Kapitel angegeben. Hier wiederholen wir nur die Referenz auf den SQL Standard [1]. Für eine vollständige Beschreibung aller Datentypen, welche PostgreSQL unterstützt, verweisen wir auf die online verfügbare PostgreSQL Dokumentation [2]. Dort finden sich unter anderem auch genaue Angaben zum benötigen Speicherplatz der verschiedenen Datentypen.

Abfrageoptimierung

7

In diesem Kapitel geht es darum, wie ein Datenbanksystem Abfragen effizient, d. h. schnell, beantworten kann. Dazu betrachten wir im ersten Teil sogenannte Indizes. Das sind Hilfsobjekte, welche die Suche nach bestimmten Daten unterstützen. Insbesondere führen wir Indizes ein, welche auf B$^+$-Bäumen oder Hash-Funktionen basieren.

Anschliessend studieren wir Methoden zur logischen und physischen Query-Optimierung. Bei der logischen Optimierung geht es darum, eine gegebene Abfrage so umzuformulieren, dass sie dasselbe Resultat liefert aber effizienter berechnet werden kann, beispielsweise weil kleinere Zwischenresultate erzeugt werden. Damit wird weniger Speicherplatz benötigt und die Berechnung kann schneller ausgeführt werden.

Die physische Optimierung behandelt die Auswahl der Algorithmen, welche die Operationen der relationalen Algebra implementieren. Wir führen drei Algorithmen ein, um Joins zu berechnen: Nested Loop Join, Merge Join und Hash Join. Wir zeigen auch, wie Auswertungspläne von PostgreSQL die verschiedenen Algorithmen darstellen.

7.1 Indizes

Indizes sind Hilfsobjekte in einer Datenbank, welche der Beschleunigung von Suchabfragen dienen. Es sind Hilfsobjekte in dem Sinn, dass sie für die Semantik der Datenbank irrelevant sind. Indizes enthalten somit keine zusätzlichen Daten. Sie ermöglichen nur alternative (d. h. schnellere) Zugriffswege auf bereits bestehende Daten in der Datenbank.

Um die Wirkungsweise von Indizes zu illustrieren, betrachten wir die Tabelle Filme, gegeben durch:

© Springer-Verlag GmbH Deutschland, ein Teil von Springer Nature 2019
T. Studer, *Relationale Datenbanken*,
https://doi.org/10.1007/978-3-662-58976-2_7

Filme

FId	Jahr	Dauer
1	2014	110
2	2012	90
3	2012	120
4	2010	100
5	2013	120
6	2011	95
7	2008	12
8	2012	105
9	2010	97
10	2009	89
11	2014	102
12	2007	89
13	2008	130

Wir möchten nun alle Filme des Jahres 2010 suchen. Dazu verwenden wir die SQL Abfrage:

```
SELECT *
FROM Filme
WHERE Jahr = 2010
```

Um diese Abfrage zu beantworten, muss das Datenbanksystem die Tabelle `Filme` sequentiell, d. h. Tupel für Tupel, abarbeiten und bei jedem Tupel testen, ob

$$Jahr = 2010$$

erfüllt ist.

Dieses Vorgehen ist natürlich nicht besonders effizient und führt bei grossen Tabellen zu einem bedeutenden Zeitaufwand. Wir können die Suche nach den Filmen des Jahres 2010 wesentlich beschleunigen, wenn wir die Tabelle nach dem Wert des Attributs `Jahr` sortieren. Dies ist genau die Idee der Indizes. Ein Index auf dem Attribut `Jahr` für die Tabelle `Filme` ist eine Hilfstabelle, welche nach dem Jahr sortiert ist und für jedes Jahr Zeiger auf die Filme dieses Jahres enthält. Ein solcher Index hat also die Form:

Index	
Jahr	**FId**
2007	12
2008	7, 13
2009	8, 10
2010	4, 9
2011	6
2012	2, 3, 8
2013	5
2014	1, 11

Diese Sortierung nach dem Jahr können wir nun ausnutzen, um eine effiziente Suche zu implementieren. Im Kontext von Datenbanksystemen wird diese häufig mit sogenannten B^+-Bäume realisiert. In solchen Bäumen sind die Daten in den Blattknoten gespeichert. Die Knoten, welche keine Blätter sind, enthalten sogenannte Suchschlüssel. Blätter mit Werten kleiner als der Suchschlüssel befinden sich dann im linken Teilbaum, Blätter mit Werten grösser als oder gleich dem Suchschlüssel befinden sich im rechten Teilbaum.

Abb. 7.1 zeigt den Baum für einen Index auf dem Attribut Jahr der Tabelle Filme. Um die Filme des Jahres 2010 zu suchen, beginnen wir beim Wurzelknoten. Dieser enthält den Suchschlüssel 2011. Also gehen wir in den linken Teilbaum und kommen zum Knoten mit dem Suchschlüssel 2009. Wir gehen in den rechten Teilbaum und kommen zum Suchschlüssel 2010. Wiederum gehen wir in den rechten Teilbaum und finden den Blattknoten für das Jahr 2010 mit den Referenzen auf die Filme mit FId 4 und 9. Der Zeitaufwand für diese Suche ist logarithmisch in der Anzahl der Blattknoten. Der Index ermöglicht also eine wesentlich effizientere Suche als die (lineare) Suche in der ungeordneten Originaltabelle.

In unserem B^+-Baum sind die Blattknoten zusätzlich noch als geordnete verkettete Liste miteinander verbunden. In Abb. 7.1 ist diese Verkettung durch die Pfeile der Form ○——→ angegeben. Dank dieser zusätzlichen Struktur kann der Index auch für Queries verwendet werden, welche Vergleichsoperatoren verwenden. Betrachten wir folgende SQL Abfrage:

```
SELECT *
FROM Filme
WHERE Jahr >= 2010
```

Um das Resultat dieser Abfrage zu berechnen, suchen wir zuerst wie oben den Blattknoten für das Jahr 2010. Nun können wir einfach durch die verkettete Liste iterieren, um die Knoten für die Jahre grösser als 2010 zu finden. Ohne die Verkettung der Blattknoten wäre der Index für Queries dieser Art nutzlos.

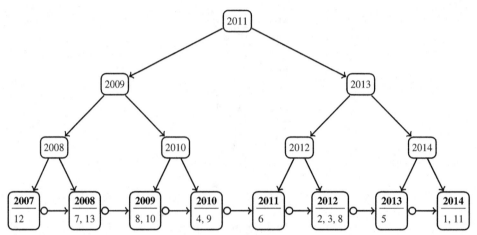

Abb. 7.1 B$^+$-Baum als Indexstruktur für das Attribut `Jahr`

Abb. 7.1 soll nur die Grundidee von Indexstrukturen erklären. In echten Datenbanksystemen werden nicht binäre Bäume zur Datenorganisation verwendet, da diese in der Praxis zu wenig effizient wären. Im Folgenden wollen wir einige Überlegungen zum Design der tatsächlich verwendeten Datenstrukturen angeben.

- Es werden Bäume mit einem hohen Verzweigungsgrad eingesetzt, z. T. hat ein Knoten 100 Nachfolger. Damit wird die Tiefe des Baumes kleiner und die Suche geht schneller.
- Die Bäume sind balanciert, d. h. die linken und rechten Teilbäume sind jeweils etwa gleich gross. Damit dauert die Suche immer etwa gleich lange.
- Echte Implementationen berücksichtigen die Speicherstruktur. Der Zugriff auf die gesuchten Daten soll mit möglichst wenigen Page Loads erfolgen.
- Die Bäume enthalten zusätzliche Links zwischen den Knoten, welche effiziente parallele Zugriffe auf den Index ermöglichen. Dieser klassische Ansatz wurde bereits in [2] eingeführt. PostgreSQL verwendet eine Variante davon, die im `README` File[1] der `btree` Implementierung ausführlich beschrieben ist.

In PostgreSQL können wir einen Baum Index für das Attribut `Jahr` der Tabelle `Filme` mit folgender Anweisung erzeugen:

```
CREATE INDEX ON Filme (Jahr)
```

Ein Index kann nicht nur auf einem Attribut erzeugt werden, sondern auch auf einer Attributmenge. Die allgemeine Anweisung lautet:

```
CREATE INDEX ON <Tabelle> (<Attribut₁>, ..., <Attributₙ>)
```

CREATE INDEX ON *<Tabelle>* (*<Attribut$_1$>*, ..., *<Attribut$_n$>*)

---

[1] `src/backend/access/nbtree/README`.

Anmerkung 7.1. PostgreSQL erzeugt automatisch einen Index für den Primärschlüssel einer Tabelle. Ausserdem werden für alle weiteren Attributmengen, auf denen ein UNIQUE Constraint definiert wurde, automatisch Indizes erzeugt.

Anmerkung 7.2. Die Verwendung von Indizes kann Abfragen beschleunigen. Die Kehrseite der Medaille ist jedoch, dass ein zusätzlicher Aufwand bei INSERT und UPDATE Operationen entsteht, da nun nicht nur die Tabelle geändert wird, sondern auch der Index angepasst werden muss.

Indizes werden angelegt, damit Daten schnell gefunden werden können. Die Zeit, welche die Suche in einem Baum benötigt, ist in der Ordnung von $\log_g(n)$, wobei g der Verzweigungsgrad des Baumes und n die Anzahl der Datensätze ist. Ein effizienterer Ansatz ist es, einen Index mit Hilfe einer Hashfunktion aufzubauen.

Eine Hashfunktion ist eine Funktion, welche Suchschlüssel auf sogenannte Behälter (Buckets) abbildet. Ein Behälter ist eine Speichereinheit, welche die Daten, die dem Suchschlüssel entsprechen, aufnehmen kann. Im Falle eines Hash Index, wird so ein Behälter dann Referenzen auf die eigentlichen Tupel enthalten. Formal ist eine Hashfunktion also eine Abbildung:

$$h : S \to B,$$

wobei S die Menge der möglichen Suchschlüssel und B die Menge von (oder eine Nummerierung der) Behälter ist. Normalerweise ist die Kardinalität von S sehr viel grösser als die Anzahl der Behälter. Wichtig für das Design einer Hashfunktion ist, dass die verschiedenen Werte von S möglichst gleichmässig auf B verteilt werden.

Betrachten wir nun einen Hash Index auf dem Attribut Jahr der Tabelle Filme. Als Hashwert verwenden wir den Rest einer Ganzzahldivision durch 3:

$$h(x) := x \bmod 3.$$

Weiter nehmen wir an, dass jeder Behälter Referenzen für fünf Filme aufnehmen kann. Damit erhalten wir den Hash Index aus Abb. 7.2.

Mit Hilfe eines Hash Indexes kann nun in *konstanter* Zeit gesucht werden. Um beispielsweise die Filme des Jahres 2012 zu suchen, berechnen wir den Hashwert von 2012 und erhalten $h(2012) = 2$. Wir können somit direkt den Behälter 2 laden und müssen nur noch bei den darin enthaltenen Filmen (maximal fünf) testen, ob Jahr = 2012 erfüllt ist. Die Verwendung eines Hash Indexes kann also sehr effizient sein, wenn wir auf Gleichheit testen wollen. Jedoch können wir den Hash Index nicht einsetzen um die Filme mit Jahr $\geq$ 2012 zu suchen, da wir dann wieder *alle* Behälter laden müssten und damit keinen Performancegewinn hätten.

Baum Indizes sind also vielseitiger einsetzbar als Hash Indizes. Aus diesem Grund werden Bäume als Standardstruktur für Indizes verwendet. Wir können jedoch explizit

Abb. 7.2 Hash Index

Behälter	Jahr	FId
0	2010	4
	2013	5
	2010	9
	2007	12
1	2014	1
	2011	6
	2008	7
	2014	11
	2008	13
2	2012	2
	2012	3
	2012	8
	2009	10

angeben, dass PostgreSQL einen Hash Index für das Attribut Jahr der Tabelle Filme anlegen soll. Dazu verwenden wir die Anweisung:

```
CREATE INDEX ON Filme  USING hash (Jahr)
```

Das Verfahren zur Bildung von Hash Indizes, wie wir es oben beschrieben haben, ist natürlich zu statisch für praktische Datenbanksysteme. Im obigen Beispiel können wir beispielsweise keinen weiteren Film mit Jahr 2014 einfügen, da der entsprechende Behälter bereits voll ist. In konkreten Implementierungen werden deshalb Formen von *erweiterbarem* Hashing eingesetzt. Wir verzichten hier aber auf die Beschreibung dieser dynamischen Ansätze.

Anmerkung 7.3. Hash Indizes sind in PostgreSQL erst ab Version 10 transaktionssicher. In älteren Versionen musste der Index neu erzeugt werden (von Hand mit REINDEX), falls es ungeschriebene Änderungen gab. Ansonsten hätten Queries, die auf den Index zugreifen, falsche Resultate geliefert.

Neben B$^+$-Bäumen und Hash Indizes unterstützt PostgreSQL noch weitere Index Arten wie GiST, GIN und BRIN Indizes. Diese sind in der PostgreSQL Dokumentation ausführlich beschrieben [3].

Ebenfalls unterstützt werden partielle Indizes. Ein partieller Index wird nur auf einem Teil einer Tabelle erstellt, wobei dieser Teil durch ein Prädikat definiert wird. Der Index enthält dann nur Einträge für Tabellenzeilen, die das Prädikat erfüllen. Ein partieller Index kann verwendet werden, um uninteressante Werte (die aber häufig vorkommen) aus dem Index auszuschliessen. Da eine Abfrage, welche nach einem häufigen Wert sucht, sowieso nicht auf einen Index zugreifen wird, macht es auch keinen Sinn, häufige Werte in einem Index zu halten. Die Verwendung eines partiellen Indexes hat folgende Vorteile:

- Der Index wird kleiner. Dadurch werden die Operationen, welche auf den Index zugreifen, schneller.
- Updates der Tabelle werden schneller, da nicht in jedem Fall der Index aktualisiert werden muss.

In der PostgreSQL Dokumentation [3] werden partielle Indizes unter anderem durch folgendes Beispiel illustriert.

Beispiel 7.4. Betrachten wir eine Tabelle welche bezahlte und unbezahlte Bestellungen enthält. Dabei machen die unbezahlten Bestellungen nur einen kleinen Bruchteil der Tabelle aus, jedoch greifen die meisten Abfragen darauf zu. In dieser Situation kann ein partieller Index auf den unbezahlten Bestellungen die Performance verbessern.

Dieser Index wird mit folgender Anweisung erstellt

```
CREATE INDEX ON Bestellungen (BestellNr)
WHERE Bezahlt is not true
```

Die folgende Abfrage kann nun diesen Index verwenden:

```
SELECT *
FROM Bestellungen
WHERE Bezahlt is not true AND BestellNr < 10000
```

Der Index kann sogar in Queries verwendet werden, welche nicht auf das Attribut BestellNr zugreifen, so z. B.:

```
SELECT *
FROM Bestellungen
WHERE Bezahlt is not true AND Betrag > 5000
```

Hier muss das Datenbanksystem den gesamten Index scannen. Falls der Anteil der unbezahlten Rechnungen relativ klein ist, kann sich dies aber lohnen (verglichen mit dem Aufwand, die ganze Tabelle zu durchsuchen).

7.2 Logische Optimierung

SQL ist eine *deklarative* Sprache. Das bedeutet, dass eine SQL Abfrage nur spezifiziert, welche Eigenschaften ein Tupel haben muss, damit es in die Resultatrelation aufgenommen wird. Die SQL Abfrage sagt aber nicht, wie diese Tupel gefunden werden. Das heisst die Abfrage deklariert, *was* gesucht werden soll, aber nicht *wie* gesucht werden soll.

Es ist die Aufgabe des Datenbanksystems eine SQL Abfrage in einen geeigneten Algorithmus zu übersetzen, um die Resultatrelation effizient zu berechnen. Diese Übersetzung geschieht in folgenden Schritten:

1. Die SQL Abfrage wird geparst und in einen entsprechenden Ausdruck der relationalen Algebra übersetzt.[2] Dies beinhaltet auch das Auflösen von Views: für jede Verwendung einer View wird die entsprechende Definition der View eingesetzt.
2. Der Abfrageoptimierer erzeugt nun aus dem relationalen Ausdruck einen sogenannten Auswertungsplan (Queryplan), das heisst, eine effiziente Implementierung zur Berechnung der Relation, welche durch den relationalen Ausdruck beschrieben wird.
3. Im letzten Schritt wird der Auswertungsplan vom Datenbanksystem entweder kompiliert oder direkt interpretiert.

Zu einer SQL Abfrage gibt es viele Möglichkeiten, wie diese implementiert werden kann. Im Allgemeinen geht es bei der Optimierung nicht darum, die beste Implementierung zu finden (dies wäre zu aufwändig), sondern nur eine gute.

Der Abfrageoptimierer arbeitet auf zwei Ebenen. Zum einen kann man zu einem gegebenen relationalen Ausdruck einen logisch äquivalenten relationalen Ausdruck suchen, der schnell und mit wenig Speicherbedarf berechnet werden kann. Zum anderen müssen möglichst effiziente Algorithmen gefunden werden, um die Operationen (Selektionen, Joins) eines gegebenen Ausdrucks zu implementieren. Den ersten Aspekt nennen wir logische Optimierung, den zweiten physische Optimierung.

Zur Illustration betrachten wir die Hochschul-Datenbank aus Beispiel 3.3. Das vollständige Schema dazu ist in Abb. 3.18 dargestellt. Wir werden im Folgenden die Tabellen nur durch den Anfangsbuchstaben ihres Namens bezeichnen. Das DB-Schema besteht also aus den Tabellen: D, A, DV, AU, V, U, VS, UH, S und H.

Wir wollen zuerst mit einem einfachen Beispiel die Grundidee der logischen und physischen Optimierung zeigen. Mit folgender SQL Abfrage finden wir den Namen derjenigen Dozierenden, der die Assistentin `Meier` zugeordnet ist.

```
SELECT D.Name
FROM D, A
WHERE A.Name = 'Meier' AND D.DozId = A.Assistiert
```

Die kanonische Übersetzung (siehe Abschn. 5.2) dieser Abfrage lautet

$$\pi_{\text{D.Name}}(\sigma_{\text{A.Name='Meier'} \wedge \text{D.DozId=A.Assistiert}}(D \times A)). \tag{7.1}$$

Nehmen wir nun an, es gibt zehn Dozierende und fünfzig Assistierende. Mit (7.1) wird zuerst das kartesische Produkt berechnet, welches aus $10 \cdot 50 = 500$ Tupeln besteht. Aus

---

[2]Dies ist eine Vereinfachung, da es SQL Queries gibt, zu keinen äquivalenten Ausdruck in der relationalen Algebra besitzen (bspw. rekursive Queries).

diesen werden dann diejenigen Tupel selektiert, welche

$$V.\text{Name} = \text{'Meier'} \wedge D.\text{DozId} = A.\text{Assistiert}$$

erfüllen. In diesem Fall ist das nur ein Tupel. Am Schluss wird dann noch auf D.Name projiziert. Offensichtlich ist das keine effiziente Methode, um das Resultat der SQL Query zu berechnen.

Viel besser ist die Auswertung, welche durch folgenden Ausdruck beschrieben wird

$$\pi_{\text{D.Name}}(\sigma_{\text{D.DozId=A.Assistiert}}(D \times \sigma_{\text{A.Name='Meier'}}(A))). \tag{7.2}$$

Hier wird aus nur 50 Tupeln die gesuchte Assistentin selektiert. Anschliessend wird das Kreuzprodukt gebildet, welches nun nur *zehn* Tupel enthält. Aus diesen wird dann das Tupel selektiert, welches die Join Bedingung erfüllt. Mit diesem Ausdruck haben wir viel kleinere Zwischenresultate. Damit wird zum einen der Speicherverbrauch reduziert und zum anderen können die Selektionen schneller berechnet werden. Die Tatsache, dass jetzt zwei Selektionsoperationen ausgeführt werden müssen fällt nicht ins Gewicht, da die Selektionsbedingungen einfacher sind.

Eine weitere Verbesserung erreichen wir mit folgendem Ausdruck, welcher das kartesische Produkt mit der anschliessenden Selektion zu einem Θ-Join zusammenfasst:

$$\pi_{\text{D.Name}}(D \bowtie_{\text{D.DozId=A.Assistiert}} (\sigma_{\text{A.Name='Meier'}}(A))). \tag{7.3}$$

Dieser Ausdruck sagt, dass wir nicht das komplette kartesische Produkt bilden müssen, um das Resultat zu berechnen. Mit (7.3) wird nämlich durch physische Optimierung folgender Auswertungsplan erzeugt. Wie bisher wird zuerst die passende Assistentin selektiert. Damit kennen wir den Wert ihres Assistiert Attributs und wissen auch, welchen Wert das DozId Attribut der gesuchten Dozierenden haben muss. Wir können also die entsprechende Dozierende mit Hilfe des Indexes auf dem Attribut DozId effizient suchen. Beachte, dass dieser Index existiert, weil DozId der Primärschlüssel ist. Hier wird also dank einer guten Umformung in der Phase der logischen Optimierung die Verwendung eines Indexes in der Phase der physischen Optimierung ermöglicht, was schliesslich zu einem effizienten Auswertungsplan führt.

Randbemerkung aus der Praxis: Im konkreten Fall mit zehn Dozierenden ist die Relation wahrscheinlich zu klein, als dass sich die Verwendung eines Indexes lohnt. Bei grösseren Relationen wird jedoch ein Auswertungsplan erzeugt, welcher den Index wie beschrieben berücksichtigt (siehe auch Anmerkung 7.6).

Wir wollen nun die Ansätze der logischen Optimierung im Detail studieren. Die Methoden der physischen Optimierung betrachten wir dann im nächsten Abschnitt.

Wir geben eine Reihe von Paaren äquivalenter relationaler Ausdrücke an. Dabei heisst äquivalent, dass die Reihenfolge der Attribute bei den beschriebenen Relationen keine Rolle spielt. Für relationale Ausdrücke E_1 und E_2 verwenden wir die Notation $E_1 \equiv E_2$

um auszudrücken, dass die entsprechenden Relationen dieselben Attribute enthalten und bis auf die Reihenfolge der Spalten gleich sind.

1. Aufbrechen und Vertauschen von Selektionen. Es gilt

$$\sigma_{\Theta_1 \wedge \Theta_2}(E) \equiv \sigma_{\Theta_1}(\sigma_{\Theta_2}(E)) \equiv \sigma_{\Theta_2}(\sigma_{\Theta_1}(E)).$$

2. Kaskade von Projektionen. Sind $A_1, \ldots, A_m$ und $B_1, \ldots, B_n$ Attribute mit

$$\{A_1, \ldots, A_m\} \subseteq \{B_1, \ldots, B_n\},$$

so gilt

$$\pi_{A_1, \ldots, A_m}(\pi_{B_1, \ldots, B_n}(E)) \equiv \pi_{A_1, \ldots, A_m}(E).$$

3. Vertauschen von Selektion und Projektion. Bezieht sich das Selektionsprädikat Θ nur auf die Attribute $A_1, \ldots, A_m$, so gilt

$$\pi_{A_1, \ldots, A_m}(\sigma_\Theta(E)) \equiv \sigma_\Theta(\pi_{A_1, \ldots, A_m}(E)).$$

4. Kommutativität. Es gelten

$$E_1 \times E_2 \equiv E_2 \times E_1 \qquad E_1 \bowtie E_2 \equiv E_2 \bowtie E_1 \qquad E_1 \bowtie_\Theta E_2 \equiv E_2 \bowtie_\Theta E_1.$$

5. Assoziativität. Es gelten

$$(E_1 \times E_2) \times E_3 \equiv E_1 \times (E_2 \times E_3) \qquad (E_1 \bowtie E_2) \bowtie E_3 \equiv E_1 \bowtie (E_2 \bowtie E_3).$$

Bezieht sich die Joinbedingung Θ_1 nur auf Attribute aus E_1 sowie E_2 und die Joinbedingung Θ_2 nur auf Attribute aus E_2 sowie E_3, so gilt

$$(E_1 \bowtie_{\Theta_1} E_2) \bowtie_{\Theta_2} E_3 \equiv E_1 \bowtie_{\Theta_1} (E_2 \bowtie_{\Theta_2} E_3).$$

6. Vertauschen von Selektion und kartesischem Produkt. Bezieht sich das Selektionsprädikat Θ nur auf die Attribute aus E_1, so gilt

$$\sigma_\Theta(E_1 \times E_2) \equiv \sigma_\Theta(E_1) \times E_2.$$

7. Vertauschen von Projektion und kartesischem Produkt. Sind $A_1, \ldots, A_m$ Attribute von E_1 und $B_1, \ldots, B_n$ Attribute von E_2, so gilt

$$\pi_{A_1, \ldots, A_m, B_1, \ldots, B_n}(E_1 \times E_2) \equiv \pi_{A_1, \ldots, A_m}(E_1) \times \pi_{B_1, \ldots, B_n}(E_2).$$

Dieselbe Idee funktioniert auch bei Θ-Joins. Falls sich die Join Bedingung Θ nur auf die Attribute $A_1, \ldots, A_m$ und $B_1, \ldots, B_n$ bezieht, so gilt

$$\pi_{A_1,\ldots,A_m,B_1,\ldots,B_n}(E_1 \bowtie_\Theta E_2) \equiv \pi_{A_1,\ldots,A_m}(E_1) \bowtie_\Theta \pi_{B_1,\ldots,B_n}(E_2).$$

8. Selektion ist distributiv über Vereinigung und Differenz. Es gelten

$$\sigma_\Theta(E_1 \cup E_2) \equiv \sigma_\Theta(E_1) \cup \sigma_\Theta(E_2) \qquad \sigma_\Theta(E_1 \setminus E_2) \equiv \sigma_\Theta(E_1) \setminus \sigma_\Theta(E_2).$$

9. Projektion ist distributiv über Vereinigung. Es gilt

$$\pi_{A_1\ldots,A_m}(E_1 \cup E_2) \equiv \pi_{A_1\ldots,A_m}(E_1) \cup \pi_{A_1\ldots,A_m}(E_2).$$

Es ist zu beachten, dass in der Regel Projektionen *nicht* distributiv über Differenzen sind.

Die eben beschriebenen Äquivalenzen können natürlich für Transformationen in beide Richtungen verwendet werden. Die entscheidende Frage bei der Optimierung ist, welche Richtung in einem konkreten Fall günstiger ist. Die folgenden Heuristiken haben sich dabei als vorteilhaft erwiesen.

1. Mittels der ersten Regel werden konjunktive Selektionsprädikate in Kaskaden von Selektionsoperationen zerlegt.
2. Mittels der Regeln 1, 3, 6 und 8 werden Selektionsoperationen soweit wie möglich nach innen propagiert.
3. Wenn möglich, werden Selektionen und kartesische Produkte zu Θ-Joins zusammengefasst.
4. Mittels Regel 5 wird die Reihenfolge der Joins so vertauscht, dass möglichst kleine Zwischenresultate entstehen.
5. Mittels der Regeln 2, 3, 7 und 9 werden Projektionen soweit wie möglich nach innen propagiert.

Wir betrachten nochmals das Schema der Hochschul-Datenbank aus Abb. 3.18, wobei wir wieder die Tabellennamen abkürzen. Folgende SQL Abfrage liefert die Namen aller Assistierenden, welche die Studierende `Meier` betreuen:

```
SELECT A.Name
FROM A, AU, VS, S
WHERE S.Name = 'Meier' AND S.MatNr = VS.MatNr AND
      VS.VorlNr = AU.VorlNr AND AU.AssId = A.AssId
```

Abb. 7.3 zeigt die kanonische Übersetzung dieser Abfrage, wobei der relationale Ausdruck als Baum dargestellt wird.

Aufspalten der Selektionsprädikate liefert den Ausdruck in Abb. 7.4.

Verschieben der Selektionsoperationen liefert den Ausdruck in Abb. 7.5.

Zusammenfassen von Selektionen und kartesischen Produkten zu Join Operationen liefert den Ausdruck in Abb. 7.6.

Optimierung der Join Reihenfolge liefert den Ausdruck in Abb. 7.7.

Wir können in diesem Beispiel die Projektion nicht direkt nach innen schieben. Jedoch können wir durch geschickte Anwendung der Regeln 2 und 7 zusätzliche Projektionen einfügen. Damit erreichen wir, dass gewisse Zwischenresultate weniger Spalten haben und somit kleiner sind. Mit diesem Ansatz können wir beispielsweise den Baum aus Abb. 7.8 erhalten, indem wir die Projektion $\pi_{\texttt{AU.AssId}}$ einfügen.

Abb. 7.3 Kanonische
Übersetzung

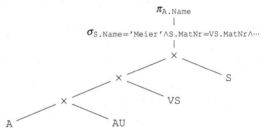

Abb. 7.4 Aufspalten der
Selektionsprädikate

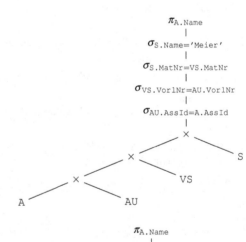

Abb. 7.5 Verschieben der
Selektionsoperationen

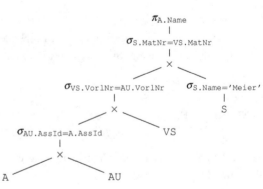

Abb. 7.6 Selektionen und kartesische Produkte zu Joins zusammenfassen

$\pi_{A.Name}$
|
$\bowtie_{S.MatNr=VS.MatNr}$
$\bowtie_{VS.VorlNr=AU.VorlNr}$ $\sigma_{S.Name='Meier'}$
$\bowtie_{AU.AssId=A.AssId}$ VS | S
A AU

Abb. 7.7 Optimierung der Join Reihenfolge

$\pi_{A.Name}$
|
$\bowtie_{AU.AssId=A.AssId}$
$\bowtie_{VS.VorlNr=AU.VorlNr}$ A
$\bowtie_{S.MatNr=VS.MatNr}$ AU
$\sigma_{S.Name='Meier'}$ VS
|
S

Abb. 7.8 Zusätzliche Projektionen einfügen

$\pi_{A.Name}$
|
$\bowtie_{AU.AssId=A.AssId}$
$\pi_{AU.AssId}$ A
|
$\bowtie_{VS.VorlNr=AU.VorlNr}$
$\bowtie_{S.MatNr=VS.MatNr}$ AU
$\sigma_{S.Name='Meier'}$ VS
|
S

7.3 Physische Optimierung

Das Problem der physischen Optimierung besteht darin, die logischen Operationen der relationalen Algebra durch effiziente Algorithmen praktisch zu realisieren. Dabei kann es zu einem Operator durchaus mehrere mögliche Implementierungen geben. Es geht also beispielsweise darum, zu einer gegebenen Abfrage herauszufinden, ob und welche Indizes zur Berechnung des Resultats eingesetzt werden können und welche Algorithmen am effizientesten sind.

PostgreSQL bietet die Möglichkeit, die Auswertungsstrategie einer Abfrage anzuzeigen. Mit der Anweisung

EXPLAIN *<Abfrage>*

wird der Queryplan für die Query *<Abfrage>* angezeigt. Dadurch kann man sehen, wie die Abfrage tatsächlich bearbeitet wird.

Beispiel 7.5. Betrachten wir eine Tabelle T mit den Attributen TId und v. Mit der Anweisung

```
EXPLAIN
    SELECT *
    FROM T
    WHERE v = 700
```

wird der Auswertungsplan für die Query angezeigt, mit der alle Tupel aus der Tabelle T gefunden werden, welche $v = 700$ erfüllen. Wir erhalten den Auswertungsplan:[3]

```
Seq Scan on t
  Filter: (v = 700)
```

Dabei bedeutet Seq Scan on T, dass die Tabelle T sequentiell, d. h. Tupel für Tupel, durchgegangen wird und für jedes Tupel $v = 700$ getestet wird.

Wir erstellen nun einen Index für das Attribut v mit der Anweisung:

```
CREATE INDEX ON T (v)
```

Mit der obigen EXPLAIN Anweisung erhalten wir nun den Auswertungsplan:

```
Index Scan using t_v_idx on t
  Index Cond: (v = 700)
```

Dabei ist t_v_idx der Name, welcher PostgreSQL unserem Index zugewiesen hat. Es erfolgt also jetzt nicht mehr ein sequentieller Scan der ganzen Tabelle, stattdessen werden die Tupel mit $v = 700$ im Index gesucht.

Anmerkung 7.6. Es bedeutet natürlich einen gewissen Mehraufwand, zuerst auf den Index zuzugreifen und erst dann die eigentliche Tabelle auszulesen. Dieser Mehraufwand lohnt sich nur bei grossen Tabellen. Bei kleinen Tabellen ist es günstiger die Tabelle sequentiell zu durchsuchen als zuerst auf den Index zuzugreifen. Das heisst, falls die Tabelle T im obigen Beispiel weniger als 500 Einträge hat, wird PostgreSQL wahrscheinlich einen sequentiellen Scan ausführen und den Index ignorieren.

Anmerkung 7.7. Der Index kann auch bei einem Test auf Null verwendet werden. Mit der Anweisung

---

[3]Wir erinnern uns, dass PostgreSQL intern alle Identifier in Kleinbuchstaben übersetzt, siehe Anmerkung 5.1. Deshalb hat die Tabelle T im Auswertungsplan den Namen t.

```
EXPLAIN
    SELECT *
    FROM T
    WHERE v IS NULL
```

erhalten wir den Auswertungsplan:

```
Index Scan using t_v_idx on t
    Index Cond: (v IS NULL)
```

PostgreSQL kann Baum Indizes auch verwenden, um Abfragen mit Tests auf NOT NULL zu optimieren.

Anmerkung 7.8. Bei einem Index Scan wird jeweils *ein* Zeiger auf ein Tupel aus dem Index geholt und dann direkt auf das entsprechende Tupel zugegriffen. Somit wird jedes Tupel, das die Selektionsbedingung erfüllt, einzeln geladen. Dieses Vorgehen ist gut, falls nur wenige Tupel die Selektionsbedingung erfüllen.

Es ist jedoch nicht effizient, falls viele Tupel die Bedingung erfüllen. In diesem Fall wird folgender Auswertungsplan erzeugt:

```
Bitmap Heap Scan on t
  Recheck Cond: (v = 700)
  -> Bitmap Index Scan on t_v_idx
        Index Cond: (v = 700)
```

Ein Bitmap Index Scan holt in einem Durchgang *alle* Zeiger, welche die Selektionsbedingung erfüllen, aus dem Index und speichert diese in einer Bitmap-Struktur im Hauptspeicher. Diese hat folgenden Aufbau: Nehmen wir an, die Tabelle T hat n Einträge. Dann besteht die Bitmap aus einer Sequenz von n Bit, wobei das i-te Bit genau dann den Wert 1 hat, wenn ein Zeiger auf den i-ten Eintrag aus dem Index geholt wurde (d. h. der i-te Eintrag der Tabelle T erfüllt die Selektionsbedingung).

Der Bitmap Heap Scan iteriert nun durch die Bitmap (vom ersten bis zum n-ten Bit) und lädt das i-te Tupel aus der Tabelle T, falls das i-te Bit 1 ist. Damit werden die Tupel in der Reihenfolge ausgegeben, in der sie physikalisch abgespeichert sind. Dies ermöglicht einen effizienten Speicherzugriff, da räumliche Lokalität ausgenutzt werden kann.

Falls die Bitmap-Struktur zu gross wird, repräsentieren wir nicht jedes Tupel einzeln in der Bitmap, stattdessen repräsentiert ein Bit der Bitmap eine Seite des Speichers. Wir merken uns in der Bitmap also nicht mehr die einzelnen Tupel, welche die Selektionsbedingung erfüllen, sondern nur noch die Seiten, welche diese Tupel enthalten. Der Bitmap Heap Scan lädt dann die i-te Seite, falls das i-te Bit der Bitmap gesetzt ist. In dieser

Seite muss dann für jedes Tupel geprüft werden, ob es die Selektionsbedingung erfüllt. Dies ist der Recheck im Auswertungsplan.

Wir wollen hier das Problem der physischen Optimierung nicht im Allgemeinen untersuchen, sondern nur mögliche Implementierungen der Join Operation betrachten. PostgreSQL unterstützt drei Algorithmen zur Berechnung eines Joins:

1. Nested Loop Join
2. Merge Join
3. Hash Join

Wir werden diese nun etwas genauer studieren. Dazu nehmen wir an, dass wir zusätzlich zur obigen Tabelle T noch eine Tabelle S haben mit den Attributen SId und v. Wir betrachten nun den Join $S \bowtie T$.

Nested Loop Join

Der einfachste Algorithmus zur Berechnung eines Joins heisst Nested Loop Join. Dabei werden mit zwei verschachtelten Schleifen alle möglichen Kombinationen von Elementen aus S und T erzeugt und jeweils getestet, ob die Join Bedingung erfüllt ist.

Folgender Pseudocode Algorithmus beschreibt einen Nested Loop Join. Dabei heisst OUTPUT(s,t), dass die Tupel s und t miteinander verbunden (entsprechend dem Schema der Resultat-Tabelle) und dem Resultat hinzugefügt werden sollen.

```
FOR EACH s IN S
   FOR EACH t IN T
      IF s[v] = t[v] THEN OUTPUT(s,t)
```

Mit der EXPLAIN Anweisung erhalten wir folgenden Queryplan für einen Nested Loop Join.

```
Nested Loop
   Join Filter: (s.v = t.v)
   -> Seq Scan on s
   -> Materialize
         -> Seq Scan on t
```

Dabei bedeutet Materialize, dass das Resultat der Operation unter dem Materialize Knoten im Speicher materialisiert wird, bevor der obere Knoten ausgeführt wird. Eine Materialisierung wird üblicherweise durchgeführt, wenn Daten mehrfach verwendet werden müssen (hier werden sie für jedes Tupel aus S wiederverwendet). Dank der Materialisierung müssen sie nicht jedes mal neu erzeugt werden.

Falls auf dem Attribut v in der Tabelle T ein Index erzeugt wurde, dann ist ein sogenannter *Index Join* möglich. Bei dieser Variante wird der Index verwendet, um die passenden Tupel der inneren Relation zu finden. Im untenstehenden Beispiel bezeichnet I den Index und wir nehmen an, dass wir durch diesen Index iterieren können (vergleiche die verkettete Liste der Blätter eines Baum Index).

```
FOR EACH s IN S
   t := FIRST t IN I WITH t[v] = s[v]
   WHILE t EXISTS
         OUTPUT (s,t)
         t := NEXT t in I WITH t[v] = s[v]
```

Wir erhalten dazu folgenden Queryplan:

```
Nested Loop
   -> Seq Scan on s
   -> Index Scan using t_v_idx on t
         Index Cond: (v = s.v)
```

Nested Loop Joins liefern auch ein erstes einfaches Beispiel dafür, dass verschiedene Queries denselben Auswertungsplan liefern können. Wieder gehen wir aus von den Tabellen S und T. Wir nehmen an, S habe 100 Einträge und T habe 99 Einträge. Beide Queries

```
SELECT * FROM S, T
```

und

```
SELECT * FROM T, S
```

liefern den Auswertungsplan

```
Nested Loop
   -> Seq Scan on s
   -> Materialize
         -> Seq Scan on t
```

Unabhängig von der Reihenfolge der Tabellen in der FROM Klausel wird also immer zuerst die *kleinere* Tabelle materialisiert. Die äussere Schleife iteriert dann durch die *grössere* Tabelle und greift auf die materialisierte, kleinere Tabelle zu.

Merge Join

Die Idee des Merge Joins ist einfach. Wenn die Tabellen S und T nach dem Join Attribut sortiert sind, so muss man bei der Berechnung des Joins ein Tupel aus S nicht mit allen Tupeln aus T vergleichen, sondern nur mit denjenigen, die etwa gleich gross sind.

Um einen Merge Join der Tabellen S und T durchzuführen, sortieren wir also zuerst sowohl S als auch T nach den Werten des Attributs v. Wir werden folgende Notation verwenden, wobei i eine natürliche Zahl ist: S[i] bezeichnet das i-te Tupel der Tabelle S. Mit #S bezeichnen wir die Anzahl Tupel, welche in der Tabelle S enthalten sind. Analog verwenden wir T[i] und #T.

```
S := SORT(S,v)
T := SORT(T,v)
i := 1
j := 1
WHILE ( i <= #S  AND  j <= #T )
   IF ( S[i][v] = T[j][v] ) THEN
      jj = j
      WHILE ( S[i][v] = T[j][v]  AND  j <= #T )
         OUTPUT (S[i],T[j])
         j++
      j =jj
      i++
   ELSE IF ( S[i][v] > T[j][v] ) THEN
      j++
   ELSE
      i++
```

Im entsprechenden Queryplan sieht man deutlich, dass beide Tabellen zuerst sortiert werden.

```
Merge Join
  Merge Cond: (t.v = s.v)
  ->  Sort
        Sort Key: t.v
        ->  Seq Scan on t
  ->  Sort
        Sort Key: s.v
        ->  Seq Scan on s
```

Hash Join

Wir beschreiben hier zuerst den klassischen Hash Join Algorithmus. Dazu nehmen wir an, dass T die kleinere Tabelle ist als S. Der Algorithmus erzeugt zuerst eine Hashtabelle für T. Mit BT(i) bezeichnen wir den i-ten Behälter der Hashtabelle und h sei die Hashfunktion. Ein klassischer Hash Join arbeitet nun wie folgt.

```
FOR EACH t IN T
   i := h( t[v] )
   ADD t TO BT(i)
FOR EACH s IN S
   i = h(s[v])
   FOR EACH t in BT(i)
      IF ( s[v] = t[v] ) THEN OUTPUT(s,t)
```

Ein Tupel s aus S muss somit nicht mit allen Tupeln aus T verglichen werden, sondern nur mit denjenigen aus dem entsprechenden Behälter der Hashtabelle. Dies funktioniert, weil

$$s[v] = t[v] \quad \text{impliziert} \quad h(s[v]) = h(t[v]).$$

Falls die Joinbedingung nicht auf Gleichheit basiert, so kann kein Hash Join durchgeführt werden.

Folgender Auswertungsplan beschreibt einen Hash Join.

```
Hash Join
  Hash Cond: (s.v = t.v)
  -> Seq Scan on s
  -> Hash
        -> Seq Scan on t
```

Falls bei einem Hash Join die beteiligten Relationen S und T sehr gross sind, so können beide Relationen mit Hilfe einer Hashfunktion partitioniert werden. Für die Berechnung des Joins müssen dann nur jeweils die beiden sich entsprechenden Behälter im Hauptspeicher sein. Die restlichen Behälter können in den Sekundärspeicher ausgelagert werden. Es werden also der Reihe nach alle sich entsprechenden Behälter geladen und auf ihren Daten ein Join berechnet, welcher zum Endresultat hinzugefügt wird. Abb. 7.9 stellt diese Idee graphisch dar.

Wir können diesen allgemeinen Hash Join wie folgt beschreiben, wobei n die Anzahl Behälter angibt. Wir geben hier jedoch nicht an, welche Behälter im Hauptspeicher sind

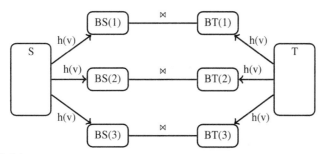

Abb. 7.9 Hash Join

und welche ausgelagert werden. Um den Verbund zweier sich entsprechender Behälter zu berechnen, verwenden wir hier einen Nested Loop Join. In der Praxis wählt man dazu einen klassischen Hash Join, der jedoch eine von h verschiedene Hashfunktion verwendet.

```
FOR EACH s IN S
    i := h( s[v] )
    ADD s TO BS(i)
FOR EACH t IN T
    i := h( t[v] )
    ADD t TO BT(i)
FOR EACH i IN 0..n
    FOR EACH s in BS(i)
        FOR EACH t in BT(i)
            IF s[v] = t[v] THEN OUTPUT(s,t)
```

Wir gehen hier nicht im Detail darauf ein, wie ein Datenbanksystem die physische Optimierung genau vornimmt und die anzuwendenden Algorithmen bestimmt. Nur soviel: die Grundidee ist es, die Kosten für die verschiedenen möglichen Implementierungen zu schätzen (bezüglich Zeitaufwand, das heisst bezüglich der Anzahl der benötigten Page Loads). Für diese Schätzungen führt das Datenbanksystem umfangreiche Statistiken über die Grösse der verschiedenen Tabellen und über die Verteilung der Daten in diesen Tabellen (Histogramme).

Weiterführende Literatur[4]

1. Kemper, A., Eickler, A.: Datenbanksysteme. Oldenbourg (2013)
2. Lehman, P.L., Yao, S.B.: Efficient locking for concurrent operations on b-trees. ACM Trans. Database Syst. **6**(4), 650–670 (1981). https://doi.org/10.1145/319628.319663
3. The PostgreSQL Global Development Group: PostgreSQL Documentation, Indexes (2018). https://www.postgresql.org/docs/current/static/indexes.html. Zugegriffen am 11.06.2019
4. Silberschatz, A., Korth, H.F., Sudarshan, S.: Database System Concepts, 6. Aufl. McGraw-Hill (2010)
5. Veldhuizen, T.L.: Triejoin: a simple, worst-case optimal join algorithm. In: Schweikardt, N., Christophides, V., Leroy, V. (Hrsg.) Proceedings of 17th international conference on database theory (ICDT), S. 96–106. OpenProceedings.org (2014). https://doi.org/10.5441/002/icdt.2014.13

---

[4]Wir haben in diesem Kapitel nur eine Einführung in Indexstrukturen und Query-Optimierung geben können. Eine vertiefte Darstellung dieser Themen findet sich beispielsweise in [1, 4]. Dort werden unter anderem weitere Indexstrukturen besprochen. Auch werden weitere Algorithmen zur Implementierung der Query-Operatoren gezeigt. Es wird ausserdem detailliert auf die Aufwandschätzung zur Query-Optimierung eingegangen. Zum Schluss möchten wir noch festhalten, dass Indexstrukturen, Optimierung und Join Algorithmen hochaktuelle Forschungsgebiete sind, in denen laufend neue Ideen vorgeschlagen werden. Beispielsweise wird in [5] der *leapfrog triejoin* vorgestellt und es wird gezeigt, dass dieser Join Algorithmus worst-case optimal ist.

Mehrbenutzerbetrieb

Bestimmte Folgen von Datenbankanweisungen müssen als eine Einheit ausgeführt werden. Eine solche Einheit nennen wir Transaktion. In diesem Kapitel führen wir die ACID Postulate für Transaktionen ein und zeigen wie Transaktionen in SQL behandelt werden.

Theoretisch sollten parallel ausgeführte Transaktionen einander nicht beeinflussen, d. h. sie werden isoliert ausgeführt. In der Praxis wird diese Bedingung aus Performance-Gründen jedoch gelockert. Wir studieren die verschiedenen Isolationsgrade, welche SQL anbietet. Dazu betrachten wir drei Phänomene, die bei der parallelen Transaktionsverarbeitung auftreten können: Dirty Reads, Non-repeatable Reads und Phantom Reads.

Wir zeigen auch, wie PostgreSQL die verschiedenen Isolationsgrade mittels einer Multiversion Concurrency Control (MVCC) Architektur implementiert. Bei diesem Ansatz werden für jedes Tupel mehrere Versionen abgespeichert und eine Sichtbarkeitsbedingung definiert, welche Transaktion welche Version eines Tupels sieht.

8.1 Transaktionen

Eine *Transaktion* ist eine Folge von Datenbankanweisungen, welche zusammen eine *Einheit* bilden. Die Anweisungen einer Transaktion werden entweder vollständig ausgeführt (d. h. alle Anweisungen werden erfolgreich beendet) oder gar nicht. Falls also im Verlauf einer Transaktion eine fehlerhafte Situation auftritt, so werden die bisher erfolgten Anweisungen rückgängig gemacht und es wird der Zustand zu Beginn der Transaktion wieder hergestellt.

Das Standardbeispiel im Zusammenhang mit Transaktionen ist die Überweisung eines Betrags von einem Bankkonto A auf ein anderes Bankkonto B. Dazu sind zwei Schritte nötig:

T. Studer, *Relationale Datenbanken*,
https://doi.org/10.1007/978-3-662-58976-2_8

1. Lastschrift des Betrags auf Konto A,

2. Gutschrift des Betrags auf Konto B.

Es darf in diesem Beispiel nicht vorkommen, dass nur eine der beiden Anweisungen ausgeführt wird. Falls bei der Gutschrift ein Fehler auftritt, so muss die Lastschrift rückgängig gemacht werden. Es werden damit alle Kontostände auf den Zustand zu Beginn der Transaktion zurückgesetzt.

Die Eigenschaften von Transaktionen lassen sich mit den ACID Postulaten zusammenfassen:

Atomicity	Die Änderungen einer Transaktion auf der Datenbank sind *atomar*, d. h. es werden alle oder keine dieser Operationen ausgeführt.
Consistency	Eine Transaktion überführt einen *korrekten* Datenbank-Zustand in einen korrekten Datenbank-Zustand.
Isolation	Eine Transaktion arbeitet *isoliert* auf der DB. Dies bedeutet, sie wird bei simultaner Ausführung weiterer Transaktionen von diesen nicht beeinflusst.
Durability	Wirksame Änderungen von T sind *dauerhaft*, d. h. sie dürfen auch im Fall einer späteren Fehlfunktion nicht mehr verloren gehen.

Um die Eigenschaften von Transaktionen zu studieren, verwenden wir die beiden folgenden Grundoperationen:

`READ(X)`	Transferiert die Daten X von der Datenbank auf einen lokalen Puffer, der zur Transaktion gehört, welche `READ(X)` ausführt.
`WRITE(X)`	Transferiert die Daten X vom lokalen Puffer, der zur Transaktion gehört, welche `WRITE(X)` ausführt, zurück auf die Datenbank.

Wir können nun die Überweisung von CHF 50 von Konto A auf Konto B folgendermassen beschreiben:

```
READ(A)
A := A-50
WRITE(A)
READ(B)
B := B+50
WRITE(B)
```

An diesem Beispiel wollen wir nun die ACID-Postulate etwas genauer untersuchen.

Atomicity Wir nehmen an, dass zu Beginn der Transaktion die Kontostände von A und B die Beträge CHF 1000 und CHF 2000 aufweisen. Betrachten wir dann die Transaktion nach der Ausführung von `WRITE(A)` aber vor der Ausführung von `WRITE(B)`, so ergeben sich die Kontostände von CHF 950 für A und CHF 2000 für B. Damit ist also die Summe von A und B vermindert worden. Dies ist ein inkonsistenter Zustand, der im Datenbanksystem nicht sichtbar werden darf. Er wird aber durch die weiteren Operationen dieser Transaktion wieder in einen konsistenten Zustand überführt.

Dies ist die Grundidee von *Atomicity*: Entweder werden alle Operationen der Transaktion in der Datenbank reflektiert oder keine. Die Datenbank speichert die Daten vor Ausführung der Transaktion, und falls die Transaktion nicht erfolgreich durchgeführt worden ist, werden die alten Daten wieder aktiviert. Die Sicherstellung von Atomicity muss vom Datenbanksystem selbst gewährleistet werden.

Consistency Dieses Prinzip verlangt, dass eine konsistente Datenbank durch eine Transaktion in eine konsistente Datenbank überführt wird. In unserem Beispiel lautet eine Konsistenzbedingung, dass die Summe von A und B durch die Transaktion nicht verändert werden darf. Andernfalls würde Geld vernichtet oder neu erzeugt. Falls die Transaktion schief geht und eine Konsistenzbedingung verletzt wird, so müssen alle Änderungen der Transaktion rückgängig gemacht werden und der Ursprungszustand muss wieder hergestellt werden.

Die Sicherstellung der Konsistenz für eine individuelle Transaktion gehört zur Verantwortung des Anwendungsprogrammierers. Diese Aufgabe kann durch automatische Testverfahren in Zusammenhang mit Integritätsbedingungen unterstützt werden. Dabei dürfen Constraints innerhalb einer Transaktion verletzt sein. Am Ende der Transaktion müssen aber alle Constraints erfüllt sein, siehe dazu auch das Beispiel 8.2.

Isolation Selbst wenn Consistency und Atomicity sichergestellt sind, könnten durch simultane Ausführung weiterer Transaktionen Probleme auftreten. Betrachten wir folgende verschränkte Ausführung von zwei Transaktion, welche beide eine Gutschrift auf Konto A vornehmen.

```
T1              T2
READ(A)
A := A+200
                READ(A)
                A := A+500
WRITE(A)
                WRITE(A)
```

Transaktion T1 nimmt also eine Gutschrift von CHF 200 vor und T2 eine Gutschrift von CHF 500. Nehmen wir an, zu Beginn der beiden Transaktionen betrage der Kontostand CHF 100. Nach Beendigung der beiden Transaktion sollte der Kontostand also CHF 800 betragen. Falls die beiden Transaktionen wie oben angegeben verschränkt ausgeführt werden, so beträgt der Kontostand jedoch nur CHF 600. Das Update von T1 geht durch die parallele Ausführung der beiden Transaktionen verloren.

Das Isolationsprinzip verlangt, dass solche Effekte nicht auftreten dürfen. Eine Möglichkeit dies zu erreichen besteht etwa darin, Transaktionen nur seriell (d. h. hintereinander, ohne Parallelität) ausführen zu lassen; allerdings werden dadurch grosse Nachteile bei der Performance in Kauf genommen. Andere Aspekte und Möglichkeiten im Zusammenhang mit Isolation werden wir später betrachten.

Durability Ist eine Transaktion erfolgreich abgeschlossen worden, so bleiben alle dadurch bewirkten Updates bestehen, selbst wenn nach erfolgreicher Ausführung der Transaktion ein Systemfehler auftritt. Um dies sicherzustellen, werden die durch eine Transaktion verursachten Änderungen vor Beendigung der Transaktion z. B. persistent in den Sekundärspeicher geschrieben.

Aus den obigen Überlegungen sehen wir, dass es verschiedene Zustände für Transaktionen gibt. Eine erfolgreich durchgeführte und abgeschlossene Transaktion heisst *committed*. Ihre Auswirkung auf die Daten kann nicht mehr aufgehoben werden.

Transaktionen, die nicht erfolgreich terminieren, bezeichnen wir als *abgebrochen* (aborted). Aufgrund der Atomicity-Eigenschaft dürfen solche Transaktionen keinen Einfluss auf den Zustand der Datenbank haben. Das bedeutet, dass alle Änderungen, die durch eine abgebrochene Transaktion hervorgerufen worden sind, aufgehoben werden. Man spricht dann vom *Rollback* der entsprechenden Transaktion.

Wir betrachten nun ein einfaches Transaktionsmodell mit den folgenden sechs Zuständen:

aktiv	Anfangszustand; während die Operationen der Transaktion ausgeführt werden, bleibt sie in diesem Zustand.
wartend	Zustand, in welchem die Transaktion warten muss, bis benötigte Ressourcen (durch andere Transaktionen) freigegeben werden.
abgeschlossen	Zustand nach Ausführung der letzten Operation der Transaktion. Aus diesem Zustand kann die Transaktion immer noch scheitern, da möglicherweise die Daten nicht persistent geschrieben werden können.
gescheitert	Zustand, nachdem festgestellt worden ist, dass eine weitere Ausführung der Transaktion nicht mehr möglich ist.
aufgegeben	Zustand nach dem Rollback der Transaktion und Wiederherstellung der DB wie vor Beginn der Transaktion.
persistent	Zustand nach erfolgreicher Durchführung der Transaktion.

Wir erhalten damit das Zustandsübergangsdiagramm in Abb. 8.1.

Wir wollen nun beschreiben, wie man in SQL mehrere Anweisungen zu einer Transaktion zusammenfassen kann. Dazu betrachten wir eine Tabelle `Konti` mit den Attributen `KId` (Konto-Id) und `Stand` (der aktuelle Kontostand).

In PostgreSQL wird standardmässig jede Anweisung als einzelne Transaktion ausgeführt. In diesem Fall wird die Transaktion automatisch abgeschlossen, sobald die Anweisung ausgeführt wurde. Man spricht in diesem Fall von `AUTO-COMMIT`. Dies

Abb. 8.1 Transaktionsmodell

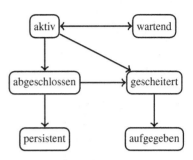

bedeutet, dass eine *Anweisung* als eine Transaktion ausgeführt wird. Diese Anweisung kann jedoch mehrere Änderungsoperationen durchführen. Wir betrachten folgende Anweisung, welche jedem Konto 2 % Zins gutschreibt:

```
UPDATE Konti
SET Stand = Stand * 1.02
```

Diese Anweisung wird sequentiell abgearbeitet. Die Tabelle Konti wird Tupel für Tupel durchgegangen und bei jedem Tupel wird der Zins gutgeschrieben. Tritt nun nach der Hälfte der Tupel ein Fehler auf, so hat das zur Folge, dass alle Änderungen rückgängig gemacht werden. In diesem Fall müsste dann die ganze Transaktion wiederholt werden. Erst nach dem erfolgreichen Update des letzten Tupels wird die Transaktion automatisch (wegen dem AUTO-COMMIT Modus) abgeschlossen und die geänderten Daten persistent gespeichert.

Um mit Transaktionen zu arbeiten, welche aus mehreren Anweisungen bestehen, bietet SQL folgende Anweisungen an:

1. Mit BEGIN wird eine neue Transaktion gestartet. Damit ist für die folgenden Anweisungen der AUTO-COMMIT Modus ausgeschaltet.
2. Den erfolgreichen Abschluss einer Transaktion geben wir mit der Anweisung COMMIT an.
3. Wir können eine Transaktion aufgeben mit der Anweisung ROLLBACK. Die Datenbank wird dann in den ursprünglichen Zustand (vor Beginn der Transaktion) zurückgesetzt.

Nach einem COMMIT oder ROLLBACK beginnt eine neue Transaktion. Ohne erneute Angabe des Schlüsselwortes BEGIN ist diese neue Transaktion wieder im AUTO-COMMIT Modus.

Beispiel 8.1. Für eine Überweisung von CHF 50 von Konto A auf Konto B verwenden wir also folgenden SQL Anweisungen:

```
BEGIN;
UPDATE Konti SET Stand = Stand - 50 WHERE KId = 'A';
UPDATE Konti SET Stand = Stand + 50 WHERE KId = 'B';
COMMIT;
```

Nur so werden die beiden Updates als eine Transaktion ausgeführt.

Beispiel 8.2. In Beispiel 6.2 haben wir gesehen, wie wir zwei Tabellen mit gegenseitigen Fremdschlüsseln erzeugen können. Sollen nun Tupel, bei denen `PaarId` nicht `Null` ist, in diese Tabellen eingefügt werden, so müssen die Einträge eines Paares in beide Tabellen sozusagen gleichzeitig (d. h. als eine Einheit) erfolgen. Dies können wir mit einer Transaktion durch folgende Anweisungen erreichen:

```
BEGIN;
SET CONSTRAINTS ALL DEFERRED;
INSERT INTO Autos VALUES (1,3);
INSERT INTO Personen VALUES (2,3);
COMMIT;
```

Die Anweisung

```
SET CONSTRAINTS ALL DEFERRED
```

sagt, dass alle Constraints, welche `DEFERRABLE` sind, erst am Ende der Transaktion überprüft werden sollen. Damit müssen die references Constraints erst am Ende der Transaktion erfüllt sein. Defaultmässig müssen alle Constraints nach jeder Anweisung gelten, d. h. auch innerhalb von Transaktionen. Falls ein anderes Verhalten gewünscht wird, so muss das wie in diesem Beispiel angegeben werden.

8.2 Phantome und Inkonsistenzen

Gemäss den ACID Postulaten soll jede Transaktion isoliert ablaufen. Wenn jedoch mehrere Transaktionen isoliert durchgeführt werden müssen, so können sie schlecht parallelisiert werden. Eine strenge Auslegung dieses Isolationsbegriffs hat also grosse Auswirkungen auf die Performance des Datenbanksystems. Aus diesem Grund definiert der SQL Standard vier verschiedene Isolationsgrade. Um diese zu beschreiben, betrachten wir zuerst drei Phänomene, welche im Mehrbenutzerbetrieb eines Datenbanksystems auftreten können.

Dirty Reads

Eine Abfrage innerhalb einer Transaktion liefert das Ergebnis einer anderen Transaktion, die noch nicht persistent ist. Dies kann zu zwei Problemen führen:

1. Das Ergebnis kann inkonsistent sein.
2. Die schreibende Transaktion könnte abgebrochen werden. Dann würde das Ergebnis nicht mehr existieren (bzw. hätte gar nie existiert).

Folgende verzahnte Ausführung zweier Transaktionen zeigt das Problem. Wir verwenden wiederum die abstrakten READ(X) und WRITE(X) Operationen:

```
T1          T2
            READ(A)
            ...
            WRITE(A)
READ(A)
...
            ROLLBACK
```

Non-repeatable Reads

Innerhalb einer Transaktion wird eine Abfrage wiederholt und ergibt beim zweiten Mal ein anderes Resultat. Das erste Resultat ist also nicht wiederholbar. Dies kann auftreten, wenn zwischen den beiden identischen Abfragen eine zweite Transaktion Änderungen am Datenbestand durchführt und persistent schreibt. Im folgenden Ausführungsplan werden die beiden READ(A) Anweisungen in T1 verschiedene Resultate liefern, obwohl sie nur Daten lesen, welche mit COMMIT persistent geschrieben wurden.

```
T1          T2
READ(A)
            WRITE(A)
            WRITE(B)
            COMMIT
READ(B)
READ(A)
...
```

Phantom Reads

Phantome treten auf, wenn innerhalb einer Transaktion eine Abfrage mit einer identischen Selektionsbedingung wiederholt wird und bei der zweiten Abfrage eine andere Menge von

Tupeln selektiert wird. Dies kann beispielsweise vorkommen, wenn zwischen den beiden Abfragen eine zweite Transaktion neue Tupel, welche die Selektionsbedingung erfüllen, eingefügt und committed hat. Die Datensätze, die in der zweiten Abfrage neu (aus dem Nichts) dazukommen, heissen *Phantome*.

Wir betrachten folgenden Ausführungsplan, in welchem die Transaktion T1 die Anzahl der Konti und den durchschnittlichen Kontostand berechnet.

```
T1                          T2
SELECT COUNT(*)
FROM Konti;
                            INSERT INTO Konti VALUES ('C', 10);
                            COMMIT;
SELECT AVG(Stand)
FROM Konti;
```

Die beiden Berechnungen in der Transaktion T1 beruhen auf zwei verschiedenen Zuständen der Tabelle Konti. Wenn wir also die Summe aller Kontostände berechnen als das Produkt der Anzahl Konti mit dem durchschnittlichen Kontostand, so erhalten wir eine Zahl, welche zu keinem Zeitpunkt der tatsächlichen Summe der Kontostände entsprochen hat.

Der Isolationsgrad einer Transaktion gibt an, welche von diesen drei Phänomenen das Datenbanksystem zulassen und welche es verhindern soll. Tab. 8.1 spezifiziert die SQL-Isolationsgrade. Dabei bedeutet *Ja*, dass das Phänomen möglich ist; *Nein* heisst, dass es verhindert wird.

In PostgreSQL kann der Isolationsgrad mit folgender Anweisung gesetzt werden:

SET TRANSACTION ISOLATION LEVEL *< Isolationsgrad >*

Der Isolationsgrad muss dabei zwischen der BEGIN Anweisung und der ersten Anweisung der Transaktion gesetzt werden. Für die Transaktion T1 im obigen Beispiel verwenden wir also:

```
BEGIN;
SET TRANSACTION ISOLATION LEVEL SERIALIZABLE;
SELECT COUNT(*) FROM Konti;
SELECT AVG(Stand) FROM Konti;
COMMIT;
```

PostgreSQL unterstützt den Isolationsgrad READ UNCOMMITTED nicht. Falls dieser Grad gesetzt wird, so wird intern READ COMMITTED verwendet. Nach dem SQL Standard ist dies zulässig, da die Isolationsgrade nur Minimalgarantien dafür sind, welche Phänomene nicht auftreten dürfen.

Tab. 8.1 SQL Isolationsgrade

Isolationsgrad	Dirty R.	Non-repeatable R.	Phantome
READ UNCOMMITTED	Ja	Ja	Ja
READ COMMITTED	Nein	Ja	Ja
REPEATABLE READ	Nein	Nein	Ja
SERIALIZABLE	Nein	Nein	Nein

Anmerkung 8.3. Der SQL Standard definiert SERIALIZABLE als Default Wert für den Isolationsgrad. In PostgreSQL wird jedoch üblicherweise READ COMMITTED als Default verwendet.

8.3 Multiversion Concurrency Control Architektur

Die Grundidee hinter einer Multiversion Concurrency Control (MVCC) Architektur ist es, dass jeder Benutzer der Datenbank einen eigenen *Snapshot* der Datenbank zu einem bestimmten Zeitpunkt sieht. Dazu werden intern mehrere Versionen eines Objektes (z. B. eines Tupels) gehalten, welche durch fortlaufend erhöhte Transaktionsnummern voneinander unterschieden werden. Die MVCC Architektur stellt sicher, dass

1. ein Lesezugriff niemals einen parallelen Schreibzugriff blockiert und
2. umgekehrt ein Lesezugriff niemals auf einen parallelen Schreibzugriff warten muss.

Um MVCC zu implementieren, fügt PostgreSQL zu jeder Tabelle zwei interne Attribute Xmin und Xmax hinzu. Für jedes Tupel enthält Xmin die Transaktionsnummer derjenigen Transaktion, welche diese Version des Tupels erzeugt hat. Das Attribut Xmax enthält die Nummer derjenigen Transaktion, welche diese Version des Tupels als ungültig markiert hat (wegen einer Update oder Delete Operation). Xmax enthält den Wert 0, falls diese Version des Tupels noch gültig ist.

Wenn ein Tupel durch eine Update Operation mit der Transaktionsnummer Xid geändert wird, so werden nicht die alten Daten durch die neuen überschrieben, sondern in der aktuellen Version des Tupels wird Xmax auf Xid gesetzt und es wird eine neue Version des Tupels (mit dem Resultat der Update Operation) erzeugt. In dieser neuen Version hat Xmin den Wert Xid und Xmax ist 0.

Eine Transaktion mit Transaktionsnummer Xid sieht also ein Tupel t, falls gilt:

$$t[Xmin] \leq Xid \quad \text{und}$$
$$\big(t[Xmax] = 0 \quad \text{oder} \quad t[Xmax] > Xid\big). \tag{8.1}$$

Das heisst, das Tupel t wurde vor (oder in) der Transaktion Xid erzeugt und es wurde aus Sicht der Transaktion Xid noch nicht gelöscht.

Die Attribute `Xmin` und `Xmax` dienen zwar internen Zwecken von PostgreSQL, man kann sich diese Werte aber dennoch anzeigen lassen (allerdings nur für sichtbare Tupel gemäss (8.1)). Die entsprechende Anweisung lautet:

```
SELECT *, Xmin, Xmax
FROM Konti
```

Auch die aktuelle Transaktionsnummer kann man sich mit einem `SELECT` Statement anzeigen lassen:

```
SELECT txid_current()
```

Wir betrachten nun unsere `Konti` Tabelle und nehmen an, das folgende Statement werde mit der Transaktionsnummer 1 ausgeführt:

```
INSERT INTO Konti VALUES ('A', 1000)
```

Wir erhalten:

Konti

KId	Stand	Xmin	Xmax
A	1000	1	0

Eine Delete Operation entfernt nicht Tupel aus einer Tabelle, sondern setzt nur die entsprechenden `Xmax` Werte. Mit der Anweisung

```
DELETE FROM Konti WHERE KId='A'
```

erhalten wir (die Transaktionsnummer der `DELETE` Anweisung war 2)

Konti

KId	Stand	Xmin	Xmax
A	1000	1	2

Wir können eine Update Operation auffassen als eine Kombination einer Delete und einer Insert Operation. Wir betrachten folgende `Konti` Tabelle:

Konti

KId	Stand	Xmin	Xmax
A	2000	3	0

Wir führen nun folgende Update Operation mit der Transaktionsnummer 4 aus:

```
UPDATE Konti SET Stand=3000 WHERE KId='A'
```

Damit erhalten wir:

Konti

KId	Stand	Xmin	Xmax
A	2000	3	4
A	3000	4	0

Wir betrachten nun den Fall, dass eine Transaktion mit Nummer Xid eine Delete Operation ausführt und danach abgebrochen wird. Wie wir gesehen haben, setzt die Delete Operation die Xmax Werte der zu löschenden Tupel auf Xid. Das Rollback wird nun nicht diese Werte auf 0 zurücksetzen, sondern merkt sich nur, dass die Transaktion Xid abgebrochen wurde. Dazu führt PostgreSQL eine interne Datenstruktur pg_clog (*clog* steht für *commit log*), welche den Status jeder Transaktion enthält. Dabei sind folgende Stati möglich: 0 (in Bearbeitung), 1 (abgebrochen) und 2 (committed).

Nach dem obigen Update Statement hat pg_clog folgenden Inhalt:

pg_clog

XId	Status
3	2
4	2

Wir betrachten nun folgende Transaktion mit Xid 5:

```
BEGIN;
DELETE FROM Konti WHERE KId='A';
ROLLBACK;
```

Damit erhalten wir:

Konti

KId	Stand	Xmin	Xmax
A	2000	3	4
A	3000	4	5

und

pg_clog

XId	Status
3	2
4	2
5	1

```
(Xmin == my-transaction &&        eingefügt in T
  (Xmax is null ||                t wurde nicht gelöscht oder
    Xmax != my-transaction))       t wurde (nach T) gelöscht
  ||                               oder
(Xmin is committed &&             Einfügen von t ist committed
  (Xmax is null ||                t wurde nicht gelöscht oder
    (Xmax != my-transaction &&    t wurde gelöscht von T' aber
      Xmax is not committed)))    T' ist nicht committed
```

Abb. 8.2 Sichtbarkeitsbedingung in PostgreSQL

Die Formulierung der Sichtbarkeitsbedingung in (8.1) ist also noch zu simpel, da sie den Transaktionsstatus nicht berücksichtigt. Abb. 8.2 zeigt den Kommentar aus dem PostgreSQL Source Code,[1] welcher die Implementierung der Sichtbarkeitsbedingung beschreibt. Wir bezeichnen mit T die aktuelle Transaktion und mit t das Tupel, dessen Sichtbarkeit wir feststellen wollen. Achtung: Eigentlich sollte es im Kommentar Xmax == 0 anstelle von Xmax is null heissen. Wie oben beschrieben, verwendet Postgre SQL den Xmax Wert 0, um anzuzeigen, dass ein Tupel noch gültig ist.

Der MVCC Ansatz führt dazu, dass PostgreSQL sehr viele Datensätze speichert, welche eigentlich obsolet sind, bspw. weil diese als gelöscht markiert wurden. Um diese Datensätze physikalisch zu löschen gibt es in PostgreSQL den Befehl VACUUM, welcher periodisch ausgeführt werden muss.

Der VACUUM Befehl kümmert sich auch um das korrekte Handling der Transaktionsnummern. Diese werden nämlich als 32 bit Zahl gespeichert, d. h. es gibt etwa 4 Milliarden verschiedene Transaktionsnummern. Wenn es nun ganz alte Tupel gibt, so können sich die Transaktionsnummern wiederholen. Dies kann den Effekt haben, dass Tupel, welche sehr alt sind, plötzlich aus der Zukunft zu kommen scheinen. VACUUM markiert diese alten Tupel, so dass sie beim Sichtbarkeitscheck richtig behandelt werden.

8.4 Implementierung der Isolationsgrade

In diesem Abschnitt werden wir zeigen, wie die verschiedenen Isolationsgrade mit Hilfe der MVCC Architektur in PostgreSQL realisiert werden. Der wichtigste Begriff dabei ist der eines Snapshots. Dabei wird mit Hilfe der Sichtbarkeitsbedingung (Abb. 8.2) ein Snapshot der Datenbankinstanz zu einem bestimmten Zeitpunkt erstellt. Auf Basis dieses Snapshots (und nicht mit den aktuellen Daten der Instanz) werden dann SQL Anweisungen (INSERT, SELECT, UPDATE und DELETE) bearbeitet. Je nach Isolationsgrad werden die Snapshots zu unterschiedlichen Zeiten erstellt und unterschiedlich lange verwendet.

---

[1] aus src/backend/utils/time/tqual.c.

Read Committed

Dieser Isolationslevel verlangt, dass keine Dirty Reads auftreten, d. h. es werden keine Daten gelesen, die noch nicht committed sind. PostgreSQL implementiert diesen Level dadurch, dass vor jeder SQL Anweisung ein aktueller Snapshot erzeugt wird und die Anweisung dann mit den Daten dieses Snapshots ausgeführt wird. Die Sichtbarkeitsbedingung garantiert, dass jeder Snapshot nur Daten enthält, welche bereits committed wurden. Damit ist sichergestellt, dass es keine Dirty Reads geben kann.

Die MVCC Architektur stellt sicher, dass Lese- und Schreibzugriffe sich nicht gegenseitig blockieren können. Konflikte zwischen parallelen Schreibzugriffen lassen sich aber prinzipiell nicht vermeiden. Folgendes Beispiel zeigt das Problem.

```
T2                        T3
BEGIN;
                          BEGIN;

UPDATE Konti
SET Stand = Stand*2;
                          UPDATE Konti
                          SET Stand = Stand*3;
COMMIT;
                          COMMIT;
```

Wir nehmen an, dass vor Beginn der beiden Transaktionen das Konto A den Stand 1000 hat. Nach der UPDATE Anweisung der Transaktion 2 haben wir folgende Situation. Zur Erinnerung, wir haben folgende Transaktionsstati: 0 (in Bearbeitung), 1 (abgebrochen) und 2 (committed).

Konti

KId	Stand	Xmin	Xmax
A	1000	1	2
A	2000	2	0

pg_clog

XId	Status
1	2
2	0

Gemäss der Sichtbarkeitsbedingung (Abb. 8.2) sieht also Transaktion 3 für Konto A den Stand 1000. Dies ist richtig, weil ja keine Dirty Reads auftreten sollen. Es bedeutet aber auch, dass die Update Operation (noch) nicht ausgeführt werden darf. Es würde nämlich ein neuer Stand 3000 gesetzt, was nicht korrekt ist, falls die erste Transaktion erfolgreich abschliesst.

In dieser Situation muss mit der Ausführung der UPDATE Operation der Transaktion 3 gewartet werden, bis die erste Transaktion abgeschlossen ist (entweder mit COMMIT oder ROLLBACK). Dann erst wird die Abarbeitung der zweiten Transaktion fortgesetzt. Natürlich muss dann für die UPDATE Anweisung ein aktueller Snapshot erstellt werden, welcher die Tupel, die neu committed wurden, enthält.

Betrachten wir ein Tupel mit einem Xmax Wert von einer Transaktion die *in Bearbeitung* ist. Wir können diesen Xmax Wert somit als Schreibsperre auf dem Tupel auffassen. In der Tat werden damit alle Transaktionen, welche dieses Tupel ändern wollen, angehalten, bis die Schreibsperre aufgehoben ist. Das heisst, bis die sperrende Transaktion abgeschlossen wurde.

Mit diesem Mechanismus werden alle Tupel, welche in einer Transaktion durch UPDATE oder DELETE Operationen modifiziert werden, implizit für parallele Änderungsoperationen gesperrt.

Repeatable Read

In diesem Isolationslevel wird zu Beginn der Transaktion ein Snapshot erstellt. Mit diesem Snapshot wird dann die ganze Transaktion abgearbeitet. Es wird also nicht für jede Operation ein neuer, aktueller Snapshot erzeugt, sondern alle Operationen der Transaktion gehen vom ursprünglichen Snapshot aus. Es sei T eine Transaktion mit Isolationslevel REPEATABLE READ. Dann bleiben alle Änderungen, welche parallel zur laufenden Transaktion T committed werden, unsichtbar innerhalb von T.

Da immer vom ursprünglichen Snapshot ausgegangen wird (und damit parallele Änderungen unsichtbar sind), ist garantiert, dass Non-repeatable Reads nicht auftreten können. Zwei identische Leseanweisungen werden also dasselbe Resultat liefern. Mit dem Ansatz, alle Anweisungen auf demselben Snapshot auszuführen, wird auch verhindert, dass Phantome auftreten können.

Wie wir oben gesehen haben, können parallele UPDATE Operationen im Isolationslevel READ COMMITTED dazu führen, dass eine Transaktion warten muss, bis die andere abgeschlossen ist. Wenn wir REPEATABLE READ verlangen, dann ist dies nicht unbedingt ausreichend. Wir betrachten folgende Situation:

```
T1                              T2
BEGIN;

                                BEGIN;
                                SET TRANSACTION ISOLATION LEVEL
                                    REPEATABLE READ;

UPDATE Konti
SET Stand = Stand*2;

                                UPDATE Konti
                                SET Stand = Stand*3;

COMMIT;

                                COMMIT;
```

Wenn die zweite Transaktion das UPDATE ausführen will, dann stellt sie fest, dass eine Schreibsperre besteht. Sie wird dann warten, bis T1 abgeschlossen ist. Nun müssen wir unterscheiden, ob T1 erfolgreich war oder nicht.

1. Erfolgreiches Commit von T1. Wegen des Isolationsgrads von T2 wird der Effekt der ersten Transaktion nie in T2 sichtbar sein (trotz des erfolgreichen COMMITs von T1). Deshalb kann T2 ihr UPDATE nie ausführen und wird automatisch zurückgesetzt (mit einem Rollback). PostgreSQL erzeugt in diesem Fall die Fehlermeldung:

   ERROR: could not serialize access due to concurrent update.

2. Rollback von T1. Durch das Rollback wird die Schreibsperre aufgehoben. Ausserdem enthält der Snapshot, der zu Beginn von T2 erstellt wurde, die aktuellen Daten, da das UPDATE von T1 rückgängig gemacht wurde. Somit kann T2 mit der Abarbeitung der UPDATE Anweisung fortfahren und muss nicht zurückgesetzt werden.

Im ersten Fall, wenn ein automatisches Rollback von T2 durchgeführt wird, so heisst das nur, dass T2 nicht parallel mit T1 ausgeführt werden konnte. Jetzt, wo T1 abgeschlossen ist, kann T2 nochmals neu gestartet werden. Dies geschieht jedoch nicht automatisch, sondern muss vom Benutzer initiiert werden. Für diese neue Transaktion wird auch ein neuer Snapshot erstellt, welcher jetzt die Änderungen von T1 enthält. Damit kann diese neue Transaktion die UPDATE Operation wie gewünscht ausführen.

Wir sehen, dass PostgreSQL eine *optimistische* Strategie bezüglich parallelen Transaktionen verfolgt. Wenn zwei Transaktionen nebeneinander initiiert werden, so wird mit der Abarbeitung von beiden begonnen und nur wenn es zu unlösbaren Konflikten kommt, wird eine Transaktion zurückgesetzt.

Eine *pessimistische* Strategie, welche von anderen Datenbanksystemen implementiert wird, ist es, zu Beginn einer Transaktion alle Objekte, welche in der Transaktion benötigt werden, zu sperren. Nur wenn alle Sperren erhältlich waren, wird mit der Abarbeitung der Transaktion begonnen. Es ist dann garantiert, dass die Transaktion ganz durchgeführt werden kann. Dafür muss sie am Anfang so lange warten, bis alle Sperren verfügbar sind.

Der optimistische Ansatz (mit Snapshots) bietet häufig eine deutlich bessere Performance als der pessimistische Ansatz, der vollständig auf Sperrmechanismen beruht. Falls nämlich nicht mit Snapshots gearbeitet wird, sondern mit Lese- und Schreibsperren, so können Schreiboperationen parallele Leseanweisungen blockieren, was in PostgreSQL nicht möglich ist.

Serializable

Wie wir oben gesehen haben, können mit dem Isolationsgrad REPEATABLE READ in PostgreSQL Phantome ausgeschlossen werden. Somit erfüllt dieser Level auch die Bedingung an SERIALIZABLE des SQL Standards. Tatsächlich wurde die oben beschriebene Methode in älteren PostgreSQL Versionen zur Implementierung von SERIALIZABLE benutzt. Seit Version 9.1 gibt es jedoch eine neue Implementierung für den Isolationsgrad SERIALIZABLE, welcher *echte Serialisierbarkeit* garantiert. Folgendes Beispiel illustriert das Problem der echten Serialisierbarkeit.

Beispiel 8.4. Wir gehen aus von einer Tabelle Aerzte. Der Primärschlüssel dieser Tabelle ist das Attribut Name. Daneben gibt es ein weiteres Attribut HatDienst, das speichert, ob der entsprechende Arzt zur Zeit Dienst hat oder nicht. Wir nehmen an, dass der Anfangszustand der Tabelle Aerzte nur zwei Ärzte Eva und Tom enthält, welche Dienst haben. Wir betrachten nun zwei Transaktionen, die im Isolationsgrad REPEATABLE READ wie angegeben parallel ablaufen.

```
T1                                    T2
BEGIN;
                                      BEGIN;

x:= SELECT COUNT(*)
    FROM Aerzte
    WHERE HatDienst=TRUE;

                                      x:= SELECT COUNT(*)
                                          FROM Aerzte
                                          WHERE HatDienst=TRUE;

IF x>1 THEN
   UPDATE Aerzte
   SET HatDienst=FALSE
   WHERE Name='Eva';

                                      IF x>1 THEN
                                         UPDATE Aerzte
                                         SET HatDienst=FALSE
                                         WHERE Name='Tom';

COMMIT;

                                      COMMIT;
```

Nachdem beide Transaktionen ihr COMMIT aufgeführt haben, enthält die Tabelle Aerzte keinen Arzt mehr, der Dienst hat. Dies obwohl jede Transaktion für sich genommen garantiert, dass noch mindestens ein diensthabender Arzt übrigbleibt.

Wir hatten gesehen, dass REPEATABLE READ in PostgreSQL bereits garantiert, dass weder Dirty Reads, Non-repeatable Reads noch Phantome auftreten können. Das obige Beispiel zeigt, dass es dennoch möglich ist, dass bei paralleler Ausführung zweier Transaktionen Inkonsistenzen auftreten können. Der Grund ist, dass die Snapshots im

Transaktionslevel REPEATABLE READ keine vollständige Isolierung der Transaktionen garantieren.

Gegeben sei eine parallele Ausführung von Transaktionen $T_1, \ldots, T_n$. Diese parallele Ausführung heisst *echt serialisierbar*, falls es eine Reihenfolge $T_{i_1}, \ldots, T_{i_n}$ dieser Transaktionen gibt, so dass das Resultat der gegebenen parallelen Ausführung gleich ist wie das Resultat der sequentiellen Ausführung $T_{i_1}, \ldots, T_{i_n}$ dieser Transaktionen. Sequentiell heisst, dass sich die Transaktionen zeitlich nicht überlappen (keine Parallelität).

Echte Serialisierbarkeit bedeutet also, dass die Transaktionen sich in keiner Art und Weise beeinflussen und somit vollständig isoliert sind. Betrachten wir Transaktionen $T_1, \ldots, T_n$ und nehmen an, dass jede einzelne Transaktion T_i ($1 \leq i \leq n$) korrekt ist (eine Integritätsbedingung erfüllt). Damit ist auch jede serielle Ausführung dieser Transaktionen korrekt (erfüllt die Integritätsbedingung). Wenn also eine parallele Ausführung von $T_1, \ldots, T_n$ serialisierbar ist, so ist auch diese parallele Ausführung korrekt (erfüllt die Integritätsbedingung).

Um im Isolationsgrad SERIALIZABLE echte Serialisierbarkeit zu gewährleisten, verwendet PostgreSQL Snapshots, so wie sie bei REPEATABLE READ verwendet werden. Zusätzlich wird noch Buch geführt über gewisse Abhängigkeiten zwischen den Transaktionen. Im Allgemeinen gibt es drei Möglichkeiten, wie eine Transaktion T2 von einer anderen Transaktion T1 abhängig sein kann:

wr-Abhängigkeit	T1 schreibt einen Wert, welcher später von T2 gelesen wird.
ww-Abhängigkeit	T1 schreibt eine Version eines Tupels, welche von T2 durch eine neue Version ersetzt wird.
rw-Gegenabhängigkeit	T1 liest eine Version eines Tupels, welche später von T2 durch eine neue Version ersetzt wird.

In allen drei Fällen muss T2 nach T1 ausgeführt werden.

Mit Hilfe dieser Abhängigkeiten kann man nun den sogenannten *Serialisierbarkeitsgraphen* definieren. Dies ist ein gerichteter Graph, der wie folgt aufgebaut ist.

1. Jede Transaktion entspricht einem Knoten des Graphen.
2. Wenn T2 von T1 abhängig ist, so gibt es eine Kante von T1 zu T2.

Für den Ablauf aus Beispiel 8.4 erhalten wir also den Graphen aus Abb. 8.3.

Es gibt einen wichtigen Zusammenhang zwischen dem so definierten Graphen und dem Konzept der Serialisierbarkeit, welcher in folgendem Theorem ausformuliert ist.

Theorem 8.5. *Eine parallele Ausführung von Transaktionen ist serialisierbar, genau dann wenn der entsprechende Serialisierbarkeitsgraph azyklisch ist.*

Für die Implementierung echter Serialisierbarkeit in PostgreSQL ist zusätzlich noch folgendes Theorem relevant.

Abb. 8.3 Serialisierbarkeitsgraph zu Beispiel 8.4

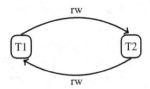

Theorem 8.6. *Jeder Zyklus in einem Serialisierbarkeitsgraphen enthält eine Sequenz* $T1 \xrightarrow{rw} T2 \xrightarrow{rw} T3$.

Beachte, dass in diesem Theorem T1 und T3 dieselbe Transaktion bezeichnen können, vergleiche Abb. 8.3. Wenn wir diese beiden Theoreme kombinieren, so erhalten wir folgendes Resultat.

Korollar 8.7. *Gegeben sei eine parallele Ausführung von Transaktionen. Diese ist serialisierbar, falls gilt:*

$$\text{der Serialisierbarkeitsgraph enthält keine Sequenz}$$
$$\text{der Form } T1 \xrightarrow{rw} T2 \xrightarrow{rw} T3. \tag{8.2}$$

Dabei ist (8.2) hinreichend aber nicht notwendig für die Serialisierbarkeit.

PostgreSQL macht sich dieses Korollar zunutze, um echte Serialisierbarkeit zu implementieren. Im Isolationslevel `SERIALIZABLE` wird Buch geführt über die Abhängigkeiten zwischen den Transaktionen. Falls zwei aneinanderliegende rw-Abhängigkeiten auftreten, so wird eine der beteiligten Transaktionen abgebrochen. Damit ist (8.2) immer erfüllt und mit Korollar 8.7 ist garantiert, dass der parallele Ablauf der Transaktionen serialisierbar ist.

Da (8.2) nur hinreichend aber nicht notwendig für die Serialisierbarkeit ist, kann es sein, dass unnötige Rollbacks ausgeführt werden. Der Vorteil dieses Verfahrens ist aber, dass es deutlich effizienter ist, als den ganzen Serialisierbarkeitsgraphen aufzubauen und auf Zyklen zu testen. Insbesondere müssen wr- und ww-Abhängigkeiten nicht beachtet werden.

Dies ergibt folgendes Verhalten. Wir nehmen an, wir haben die Ausgangssituation aus Beispiel 8.4 und betrachten den folgenden Ablauf:

```
T1                                T2
BEGIN;

                                  BEGIN;

SET TRANSACTION ISOLATION
LEVEL SERIALIZABLE;

                                  SET TRANSACTION ISOLATION
                                  LEVEL SERIALIZABLE;
```

```
SELECT COUNT(*)
FROM Aerzte
WHERE HatDienst=TRUE;
                              SELECT COUNT(*)
                              FROM Aerzte
                              WHERE HatDienst=TRUE;


UPDATE Aerzte
SET HatDienst=FALSE
WHERE Name='Eva';

                              UPDATE Aerzte
                              SET HatDienst=FALSE
                              WHERE Name='Tom';

COMMIT;

                              COMMIT;
```

Wenn die zweite Transaktion ihre COMMIT Anweisung ausführen will, so erhalten wir folgende Fehlermeldung

> ERROR: could not serialize access due to read/write dependencies among transactions.

und die Transaktion T2 wird automatisch zurückgesetzt. Genau wie im Isolationslevel REPEATABLE READ müssen wir auch hier damit rechnen, dass eine Transaktion ihr COMMIT nicht ausführen kann und ein automatisches Rollback durchgeführt wird. Diese Möglichkeit muss bei der Anwendungsprogrammierung berücksichtigt und angemessen behandelt werden.

Weiterführende Literatur[2]

1. ANSI: Database language SQL (2011). Dokument X3.135-2011
2. Hartwig, J.: PostgreSQL professionell und praxisnah. Addison-Wesley, München/Boston (2001)
3. Ports, D.R.K., Grittner, K.: Serializable snapshot isolation in postgresql. Proc. VLDB Endow. **5**(12), 1850–1861 (2012). https://doi.org/10.14778/2367502.2367523
4. The PostgreSQL Global Development Group: Postgresql documentation, concurrency control (2018). https://www.postgresql.org/docs/current/static/mvcc.html. Zugegriffen am 11.06.2019

---

[2]Im SQL Standard [1] werden vier verschiedene Isolationsgrade definiert. Die PostgreSQL Dokumentation [4] beschreibt, wie diese Isolationsgrade in PostgreSQL mittels der Multiversion Concurrency Control Architektur realisiert werden. Serializable Snapshot Isolation ist ein relativ neues Feature von PostgreSQL. Die Funktionsweise und Implementierung dieses Isolationsgrades wird detailliert ausgeführt in [3]. Weitere Beispiele zur parallelen Transaktionsverarbeitung unter verschiedenen Isolationsgraden finden sich in [2].

Normalformen 9

In einem schlecht gewählten Datenbankschema können Einfüge, Änderungs- und Lösch-operationen zu gewissen Anomalien führen. Es kann beispielsweise sein, dass für eine Änderung mehrere Änderungsoperationen ausgeführt werden müssen oder dass gewisse Daten gar nicht im gegebenen Schema abgespeichert werden können.

Einfach gesagt treten diese Anomalien immer dann auf, wenn ein Schema mehrere Konzepte modelliert. Um dies formal zu präzisieren, führen wir den Begriff der funktionalen Abhängigkeit ein. Dies hilft uns, Relationenschemata so zu zerlegen, dass ein Schema nur noch ein Konzept modelliert und damit Anomalien vermieden werden. Wir sagen dann, das Schema ist in Normalform. In diesem Kapitel studieren wir insbesondere die dritte Normalform (3NF) und die Boyce–Codd Normalform (BCNF). Dabei interessiert uns, ob eine Zerlegung in eine Normalform verlustfrei und abhängigkeitserhaltend ist. Auch geben wir den Zusammenhang zwischen 3NF und transitiven Abhängigkeiten an.

9.1 Anomalien

Wir beginnen mit einem Beispiel zu einer Bibliotheksdatenbank.

Beispiel 9.1. Unsere Datenbank zur Bibliotheksverwaltung besitzt zwei Schemata: $\mathscr{B}$ modelliert den Buchbestand der Bibliothek, $\mathscr{A}$ modelliert die Ausleihen:

$$\mathscr{B} := (\underline{\texttt{BId}}, \texttt{ISBN}, \texttt{Titel}, \texttt{Autor})$$

$$\mathscr{A} := (\underline{\texttt{BId}}, \texttt{Name}, \texttt{Adresse}, \texttt{Datum})$$

Das Attribut $\texttt{BId}$ ist eine eindeutige Id für die Bücher, welche zum Bestand der Bibliothek gehören. Für jedes dieser Bücher wird die ISBN, der Titel und der Autor abgespeichert.

© Springer-Verlag GmbH Deutschland, ein Teil von Springer Nature 2019
T. Studer, *Relationale Datenbanken*,
https://doi.org/10.1007/978-3-662-58976-2_9

Bei einer Ausleihe wird die Id des ausgeliehenen Buches, der Name und die Adresse des Benutzers, welcher das Buch ausleiht, sowie das Ausleihdatum abgespeichert. Wir nehmen hier an, dass ein Benutzer eindeutig durch seinen Namen identifiziert ist. Ausserdem sei BId im Schema $\mathscr{A}$ ein Fremdschlüssel auf das Schema $\mathscr{B}$. Damit können nur Bücher ausgeliehen werden, welche zum Bestand der Bibliothek gehören.

Dieses Schema hat den Vorteil, dass für jede Ausleihe unmittelbar auf die entsprechenden Benutzerdaten zugegriffen werden kann. Dem stehen jedoch auch einige Nachteile gegenüber.

Änderungsanomalie (Update-Anomalie)   Nehmen wir an, eine Benutzeradresse soll geändert werden. Falls dieser Benutzer mehrere Bücher ausgeliehen hat, so gibt es mehrere Einträge mit diesem Benutzer in der $\mathscr{A}$-Relation. In jedem dieser Einträge muss nun die Adresse aktualisiert werden. Das heisst, obwohl nur die Adresse *eines* Benutzers ändert, müssen *mehrere* Tupel aktualisiert werden. Der Grund dafür ist natürlich die Redundanz, das mehrfache Vorhandensein, der Daten eines Bibliotheksbenutzers. Dem Vorteil der einfachen Datenbankabfrage steht also der Nachteil komplexer Änderungsoperationen gegenüber.

Einfügeanomalie (Insertion-Anomalie)   Ein neuer Benutzer kann nur erfasst werden, falls er auch zugleich ein Buch ausleiht. Wenn sich jemand neu anmeldet ohne ein Buch auszuleihen, dann können seine Daten (Name und Adresse) nicht in der Datenbank eingetragen werden.

Löschanomalie (Deletion-Anomalie)   Wenn ein Benutzer alle ausgeliehenen Bücher zurückbringt, dann werden alle Daten über diesen Benutzer in der $\mathscr{A}$-Relation gelöscht. Es sind damit keine Informationen mehr über ihn gespeichert. Somit müssen bei einer neuen Ausleihe alle Benutzerdaten wieder neu erfasst werden.

Der Grund für diese Anomalien ist, dass durch *ein* Schema *mehrere* Konzepte modelliert werden. Tatsächlich werden im Schema $\mathscr{A}$ sowohl Informationen über die Ausleihen als auch über die Benutzer abgespeichert. Auch das Schema $\mathscr{B}$ enthält Informationen über zwei Konzepte: nämlich den aktuellen Buchbestand und die Buchausgaben.

Um Anomalien zu vermeiden, brauchen wir also eine formale Beschreibung dieser Sachverhalte. Dazu ist es nützlich zu studieren, welche Attribute von welchen anderen Attributen abhängig sind. Beispielsweise sehen wir, dass im Schema $\mathscr{B}$ der Wert des Attributes Adresse vom Wert des Attributes Name abhängig ist.

Im nächsten Abschnitt werden wir solche Abhängigkeiten präzise einführen und studieren. Dies dient später dazu, Normalformen für Schemata zu definieren. Man kann auf diese Weise zeigen, dass gewisse Anomalien nicht auftreten können, falls ein Schema in Normalform ist.

9.2 Funktionale Abhängigkeiten

Definition 9.2. Es seien $A_1, \ldots, A_n$ Attribute. Eine *funktionale Abhängigkeit* (functional dependency) auf einer Attributmenge $\{A_1, \ldots, A_n\}$ ist gegeben durch

$$X \to Y,$$

wobei $X, Y \subseteq \{A_1, \ldots, A_n\}$. Wir verwenden die Sprechweise *eine funktionale Abhängigkeit auf einem Schema* als Abkürzung für eine funktionale Abhängigkeit auf der Menge der Attribute des Schemas.

Eine funktionale Abhängigkeit $X \to Y$ heisst *trivial*, falls $Y \subseteq X$ gilt.

Um die Bedeutung von funktionalen Abhängigkeit formal einzuführen, benötigen wir folgende Notation. Sei R eine Relation über den Attributen $A_1, \ldots, A_n$. Ferner sei $X \subseteq \{A_1, \ldots, A_n\}$. Für $s, t \in R$ schreiben wir

$$s[X] = t[X],$$

falls

$$s[A_i] = t[A_i] \text{ für alle } A_i \in X$$

gilt.[1]

Definition 9.3 (Erfüllung funktionaler Abhängigkeiten). Gegeben sei eine Relation R eines Schemas $\mathscr{S}$. Ferner sei $X \to Y$ eine funktionale Abhängigkeit auf $\mathscr{S}$. Die Relation R *erfüllt* $X \to Y$, falls für alle Tupel $s, t \in R$ gilt

$$s[X] = t[X] \quad \Longrightarrow \quad s[Y] = t[Y]. \tag{9.1}$$

Eine funktionale Abhängigkeit $X \to Y$ drückt aus, dass wenn zwei Tupel s und t auf allen Attributen aus X übereinstimmen, so müssen s und t auch auf allen Attributen aus Y übereinstimmen. Oder anders ausgedrückt, wenn die Werte auf den X-Attributen gegeben sind, dann sind die Werte auf den Y-Attributen eindeutig bestimmt.

Anmerkung 9.4. Wir wollen nun kurz auf das Problem von Null Werten im Zusammenhang mit funktionalen Abhängigkeiten eingehen. Im Beispiel 2.4 haben wir gesehen,

---

[1]Der Unterschied zur Notation in (2.2) besteht darin, dass X hier eine Menge ist und nicht eine Sequenz. Damit können wir $s[X]$ hier nicht als eigenständiges Tupel verwenden.

dass (9.1) nicht erfüllt werden kann, falls die vorkommenden Tupel `Null` Werte in den Attributen aus Y enthalten.

Wir könnten dieses Problem lösen, indem wir anstelle von (9.1) die Bedingung

$$s[X] = t[X] \quad \Longrightarrow \quad s[Y] \simeq t[Y] \tag{9.2}$$

verwenden. Dann haben wir jedoch das Problem, dass `Null` Werte in den Attributen aus X problematisch sind, siehe Beispiel 2.7. In Anmerkung 10.4 werden wir noch im Detail zeigen, was mit (9.2) schief geht.

Um diese Probleme mit `Null` Werten zu vermeiden, treffen wir nun folgende Annahme.

Annahme 9.5 *In diesem und dem nächsten Kapitel enthalten alle vorkommenden Datenbanken keine* `Null` *Werte.*

Anmerkung 9.6. Gegeben seien ein Schema $\mathscr{S}$ und eine *triviale* funktionale Abhängigkeit $X \to Y$ auf $\mathscr{S}$. Offensichtlich erfüllt jede Relation auf $\mathscr{S}$ die funktionale Abhängigkeit $X \to Y$.

Beispiel 9.7. Betrachte folgende Relation `Ausleihen` über dem Schema $\mathscr{A}$ aus Beispiel 9.1:

Ausleihen

BId	Name	Adresse	Datum
11	Eva	Thun	20140506
5	Eva	Thun	20140804
4	Tom	Bern	20140301

Die Relation `Ausleihen` erfüllt die funktionalen Abhängigkeiten

$$\{BId\} \to \{Name, Adresse, Datum\} \tag{9.3}$$

und

$$\{Name\} \to \{Adresse\}. \tag{9.4}$$

Die Abhängigkeit (9.3) drückt aus, dass der Wert des Attributs `BId` eindeutig ein Tupel der Relation identifiziert. Die Abhängigkeit (9.4) sagt, dass Benutzer eindeutig durch ihren Namen identifiziert werden.

Folgende funktionale Abhängigkeit ist in `Ausleihen` verletzt, d. h. sie ist *nicht* erfüllt:

$$\{Name\} \to \{Datum\}. $$

Dies zeigt sich daran, dass es zwei Tupel mit demselben Wert im Attribut `Name` aber verschiedenen Werten im Attribut `Datum` gibt.

Anmerkung 9.8. Wir können eine funktionale Abhängigkeit $X \rightarrow Y$ über einem Schema $\mathscr{S}$ als Constraint betrachten. Die entsprechende Integritätsregel verlangt dann, dass jede Instanz R von $\mathscr{S}$ die Abhängigkeit $X \rightarrow Y$ erfüllen muss.

In diesem Sinne können wir unique Constraints als spezielle funktionale Abhängigkeiten darstellen (unter der Annahme, dass keine `Null` Werte auftreten). Gegeben sei DB-Schema $\mathscr{S} = (A_1, \ldots, A_n)$. Ein Unique constraint

$$U = (A_{i_1}, \ldots, A_{i_m})$$

kann durch folgende funktionale Abhängigkeit ausgedrückt werden:

$$\{A_{i_1}, \ldots, A_{i_m}\} \rightarrow \{A_1, \ldots, A_n\}.$$

Definition 9.9. Wir führen nun eine Reihe von Abkürzungen ein um die Notation im Zusammenhang mit funktionalen Abhängigkeiten zu vereinfachen. Es sei

$$\mathscr{S} = (A_1, \ldots, A_n)$$

ein Schema und $X, Y, Z \subseteq \{A_1, \ldots, A_n\}$.

1. Wir verwenden YZ für $Y \cup Z$. Somit steht beispielsweise

$$X \rightarrow YZ \quad \text{für} \quad X \rightarrow Y \cup Z.$$

2. Wir schreiben $\mathscr{S}$ für $\{A_1, \ldots, A_n\}$. Damit betrachten wir $\mathscr{S}$ als ungeordnete Menge und

$$X \rightarrow \mathscr{S} \quad \text{steht für} \quad X \rightarrow \{A_1, \ldots, A_n\}.$$

3. Wir verwenden A_i für die einelementige Menge $\{A_i\}$. Somit steht beispielsweise

$$X \rightarrow A_i \quad \text{für} \quad X \rightarrow \{A_i\}.$$

Damit können wir auch

$$X \rightarrow A_i A_j \quad \text{für} \quad X \rightarrow \{A_i, A_j\}$$

schreiben.

Definition 9.10 (Logische Folgerung). Gegeben sei ein Schema $\mathscr{S} = (A_1, \ldots, A_n)$. Ferner seien eine Menge F von funktionalen Abhängigkeiten über $\mathscr{S}$ sowie eine weitere funktionale Abhängigkeit $X \to Y$ über $\mathscr{S}$ gegeben.

Wir sagen, $X \to Y$ *folgt logisch aus* F, in Zeichen

$$F \models X \to Y,$$

falls jede Instanz R von $\mathscr{S}$, welche alle Abhängigkeiten in F erfüllt, auch $X \to Y$ erfüllt.

Beispiel 9.11. Gegeben sei die Menge $F = \{W \to X, \ W \to Y, \ XY \to Z\}$ von funktionalen Abhängigkeiten. Dann gilt unter anderem:

1. $F \models W \to X$,
2. $F \models W \to XY$,
3. $F \models W \to Z$.

Diese drei Eigenschaften ergeben sich unmittelbar aufgrund von Definitions 9.3 und 9.10 durch Betrachtung der auftretenden Tupel.

Definition 9.12 (Hülle F^+). Ist F eine Menge von funktionalen Abhängigkeiten, so wird die *Hülle F^+* von F definiert durch

$$F^+ := \{X \to Y \mid F \models X \to Y\}.$$

Wir betrachten nun funktionale Abhängigkeiten wieder als Integritätsbedingungen eines DB-Schemas. Sei $\mathscr{S} = (A_1, \ldots, A_n)$ ein Schema mit einer Menge von funktionalen Abhängigkeiten F. Falls F eine nicht-triviale funktionale Abhängigkeit enthält, dann gibt es eine echte Teilmenge X von $\{A_1, \ldots, A_n\}$, so dass

$$X \to \{A_1, \ldots, A_n\} \in F^+.$$

Wir sind an möglichst kleinen derartigen Teilmengen interessiert, da jedes Tupel einer Instanz von $\mathscr{S}$ durch die Werte in den Attributen dieser Teilmenge eindeutig identifiziert ist.

Definition 9.13 (Schlüssel). Gegeben sei ein Schema $\mathscr{S} = (A_1, \ldots, A_n)$ mit einer Menge von funktionalen Abhängigkeiten F. Eine Teilmenge

$$X \subseteq \{A_1, A_2, \ldots, A_n\}$$

heisst *Superschlüssel* für $\mathscr{S}$ bezüglich F, falls gilt:

$$X \to \mathscr{S} \in F^+.$$

Ein Superschlüssel für $\mathscr{S}$ heisst *Schlüssel* für $\mathscr{S}$ bezüglich F, falls zusätzlich gilt:

$$\text{es gibt keine } \textit{echte} \text{ Teilmenge } Y \subsetneq X \text{ mit } Y \to \mathscr{S} \in F^+.$$

Beispiel 9.14. Wir betrachten Postleitzahlen und treffen folgende vereinfachenden Annahmen:

1. Jede Stadt ist eindeutig durch ihre Postleitzahl bestimmt. Das heißt es gibt keine zwei Städte mit derselben Postleitzahl.
2. Jede Postleitzahl ist eindeutig durch Stadt und Strasse bestimmt. Das heißt die Postleitzahl ändert sich innerhalb einer Strasse nicht.

Entsprechend wählen wir Attribute `Stadt`, `Str` und `PLZ` sowie das Schema

$$\mathscr{S} = (\texttt{Stadt}, \texttt{Str}, \texttt{PLZ})$$

mit der dazugehörigen Menge

$$\big\{ \{\texttt{Stadt, Str}\} \to \{\texttt{PLZ}\}, \quad \{\texttt{PLZ}\} \to \{\texttt{Stadt}\} \big\}$$

von funktionalen Abhängigkeiten. Mit der obigen Definition folgt sofort, dass die Attributmengen $\{\texttt{Stadt, Str}\}$ und $\{\texttt{Str, PLZ}\}$ Schlüssel von $\mathscr{S}$ sind.

9.3 Zerlegung von Relationenschemata

Wir betrachten eine Strategie, um schlechte Schemata durch geeignete Zerlegungen zu verbessern. Ein Ansatz besteht darin jedes Schema, das auf vielen Attributen basiert, durch mehrere Schemata mit jeweils weniger Attributen zu ersetzen. Zur Erinnerung: Alle vorkommenden Datenbanken enthalten keine `Null` Werte (Annahme 9.5).

Definition 9.15. Gegeben seien die Attribute $A_1, A_2, \ldots, A_n$ sowie das Schema

$$\mathscr{S} := (A_1, \ldots, A_n).$$

Eine *Zerlegung* von $\mathscr{S}$ ist eine Menge von Relationenschemata

$$\{ (A_{11}, A_{12}, \ldots, A_{1m_1}), \ldots, (A_{k1}, A_{k2}, \ldots, A_{km_k}) \},$$

so dass gilt

$$\{A_{11}, A_{12}, \ldots, A_{1m_1}\} \cup \cdots \cup \{A_{k1}, A_{k2}, \ldots, A_{km_k}\} = \{A_1, A_2, \ldots, A_n\}.$$

Bei einer Zerlegung dürfen die Schemata, in die das Ausgangsschema zerlegt wird, gemeinsame Attribute besitzen.

Die Zerlegung eines Schemas soll dazu dienen, Anomalien zu vermeiden. Wir haben im Abschn. 9.1 gesehen, dass Anomalien auftreten, wenn ein Schema mehrere Konzepte modelliert. Wir müssen also ein gegebenes Schema so zerlegen, dass jedes Teilschema möglichst nur noch ein Konzept beschreibt.

Beispiel 9.16. Wir betrachten das Schema

$$\mathscr{A} := (\texttt{BId, Name, Adresse, Datum})$$

aus Beispiel 9.1, welches die Ausleihen und die Benutzer modelliert. Wir können dieses Schema in Teile $\mathscr{A}_1$ und $\mathscr{A}_2$ zerlegen, die wie folgt gegeben sind:

$$\mathscr{A}_1 := (\texttt{BId, Name, Datum})$$

$$\mathscr{A}_2 := (\texttt{Name, Adresse})$$

Das Schema $\mathscr{A}_1$ modelliert somit nur noch die Ausleihen und das Schema $\mathscr{A}_2$ entsprechend die Benutzer. In dieser Zerlegung sind die Benutzerdaten nicht mehr redundant gespeichert und es können auch Benutzer verwaltet werden, die kein Buch ausgeliehen haben. Somit sind die Anomalien aus Abschn. 9.1 nicht mehr möglich.

Zwei wichtige Eigenschaften von Zerlegungen sind:

1. die ursprüngliche Information soll aus der Zerlegung wieder rekonstruierbar sein;
2. auf der Zerlegung sollen dieselben funktionalen Abhängigkeiten gelten wie auf dem Ursprungsschema.

Vorerst führen wir folgende Schreibweisen ein. Sei $\mathscr{S}$ das Relationenschema $(A_1, \ldots, A_n)$. Zur Vereinfachung der Notation schreiben wir im Folgenden häufig

$$\pi_{\mathscr{S}}(R) \quad \text{anstelle von} \quad \pi_{A_1, \ldots, A_n}(R).$$

Weiter werden wir die Gleichheit von Relationen bezüglich eines Schemas $\mathscr{S}$ verwenden. Wir setzen:

$$R =_{\mathscr{S}} T \quad :\Longleftrightarrow \quad \pi_{\mathscr{S}}(R) = \pi_{\mathscr{S}}(T).$$

Somit heisst $R =_{\mathscr{S}} T$, dass die Relationen R und T bezüglich der Attribute aus $\mathscr{S}$ dieselbe Information enthalten.

Beispiel 9.17. Betrachten wir die Attribute Name, Marke und Farbe, sowie das Schema

$$\mathscr{S} := (\text{Name, Marke, Farbe})$$

mit der Zerlegung $\{\mathscr{S}_1, \mathscr{S}_2\}$ gegeben durch

$$\mathscr{S}_1 := (\text{Name, Marke}) \text{ und } \mathscr{S}_2 := (\text{Marke, Farbe}).$$

Ausserdem sei die Instanz Autos von $\mathscr{S}$ gegeben durch:

Autos		
Name	**Marke**	**Farbe**
Eva	Audi	schwarz
Tom	Audi	rot

Es gilt dann:

$\pi_{\mathscr{S}_1}$ (**Autos**)	
Name	**Marke**
Eva	Audi
Tom	Audi

$\pi_{\mathscr{S}_2}$ (**Autos**)	
Marke	**Farbe**
Audi	schwarz
Audi	rot

Damit erhalten wir:

$\pi_{\mathscr{S}_1}$ (**Autos**) $\bowtie \pi_{\mathscr{S}_2}$ (**Autos**)		
Marke	**Name**	**Farbe**
Audi	Eva	schwarz
Audi	Eva	rot
Audi	Tom	schwarz
Audi	Tom	rot

Es gilt also

$$\pi_{\mathscr{S}_1} (\text{Autos}) \bowtie \pi_{\mathscr{S}_2} (\text{Autos}) \neq_{\mathscr{S}} \text{Autos}.$$

Die ursprüngliche Relation kann also nicht durch einen Verbund aus den Projektionen zurückgewonnen werden. Im konkreten Beispiel ging durch die Zerlegung folgende Information verloren:

1. Eva fährt ein schwarzes Auto,
2. Tom fährt ein rotes Auto.

Das heisst, diese Information kann aus den Daten der Zerlegung nicht mehr herausgelesen werden.

Eine gute Zerlegung sollte keinen Informationsverlust zur Folge haben. Dies führt uns zur nächsten Definition.

Definition 9.18 (Verlustfreie Zerlegungen). Wir gehen aus von einem Schema $\mathscr{S}$, einer Zerlegung $\{\mathscr{S}_1, \ldots, \mathscr{S}_k\}$ von $\mathscr{S}$ sowie einer Menge F von funktionalen Abhängigkeiten über den Attributen von $\mathscr{S}$. Dann besitzt die Zerlegung $\{\mathscr{S}_1, \ldots, \mathscr{S}_k\}$ einen *verlustfreien Verbund bezüglich F*, falls für alle Instanzen R von $\mathscr{S}$, die F erfüllen, gilt, dass

$$R =_{\mathscr{S}} \pi_{\mathscr{S}_1}(R) \bowtie \cdots \bowtie \pi_{\mathscr{S}_k}(R).$$

In diesem Fall sprechen wir von einer *verlustfreien Zerlegung des Schemas $\mathscr{S}$ bezüglich F*.

Damit ist im Fall einer verlustfreien Zerlegung (bezüglich F) also die Wiedergewinnung der ursprünglichen Information aus der Zerlegung möglich. Durch geeignete Zerlegungen kann man in vielen Fällen Redundanzen eliminieren oder zumindest ihre Zahl verringern. Andererseits sind jedoch bei Zerlegungen im Allgemeinen mehr Joins zur Beantwortung einer Abfrage erforderlich.

Wir geben nun ein Kriterium dafür an, dass eine Zerlegung in zwei Schemata verlustfrei ist (ohne Beweis). Dazu führen wir folgende Schreibweise ein. Sei $\mathscr{S}$ das Schema $(A_1, \ldots, A_n)$. Dann verwenden wir die Bezeichnung $\mathscr{S}$ auch für die Menge $\{A_1, A_2, \ldots, A_n\}$.

Lemma 9.19. *Gegeben sei ein Schema $\mathscr{S}$ mit einer Menge F von funktionalen Abhängigkeiten. Eine Zerlegung $\{\mathscr{S}_1, \mathscr{S}_2\}$ von $\mathscr{S}$ ist genau dann verlustfrei bezüglich F, wenn*

1. $\mathscr{S}_1 \cap \mathscr{S}_2 \to \mathscr{S}_1 \in F^+$ oder
2. $\mathscr{S}_1 \cap \mathscr{S}_2 \to \mathscr{S}_2 \in F^+$.

Beispiel 9.20. Wir betrachten die Zerlegung unseres Bibliotheksschemas aus Beispiel 9.16. Das Schema

$$\mathscr{A} := (\mathtt{BId}, \mathtt{Name}, \mathtt{Adresse}, \mathtt{Datum})$$

wird zerlegt in $\{\mathscr{A}_1, \mathscr{A}_2\}$ mit

$$\mathscr{A}_1 := (\texttt{BId, Name, Datum})$$

$$\mathscr{A}_2 := (\texttt{Name, Adresse}).$$

Zu $\mathscr{A}$ gehört die Menge von funktionalen Abhängigkeiten

$$F := \big\{\{\texttt{BId}\} \rightarrow \{\texttt{Name, Adresse, Datum}\}, \{\texttt{Name}\} \rightarrow \{\texttt{Adresse}\}\big\}.$$

Wir finden $\mathscr{A}_1 \cap \mathscr{A}_2 = \{\texttt{Name}\}$. Also gilt $\mathscr{A}_1 \cap \mathscr{A}_2 \rightarrow \mathscr{A}_2 \in F^+$. Mit Lemma 9.19 folgt also, dass die Zerlegung verlustfrei ist.

Eine weitere wünschenswerte Eigenschaft von Zerlegungen ist, dass die funktionalen Abhängigkeiten erhalten bleiben.

Definition 9.21 (Abhängigkeitserhaltende Zerlegung). Wir betrachten wieder ein Schema $\mathscr{S}$, eine Zerlegung $\{\mathscr{S}_1, \ldots, \mathscr{S}_k\}$ von $\mathscr{S}$ sowie eine Menge F von funktionalen Abhängigkeiten über den Attributen von $\mathscr{S}$.

1. Die *Projektion von F auf eine Attributmenge Z* wird definiert durch

$$\Pi_Z(F) := \{ X \rightarrow Y \in F^+ \mid XY \subseteq Z \}.$$

2. Ist $\mathscr{T}$ das Relationenschema $(A_1, \ldots, A_n)$, so setzen wir

$$\Pi_{\mathscr{T}}(F) := \Pi_{\{A_1, \ldots, A_n\}}(F).$$

3. Die Zerlegung $\{\mathscr{S}_1, \ldots, \mathscr{S}_k\}$ heisst *abhängigkeitserhaltende Zerlegung von $\mathscr{S}$ bezüglich F*, falls gilt

$$\Big(\bigcup_{i=1}^{k} \Pi_{\mathscr{S}_i}(F) \Big)^+ = F^+.$$

In der Gleichung des dritten Teils dieser Definition ist die Bedingung

$$\Big(\bigcup_{i=1}^{k} \Pi_{\mathscr{S}_i}(F) \Big)^+ \subseteq F^+$$

trivialerweise immer erfüllt.

Wird ein Relationenschema $\mathscr{S}$ durch eine Zerlegung dargestellt, die nicht abhängigkeitserhaltend bezüglich F ist, so können Updates in Instanzen der Zerlegungen das gegebene F über $\mathscr{S}$ verletzen.

Beispiel 9.22. Wir setzen nun unsere Überlegungen aus Beispiel 9.14 fort. Wir arbeiten also wieder mit den Attributen Stadt, Str und PLZ, sowie den Relationenschemata

$$\mathscr{S} = (\texttt{Stadt, Str, PLZ}),$$

$$\mathscr{S}_1 = (\texttt{Str, PLZ}), \qquad \mathscr{S}_2 = (\texttt{Stadt, PLZ}).$$

Wie vorher sei ausserdem F unsere Menge

$$\{\{\texttt{Stadt, Str}\} \to \texttt{PLZ}, \quad \texttt{PLZ} \to \texttt{Stadt}\}$$

von funktionalen Abhängigkeiten. Mit Lemma 9.19 finden wir, dass $\{\mathscr{S}_1, \mathscr{S}_2\}$ eine verlustfreie Zerlegung von $\mathscr{S}$ bezüglich F ist. Ferner gilt:

$$\Pi_{\mathscr{S}_1}(F) = \big\{ X \to Y \mid XY \subseteq \{\texttt{Str, PLZ}\} \text{ und } \emptyset \models X \to Y \big\},$$

$$\Pi_{\mathscr{S}_2}(F) = \big\{ X \to Y \mid XY \subseteq \{\texttt{Stadt, PLZ}\} \text{ und } \{\texttt{PLZ} \to \texttt{Stadt}\} \models X \to Y \big\}.$$

Jedoch haben wir

$$\Pi_{\mathscr{S}_1}(F) \cup \Pi_{\mathscr{S}_2}(F) \not\models \{\texttt{Stadt, Str}\} \to \texttt{PLZ}.$$

In der Tat, folgende Instanzen S1 von $\mathscr{S}_1$ und S2 von $\mathscr{S}_2$ zeigen, dass F durch die Zerlegung $\{\mathscr{S}_1, \mathscr{S}_2\}$ nicht erhalten wird:

S1			S2	
Str	**PLZ**		**Stadt**	**PLZ**
Baumstr	2500		Biel	2500
Baumstr	2502		Biel	2502

Damit folgt nämlich

S1 ⋈ S2		
PLZ	**Str**	**Stadt**
2500	Baumstr	Biel
2502	Baumstr	Biel

Die Relationen S1 und S2 erfüllen jeweils die projizierten funktionalen Abhängigkeiten $\Pi_{\mathscr{S}_1}(F)$ und $\Pi_{\mathscr{S}_2}(F)$. Der Verbund S1 ⋈ S2 verletzt jedoch die funktionale Abhängigkeit $\{\texttt{Stadt, Str}\} \to \texttt{PLZ}$.

9.4   1NF bis BCNF

Eine Menge von funktionalen Abhängigkeiten kann dazu verwendet werden, um beim Design eines DB-Systems einige der angesprochenen Anomalien zu vermeiden. Bauen wir ein solches System auf, so kann es notwendig werden, eine Relation in mehrere kleinere Relationen zu zerlegen. Unter Ausnutzung funktionaler Abhängigkeiten kann man verschiedene *Normalformen* definieren, die zu einem *guten* DB-Design führen.

Um später die Normalformen präzise zu beschreiben, benötigen wir die folgenden Konzepte. Zur Erinnerung: die Begriffe *Schlüssel* und *Superschlüssel* wurden in Definition 9.13 eingeführt.

Definition 9.23. Gegeben sei ein Relationenschema $\mathscr{S}$ sowie eine Menge F von funktionalen Abhängigkeiten bezüglich $\mathscr{S}$.

1. Ein Attribut A von $\mathscr{S}$ heisst *prim*, falls A Teil eines Schlüssels von $\mathscr{S}$ ist; anderenfalls heisst A *nicht-prim*.
2. Es gelte $X \to Y \in F^+$ und $Y \to X \notin F^+$; ausserdem sei A ein Attribut von $\mathscr{S}$, das weder in X noch in Y vorkommt und für das $Y \to A \in F^+$ gilt. Dann sagen wir, dass A von X *transitiv bezüglich F abhängig* ist.
3. Eine funktionale Abhängigkeit $X \to Y$ mit Attributen von $\mathscr{S}$ heisst *partielle Abhängigkeit* bezüglich F, falls es eine echte Teilmenge Z von X gibt, so dass $Z \to Y \in F^+$ ist. Dann sagen wir, dass Y von X *partiell bezüglich F abhängig* ist.

Beispiel 9.24 (Transitive Abhängigkeit). Wir betrachten wieder das Schema

$$\mathscr{A} := (\texttt{BId, Name, Adresse, Datum})$$

aus Beispiel 9.1 mit den funktionalen Abhängigkeiten

$$F := \big\{ \{\texttt{BId}\} \to \{\texttt{Name, Adresse, Datum}\}, \{\texttt{Name}\} \to \{\texttt{Adresse}\} \big\}.$$

Wir haben

$$\texttt{BId} \to \texttt{Name} \in F^+ \text{ und } \texttt{Name} \to \texttt{BId} \notin F^+.$$

Ausserdem gilt

$$\texttt{Name} \to \texttt{Adresse} \in F^+.$$

Somit ist $\texttt{Adresse}$ von $\texttt{BId}$ transitiv bezüglich F abhängig.

Beispiel 9.25 (Partielle Abhängigkeit). Wir betrachten ein Schema

$$\mathscr{S}_1 := (\underline{\text{Autor}}, \text{Jahrgang}, \underline{\text{Titel}})$$

mit der Menge

$$F_1 := \{\text{Autor} \to \text{Jahrgang}\}$$

von funktionalen Abhängigkeiten. Das Schema $\mathscr{S}_1$ modelliert Autoren, deren Jahrgang sowie die Titel der Bücher, die sie geschrieben haben. Wir werden dieses Schema später im Beispiel 9.28 genauer studieren. Hier ist nur wichtig, dass

$$\{\text{Autor}, \text{Titel}\} \to \{\text{Jahrgang}\} \in F_1^+$$

eine partielle Abhängigkeit bezüglich F ist, da $\{\text{Autor}\}$ eine echte Teilmenge von $\{\text{Autor}, \text{Titel}\}$ ist und gilt

$$\{\text{Autor}\} \to \{\text{Jahrgang}\} \in F_1^+.$$

Es gibt viele verschiedene Normalformen, um gute DB-Schemata zu beschreiben. Wir beschränken uns hier aber auf diejenigen, die in der folgenden Definition zusammengestellt sind.

Definition 9.26 (Normalformen). Wir gehen von einem Relationenschema $\mathscr{S}$ sowie einer Menge F von funktionalen Abhängigkeiten bezüglich $\mathscr{S}$ aus.

Erste Normalform (1NF) $\mathscr{S}$ ist in *erster Normalform*, falls alle Attribute von $\mathscr{S}$ nur atomare Domänen haben. Dabei heisst eine Domäne *atomar*, falls ihre Elemente als nichtunterteilbare Einheiten aufgefasst werden.

Zweite Normalform (2NF) $\mathscr{S}$ ist in *zweiter Normalform* bezüglich F, falls $\mathscr{S}$ in erster Normalform ist und für alle Attribute A von $\mathscr{S}$ mindestens eine der folgenden zwei Bedingungen erfüllt ist:

(2NF.1) A ist prim;
(2NF.2) A ist nicht von einem Schlüssel für $\mathscr{S}$ partiell bezüglich F abhängig.

Dritte Normalform (3NF) $\mathscr{S}$ ist in *dritter Normalform* bezüglich F, falls $\mathscr{S}$ in erster Normalform ist und für alle $X \to Y$ aus F^+ mindestens eine der folgenden drei Bedingungen erfüllt ist:

(3NF.1) $Y \subseteq X$;
(3NF.2) X ist ein Superschlüssel von $\mathscr{S}$;
(3NF.3)   jedes Attribut A aus $Y \setminus X$ ist prim.

Boyce–Codd Normalform (BCNF) $\mathscr{S}$ ist in *Boyce–Codd Normalform* bezüglich F, falls $\mathscr{S}$ in erster Normalform ist und für alle $X \to Y$ aus F^+ mindestens eine der folgenden zwei Bedingungen erfüllt ist:

(BCNF.1) $Y \subseteq X$;

(BCNF.2) X ist ein Superschlüssel von $\mathscr{S}$.

Beispiel 9.27 (Nicht 1NF). Wir wählen das Schema

$$\mathscr{S}_0 := (\underline{\text{Autor}}, \text{Jahrgang}, \text{Titelliste})$$

um Autoren und deren Werke zu verwalten. Das Attribut `Autor` dient als Primärschlüssel. Das heisst, die dazugehörende Menge von funktionalen Abhängigkeiten ist

$$F_0 := \{\text{Autor} \to \text{Jahrgang}, \text{Autor} \to \text{Titelliste}\}.$$

Wir betrachten nun folgende Instanz von $\mathscr{S}_0$:

Werke		
Autor	**Jahrgang**	**Titelliste**
Goethe	1749	{Götz, Faust}
Schiller	1759	{Tell}

Die Domäne des Attributs `Titelliste` ist hier nicht atomar. Sie besteht aus Mengen, welche aus einzelnen Elementen zusammengesetzt sind. Somit ist dieses Schema *nicht* in 1NF.

Das Problem bei diesem Schema besteht darin, dass nicht auf einen einzelnen Titel zugegriffen werden kann. Das heisst beispielsweise, dass die Query

Wer ist der Autor von `Faust`?

in der relationalen Algebra nicht ausgedrückt werden kann.

Beispiel 9.28 (1NF, aber nicht 2NF). Um das Problem aus dem vorherigen Beispiel zu vermeiden, verwenden wir nun ein Schema bei dem jeder Titel einen eigenen Eintrag erhält. Wir wählen also das Schema

$$\mathscr{S}_1 := (\underline{\text{Autor}}, \text{Jahrgang}, \underline{\text{Titel}}).$$

Die Kombination `Autor`, `Titel` dient als Primärschlüssel. Jedoch ist das Attribut `Jahrgang` natürlich nur vom Attribut `Autor` abhängig. Das heisst, die dazugehörende Menge von funktionalen Abhängigkeiten ist

$$F_1 := \{\texttt{Autor} \rightarrow \texttt{Jahrgang}\}.$$

Damit gilt (siehe auch Beispiel 10.2 später)

$$\{\texttt{Autor}, \texttt{Titel}\} \rightarrow \{\texttt{Autor}, \texttt{Jahrgang}, \texttt{Titel}\} \in F_1^+.$$

Das heisst, die Attributmenge

$$K := \{\texttt{Autor}, \texttt{Titel}\}$$

ist ein Schlüssel für $\mathscr{S}_1$. Wir betrachten nun folgende Instanz von $\mathscr{S}_1$:

Werke

Autor	Jahrgang	Titel
Goethe	1749	Götz
Goethe	1749	Faust
Schiller	1759	Tell

Alle Attribute haben nun atomare Domänen. Somit ist dieses Schema in 1NF. Jedoch ist es *nicht* in 2NF. Es gilt nämlich:

1. Jahrgang ist nicht-prim und
2. Jahrgang ist partiell vom Schlüssel K abhängig.

Das Problem hier ist, dass die Daten des Jahrgangs mehrfach vorhanden, d. h. redundant, sind. Dadurch ist es möglich die Integrität der Daten zu verletzen. So könnte der Jahrgang im Tupel von Götz verändert werden, ohne dass die entsprechende Änderung im Tupel von Faust vorgenommen wird. In diesem Fall wären dann zwei verschiedene (sich widersprechende) Angaben zum Jahrgang von Goethe in der Datenbank abgespeichert.

Anmerkung 9.29. Zusammengesetzte Schlüssel wie im vorangehenden Beispiel sind nicht grundsätzlich problematisch. In vielen Fällen sind sie sogar notwendig, beispielsweise um *m*:*n*–Beziehungen abzubilden. Es muss nur sichergestellt werden, dass alle nicht-prim Attribute vom *ganzen* Schlüssel abhängig sind. Dies ist im Beispiel 9.28 nicht gegeben.

Beispiel 9.30 (2NF, aber nicht 3NF). Hier betrachten wir nicht mehr ein Schema um Autoren und deren Werke zu verwalten, sondern um einzelne Exemplare dieser Werke zu verwalten. Es soll also möglich sein, das Tupel von Tell doppelt einzutragen. Dies wird z. B. von einer Bibliothek benötigt, die von einem Werk mehrere Exemplare besitzen kann.

Wir verwenden dazu das folgende Schema:

$$\mathscr{S}_2 := (\underline{\texttt{BuchId}}, \texttt{Autor}, \texttt{Jahrgang}, \texttt{Titel}).$$

Das neue Attribut `BuchId` dient nun als Primärschlüssel. Wir haben also folgende Menge von funktionalen Abhängigkeiten:

$$F_2 := \big\{\{\texttt{BuchId}\} \to \{\texttt{Autor}, \texttt{Jahrgang}, \texttt{Titel}\}, \{\texttt{Autor}\} \to \{\texttt{Jahrgang}\}\big\}.$$

Wir betrachten nun folgende Instanz von $\mathscr{S}_2$:

Werke

BuchId	Autor	Jahrgang	Titel
1	Goethe	1749	Götz
2	Goethe	1749	Faust
3	Schiller	1759	Tell
4	Schiller	1759	Tell

Das Schema $\mathscr{S}_2$ ist in 2NF. Die Attributmenge $\{\texttt{BuchId}\}$ ist der einzige Schlüssel dieses Schemas und da dieser Schlüssel nicht zusammengesetzt ist (er besteht nur aus einem Attribut), kann kein Attribut partiell von ihm abhängig sein. Somit ist die Bedingung (2NF.2) offensichtlich erfüllt und dieses Schema ist in zweiter Normalform.

Das Schema ist jedoch *nicht* in 3NF. Betrachte die funktionale Abhängigkeit

$$\texttt{Autor} \to \texttt{Jahrgang} \in F_2^+.$$

Wir finden:

1. (3NF.1) ist nicht erfüllt: es gilt nämlich $\{\texttt{Jahrgang}\} \not\subseteq \{\texttt{Autor}\}$.
2. (3NF.2) ist nicht erfüllt: $\{\texttt{Autor}\}$ ist kein Superschlüssel von $\mathscr{S}_2$.
3. (3NF.3) ist nicht erfüllt: nicht jedes Attribut aus $\{\texttt{Jahrgang}\}$ ist prim, denn das Attribut `Jahrgang` ist nicht Teil eines Schlüssels.

Somit ist keine der drei Bedingungen erfüllt und das Schema $\mathscr{S}_2$ ist nicht in dritter Normalform.

In diesem Schema tritt derselbe Effekt auf wie im vorhergehenden Beispiel. Der Jahrgang eines Autors ist mehrfach abgespeichert, was zu Inkonsistenzen führen kann.

Anmerkung 9.31. Das Problem im obigen Beispiel besteht darin, dass das Attribut `Jahrgang` von `Autor` funktional abhängig ist, aber $\{\texttt{Autor}\}$ kein Superschlüssel ist. Bedingung (3NF.2) wäre erfüllt, falls `Jahrgang` *nur* von Superschlüsseln abhängig ist.

Diese Beobachtung ergibt zusammen mit Bemerkung 9.29 folgende scherzhafte Charakterisierung der dritten Normalform (in Anlehnung an den amerikanischen Gerichtseid): Jedes nicht-prim Attribut muss etwas aussagen über

1. den Schlüssel (1NF),
2. den ganzen Schlüssel (2NF) und
3. nur über den Schlüssel (3NF).

Die Bezugnahme auf *den* Schlüssel ist, wie wir oben gesehen haben, natürlich eine starke Vereinfachung.

Beispiel 9.32 (3NF, aber nicht BCNF). Wir betrachten wiederum das Postleitzahlverzeichnis aus den Beispielen 9.14 und 9.22. Wir haben das Schema

$$\mathcal{S}_3 = (\text{Stadt}, \text{Str}, \text{PLZ})$$

mit der dazugehörigen Menge

$$F_3 := \big\{ \{\text{Stadt}, \text{Str}\} \to \{\text{PLZ}\}, \quad \{\text{PLZ}\} \to \{\text{Stadt}\} \big\}$$

von funktionalen Abhängigkeiten. Schlüssel von $\mathcal{S}_3$ sind also die Attributmengen $\{\text{Stadt}, \text{Str}\}$ und $\{\text{Str}, \text{PLZ}\}$.

Betrachte folgende Instanz von $\mathcal{S}_3$

Verzeichnis

PLZ	Str	Stadt
2500	Baumstr	Biel
3000	Parkstr	Bern
3018	Wiesenstr	Bern
3018	Baumstr	Bern

Dieses Schema ist in 3NF. In der Tat gehört jedes Attribut zu einem Schlüssel, d. h. alle Attribute sind prim. Somit ist die Bedingung (3NF.3) für alle funktionalen Abhängigkeiten aus F_3^+ erfüllt und damit ist $\mathcal{S}_3$ in dritter Normalform.

Das Schema ist jedoch *nicht* in BCNF. Betrachte die funktionale Abhängigkeit

Wir finden: $\text{PLZ} \to \text{Stadt} \in F_3^+.$

1. (BCNF.1) ist nicht erfüllt: es gilt nämlich $\{\text{Stadt}\} \not\subseteq \{\text{PLZ}\}$.
2. (BCNF.2) ist nicht erfüllt: $\{\text{PLZ}\}$ ist kein Superschlüssel von $\mathcal{S}_3$.

Somit sind beide Bedingungen nicht erfüllt und das Schema $\mathcal{S}_3$ ist nicht in Boyce–Codd Normalform.

Diese Verletzung der BCNF bedeutet, dass immer noch gewisse Redundanzen vorhanden sein können. Betrachten wir die Relation `Verzeichnis`. Dort ist die Beziehung zwischen der Postleitzahl 3018 und dem Ortsnamen `Bern` mehrfach abgespeichert. Sollte sich die Post entschliessen die Ortsbezeichnung für diese Postleitzahl zu ändern, beispielsweise zu `Bern-Bümpliz`, so sind Updates in mehreren Tupeln nötig. Falls nicht alle diese Updates ausgeführt werden, dann sind verschiedene Namen für dieselbe Postleitzahl abgespeichert. Wird der Eintrag der `Baumstrasse` aktualisiert, derjenige der `Wiesenstrasse` aber nicht, so ist die funktionale Abhängigkeit

$$PLZ \rightarrow Stadt$$

nicht mehr erfüllt. Die Relation ist dann inkonsistent.

Anmerkung 9.33. Wie das obige Beispiel zeigt, können Updates auf einem Schema in 3NF noch zu Inkonsistenzen führen. Ist jedoch ein Schema in BCNF bezüglich einer Menge F von funktionalen Abhängigkeiten, so kann es keine Redundanzen geben, welche durch F verursacht werden. Das heisst, in einem Schema, welches in BCNF ist, können Updates nicht zu Inkonsistenzen bezüglich funktionaler Abhängigkeiten führen.

Die Frage lautet somit:

Gibt es zu jedem DB-Schema ein äquivalentes DB-Schema in BCNF?

Wir haben folgendes Theorem.

Theorem 9.34. *Gegeben seien ein Schema $\mathcal{S}$ und eine Menge von funktionalen Abhängigkeiten F bezüglich $\mathcal{S}$. Dann gilt:*

1. Es gibt eine verlustfreie Zerlegung

$$\mathcal{L} := \{\mathcal{S}_1, \ldots, \mathcal{S}_n\}$$

von $\mathcal{S}$, so dass alle $\mathcal{S}_i \in \mathcal{L}$ in BCNF bezüglich $\Pi_{\mathcal{S}_i}(F)$ sind.

2. Es gibt eine verlustfreie und abhängigkeitserhaltende Zerlegung

$$\mathcal{L} := \{\mathcal{S}_1, \ldots, \mathcal{S}_n\}$$

von $\mathcal{S}$, so dass alle $\mathcal{S}_i \in \mathcal{L}$ in 3NF bezüglich $\Pi_{\mathcal{S}_i}(F)$ sind.

Damit gibt es Zerlegungen in BCNF und 3NF. Jedoch ist nur die Zerlegung in 3NF abhängigkeitserhaltend. Bei einer Zerlegung in BCNF können funktionale Abhängigkeiten verloren gehen.

Wir verzichten hier auf den Beweis dieses Theorems und geben nur zwei Beispiele an, wie eine Zerlegung aussehen kann. Im nächsten Kapitel werden wir dann Algorithmen studieren, um ein gegebenes Schema in 3NF und BCNF zu zerlegen.

Beispiel 9.35 (Zerlegung). Wir betrachten nochmals die Situation aus Beispiel 9.28. Wir haben das Schema

$$\mathscr{S}_1 := (\underline{\texttt{Autor}}, \texttt{Jahrgang}, \underline{\texttt{Titel}})$$

mit den funktionalen Abhängigkeiten

$$F_1 := \{\texttt{Autor} \to \texttt{Jahrgang}\}.$$

Dieses Schema verletzt die zweite Normalform.

Wir zerlegen $\mathscr{S}_1$ in $\{\mathscr{S}_{1,1}, \mathscr{S}_{1,2}\}$ mit

$$\mathscr{S}_{1,1} := \{\texttt{Autor}, \texttt{Jahrgang}\} \text{ und } \mathscr{S}_{1,2} := \{\texttt{Autor}, \texttt{Titel}\}.$$

Mit Lemma 9.19 finden wir, dass diese Zerlegung verlustfrei ist. Zusätzlich ist sie auch noch abhängigkeitserhaltend. Insbesondere haben wir

$$\{\texttt{Autor} \to \texttt{Jahrgang}\} \in \Pi_{\mathscr{S}_{1,1}}(F).$$

Weiter stellen wir fest:

1. $\mathscr{S}_{1,1}$ ist in BCNF bezüglich $\Pi_{\mathscr{S}_{1,1}}(F)$,
2. $\mathscr{S}_{1,2}$ ist in BCNF bezüglich $\Pi_{\mathscr{S}_{1,2}}(F)$.

Die Relation `Werke` aus Beispiel 9.28 wird wie folgt zerlegt:

$\pi_{S_{1,1}}$ **(Werke)**		$\pi_{S_{1,2}}$ **(Werke)**	
Autor	**Jahrgang**	**Autor**	**Titel**
Goethe	1749	Goethe	Götz
Schiller	1759	Goethe	Faust
		Schiller	Tell

Hier haben wir eine Zerlegung in BCNF gesehen, welche abhängigkeitserhaltend ist. Im Allgemeinen muss dies nicht erfüllt sein, wie das folgende Beispiel zeigt.

Beispiel 9.36 (Zerlegung mit Abhängigkeitsverlust). Wir betrachten die Situation aus Beispiel 9.32. Das heisst,

$$\mathscr{S}_3 = (\text{Stadt}, \text{Str}, \text{PLZ})$$

und

$$F_3 := \big\{ \{\text{Stadt}, \text{Str}\} \to \{\text{PLZ}\}, \quad \{\text{PLZ}\} \to \{\text{Stadt}\} \big\}.$$

Wir hatten gezeigt, dass $\mathscr{S}_3$ nicht in BCNF bezüglich F_3 ist.

Wir wählen nun die Zerlegung $\{\mathscr{S}_{3,1}, \mathscr{S}_{3,2}\}$ mit

$$\mathscr{S}_{3,1} := \{\text{Str}, \text{PLZ}\} \text{ und } \mathscr{S}_{3,2} := \{\text{Stadt}, \text{PLZ}\}.$$

Im Beispiel 9.22 haben wir gesehen, dass diese Zerlegung nicht abhängigkeitserhaltend ist. Aus Lemma 9.19 folgt jedoch, dass sie verlustfrei ist. Weiter stellen wir fest:

1. $\mathscr{S}_{3,1}$ ist in BCNF bezüglich $\Pi_{\mathscr{S}_{3,1}}(F)$,
2. $\mathscr{S}_{3,2}$ in ist BCNF bezüglich $\Pi_{\mathscr{S}_{3,2}}(F)$.

Die Relation Verzeichnis aus Beispiel 9.32 wird also wie folgt zerlegt:

$\pi_{\mathscr{S}_{3,1}}$ (**Verzeichnis**)		$\pi_{\mathscr{S}_{3,2}}$ (**Verzeichnis**)	
Str	**PLZ**	**Stadt**	**PLZ**
Baumstr	2500	Biel	2500
Parkstr	3000	Bern	3000
Wiesenstr	3018	Bern	3018
Baumstr	3018		

In den folgenden Lemmata fassen wir einige Eigenschaften der eingeführten Normalformen zusammen.

Lemma 9.37. *Gegeben seien ein Relationenschema $\mathscr{S}$ sowie eine Menge F von funktionalen Abhängigkeiten bezüglich $\mathscr{S}$. Dann ist $\mathscr{S}$ in 3NF bezüglich F genau dann, wenn es kein nicht-primes Attribut A von $\mathscr{S}$ gibt, das von einem Schlüssel für $\mathscr{S}$ transitiv bezüglich F abhängig ist.*

Proof. Wir zeigen zuerst die Richtung von links nach rechts und nehmen dazu an, dass $\mathscr{S}$ in 3NF bezüglich F ist. Nun gehen wir indirekt vor und nehmen zusätzlich an, dass A ein nicht-primes Attribut ist, das transitiv bezüglich F von einem Schlüssel X für $\mathscr{S}$ abhängt. Dann gibt es ein Y mit $A \notin X \cup Y$, so dass

$$X \to Y \in F^+, \quad Y \to X \notin F^+ \quad \text{und} \quad Y \to A \in F^+ \tag{9.5}$$

gilt. Nun wissen wir, dass für $Y \to A$ eine der drei Bedingungen (3NF.1), (3NF.2) oder (3NF.3) erfüllt ist. Wegen $A \notin X \cup Y$ und da A nicht-prim ist, muss es sich also um (3NF.2) handeln. Folglich ist Y ein Superschlüssel für $\mathscr{S}$. Daraus folgt aber $Y \to X \in F^+$. Dies ist ein Widerspruch zu (9.5), so dass die Richtung von links nach rechts nachgewiesen ist.

Zum Beweis der Richtung von rechts nach links gehen wir davon aus, dass es kein nicht-primes Attribut von $\mathscr{S}$ gibt, das von einem Schlüssel für $\mathscr{S}$ transitiv bezüglich F abhängig ist. Ausserdem wählen wir eine funktionale Abhängigkeit $X \to Y \in F^+$, für die

$$Y \not\subseteq X \quad \text{und} \quad X \text{ ist kein Superschlüssel für } \mathscr{S}$$

vorausgesetzt wird. Ferner betrachten wir ein Attribut $A \in Y \setminus X$. Wegen

$$X \to Y \in F^+$$

gilt auch

$$X \to A \in F^+. \tag{9.6}$$

Da X kein Superschlüssel für $\mathscr{S}$ ist, gibt es einen Schlüssel Z für $\mathscr{S}$ mit der Eigenschaft

$$Z \to X \in F^+ \quad \text{und} \quad X \to Z \notin F^+. \tag{9.7}$$

Mit (9.6) und (9.7) folgt also, dass A von einem Schlüssel für $\mathscr{S}$, nämlich Z, transitiv bezüglich F abhängig ist. Daher ist A prim und es folgt (3NF.3). Damit ist unser Beweis vollständig. □

Beispiel 9.38. Wir gehen zurück zum Beispiel 9.24. Wir haben also das Schema

$$\mathscr{A} := (\text{BId}, \text{Name}, \text{Adresse}, \text{Datum})$$

mit den funktionalen Abhängigkeiten

$$F := \big\{\{\text{BId}\} \to \{\text{Name}, \text{Adresse}, \text{Datum}\}, \{\text{Name}\} \to \{\text{Adresse}\}\big\}.$$

Wir wissen:

1. Adresse ist ein nicht-primes Attribut,
2. BId ist ein Schlüssel für $\mathscr{A}$,
3. Adresse ist transitiv abhängig von BId.

Mit Lemma 9.37 folgt somit, dass $\mathscr{A}$ nicht in 3NF ist.

Umgekehrt folgt aus Lemma 9.37 auch, dass es in jedem Schema das nicht in 3NF ist, transitive Abhängigkeiten geben muss. Somit werden in jedem Schema das nicht in 3NF ist, dieselben Anomalien auftreten, die wir auch für $\mathscr{A}$ im Abschn. 9.1 beschrieben haben.

Lemma 9.39. *Es gilt folgende Beziehung:*

$$\text{BCNF} \implies \text{3NF} \implies \text{2NF} \implies \text{1NF}.$$

Beweis. Offensichtlich ist nur zu zeigen, dass aus der dritten Normalform die zweite Normalform folgt. Sei also $\mathscr{S}$ ein Relationenschema in 3NF bezüglich F, und sei A ein Attribut von $\mathscr{S}$. Ist A prim, so ist Bedingung (2NF.1) erfüllt, und wir sind fertig.

Ist andererseits A nicht-prim, so folgt nach Lemma 9.37, dass

$$A \text{ kann nicht von einem Schlüssel für } \mathscr{S}$$

$$\text{transitiv bezüglich } F \text{ abhängig sein.} \qquad (9.8)$$

Nun gehen wir indirekt vor und nehmen an, dass

$$\text{(2NF.2) nicht erfüllt ist.} \qquad (9.9)$$

Das heisst, A ist von einem Schlüssel X für $\mathscr{S}$ partiell bezüglich F abhängig. Dann gibt es eine echte Teilmenge Z von X, so dass

$$Z \rightarrow A \in F^+ \qquad (9.10)$$

gilt. Da A nicht-prim ist, kann A kein Element von X sein. Also haben wir

$$A \notin X \quad \text{und} \quad A \notin Z. \qquad (9.11)$$

Da X ein Schlüssel für $\mathscr{S}$ und Z eine echte Teilmenge von X ist, dürfen wir ferner schliessen auf

$$X \rightarrow Z \in F^+ \quad \text{und} \quad Z \rightarrow X \notin F^+. \qquad (9.12)$$

Aus (9.10), (9.11) und (9.12) folgt schliesslich, dass A vom Schlüssel X transitiv bezüglich F abhängig ist. Dies ist jedoch ein Widerspruch zu (9.8). Damit ist (9.9) nicht erfüllbar und Bedingung (2NF.2) muss gelten.   □

Weiterführende Literatur[2]

1. Abiteboul, S., Hull, R., Vianu, V.: Foundations of Databases: The Logical Level. Addison-Wesley, Reading (1995)
2. Codd, E.F.: Further normalization of the data base relational model. IBM Research Report, San Jose, **RJ909** (1971)
3. Codd, E.F.: Relational completeness of data base sublanguages. In: Rustin, R. (Hrsg.) Courant Computer Science Symposium 6: Data Base Systems, S. 33–64. Prentice Hall, Englewood Cliffs (1972)
4. Codd, E.F.: Recent investigations in relational data base systems. In: IFIP Congress, S. 1017–1021 (1974)
5. Jäger, G.: Datenbanken. Vorlesungsskript Universität Bern, Bern (1999)
6. Kandzia, P., Klein, H.: Theoretische Grundlagen relationaler Datenbanksysteme „Reihe Informatik", Bd. 79. Bibliographisches Institut (1993)
7. Kent, W.: A simple guide to five normal forms in relational database theory. Commun. ACM **26**(2), 120–125 (1983)
8. Maier, D.: The Theory of Relational Databases. Computer Science Press (1983). http://web.cecs.pdx.edu/~maier/TheoryBook/TRD.html. Zugegriffen am 11.06.2019

---

[2]Codd entwickelte die Konzepte von funktionalen Abhängigkeiten und Normalformen (insbesondere auch die dritte Normalform) bereits in seinen ersten Arbeiten zum relationalen Modell [2, 3]. Die Boyce–Codd Normalform geht ebenfalls auf die frühen Arbeiten zurück [4]. Unsere Präsentation dieser Themen basiert auf dem Vorlesungsskript von Jäger [5]. Das Buch von Meier [8], welches frei verfügbar ist, bietet ebenfalls eine hervorragende Darstellung dieses Materials. Normalformen und Abhängigkeiten werden natürlich auch in den Theorie-Büchern von Abiteboul et al. [1] und von Kandzia und Klein [6] ausführlich besprochen. Die Charakterisierung der dritten Normalform in Bemerkung 9.31 stammt aus [7].

Berechnung von Normalformen

10

In diesem Kapitel geht es um Algorithmen, die ein gegebenes Schema in Normalform zerlegen. Dazu führen wir als erstes den Armstrong Kalkül ein, mit dem die Hülle einer Menge von funktionalen Abhängigkeiten berechnet werden kann. Dann betrachten wir einen Algorithmus zur Berechnung der Hülle einer Menge von Attributen unter einer Menge von funktionalen Abhängigkeiten. Das heisst, wir berechnen all diejenigen Attribute, welche von einer gegebenen Attributmenge funktional abhängig sind. Weiter geben wir einen Algorithmus an, um eine minimale Überdeckung einer Menge von funktionalen Abhängigkeiten zu berechnen. Schliesslich untersuchen wir einen Zerlegungsalgorithmus um ein Schema verlustfrei in BCNF zu zerlegen, sowie einen Synthesealgorithmus um ein Schema verlustfrei und abhängigkeitserhaltend in die dritte Normalform zu zerlegen.

10.1 Armstrong-Kalkül

Die Hülle F^+ einer Menge F von funktionalen Abhängigkeiten wurde in Definition 9.12 unter Bezugnahme auf Erfüllbarkeit semantisch eingeführt. Hier studieren wir den *Armstrong-Kalkül*. Dieser liefert ein syntaktisches Verfahren, welches die Berechnung von F^+, ausgehend von F, ermöglicht.

In diesem Kapitel bezeichnet U die Menge aller Attribute, die in den involvierten Relationenschemata vorkommen. Ausgangspunkt für den Armstrong-Kalkül bildet eine Menge F von funktionalen Abhängigkeiten mit Attributen aus U. Sind $X, Y \subseteq U$, so schreiben wir $F \vdash X \to Y$, um auszudrücken, dass sich die funktionale Abhängigkeit $X \to Y$ aus F ableiten lässt.

Definition 10.1 (Armstrong-Kalkül). Gegeben sei eine Menge F von funktionalen Abhängigkeiten über U. Dann wird $F \vdash X \to Y$ für $X, Y \subseteq U$ induktiv definiert durch:

© Springer-Verlag GmbH Deutschland, ein Teil von Springer Nature 2019
T. Studer, *Relationale Datenbanken*,
https://doi.org/10.1007/978-3-662-58976-2_10

1. Elemente von F.   Ist $X \rightarrow Y$ ein Element von F, so gilt $F \vdash X \rightarrow Y$.

2. Reflexivität.   Ist Y eine Teilmenge von X, so gilt $F \vdash X \rightarrow Y$.

3. Augmentation.   Aus $F \vdash X \rightarrow Y$ und $Z \subseteq U$ folgt $F \vdash XZ \rightarrow YZ$.

4. Transitivität.   Aus $F \vdash X \rightarrow Y$ und $F \vdash Y \rightarrow Z$ folgt $F \vdash X \rightarrow Z$.

Beispiel 10.2. Wir betrachten nochmals die Situation aus Beispiel 9.28 mit

$$U := \{\texttt{Autor, Jahrgang, Titel}\}$$

$$F_1 := \{\texttt{Autor} \rightarrow \texttt{Jahrgang}\}.$$

Somit gilt mit Regel *Elemente von F*

$$F_1 \vdash \texttt{Autor} \rightarrow \texttt{Jahrgang}.$$

Dann folgt mit Regel *Augmentation* (für $Z = \{\texttt{Autor}, \texttt{Titel}\}$)

$$F_1 \vdash \{\texttt{Autor}, \texttt{Titel}\} \rightarrow \{\texttt{Autor}, \texttt{Jahrgang}, \texttt{Titel}\}.$$

Die nächsten beiden Theoreme besagen, dass Herleitbarkeit im Armstrong-Kalkül und logische Folgerung für funktionale Abhängigkeiten übereinstimmen.

Theorem 10.3 (Armstrong-Kalkül, Korrektheit). *Ist F eine Menge von funktionalen Abhängigkeiten über U, so gilt für alle $X, Y \subseteq U$*

$$F \vdash X \rightarrow Y \quad \Longrightarrow \quad F \models X \rightarrow Y.$$

Dieses Theorem wird durch einfache Induktion nach der Länge der Herleitung im Armstrong-Kalkül gezeigt. Ist die funktionale Abhängigkeit $X \rightarrow Y$ ein Element von F oder gilt $Y \subseteq X$, so ist $F \models X \rightarrow Y$ trivialerweise erfüllt. Wurde $F \vdash X \rightarrow Y$ durch Augmentation oder Transitivität erschlossen, so folgt die Behauptung aus der Induktionsvoraussetzung mit Hilfe von Tupelberechnungen.

Anmerkung 10.4. Für die Korrektheit des Armstrong-Kalküls ist es wesentlich, dass wir die Erfüllung einer funktionalen Abhängigkeit via (9.1) definieren und nicht (analog zu unique Constraints) die Bedingung

$$s[X] = t[X] \quad \Longrightarrow \quad s[Y] \simeq t[Y] \tag{10.1}$$

verwenden. Um dies zu zeigen, definieren wir das Schema

$$\mathscr{S} := (\texttt{BuchId, Autor, Jahrgang})$$

mit den funktionalen Abhängigkeiten

$$F := \{\texttt{BuchId} \to \texttt{Autor}, \texttt{Autor} \to \texttt{Jahrgang}\}.$$

Wir betrachten nun folgende Instanz von $\mathscr{S}$:

Werke		
BuchId	**Autor**	**Jahrgang**
1	null	1751
1	null	1765

Wir nehmen nun an, dass die Erfüllbarkeit von funktionalen Abhängigkeiten mit Hilfe von (10.1) definiert ist. Damit finden wir:

1. die Relation `Werke` erfüllt `BuchId` $\to$ `Autor`,
2. die Relation `Werke` erfüllt `Autor` $\to$ `Jahrgang`,
3. aber die Relation `Werke` erfüllt `BuchId` $\to$ `Jahrgang` nicht.

Das heisst, mit (10.1) ist die Transitivitätsregel des Armstrong-Kalküls nicht korrekt.

Theorem 10.5 (Armstrong-Kalkül, Vollständigkeit). *Ist F eine Menge von funktionalen Abhängigkeiten über U, so gilt für alle $X, Y \subseteq U$*

$$F \models X \to Y \quad \Longrightarrow \quad F \vdash X \to Y.$$

Wir verzichten hier auf den Beweis dieses Vollständigkeitssatzes. Stattdessen betrachten wir sofort eine unmittelbare Folgerung aus der Korrektheit und Vollständigkeit des Armstrong-Kalküls.

Korollar 10.6 (Charakterisierung der Hülle F^+). *Ist F eine Menge von funktionalen Abhängigkeiten über U, so gilt*

$$F^+ \stackrel{Definition\ 9.12}{=} \{X \to Y \mid F \models X \to Y\} \stackrel{Theorems\ 10.3,\ 10.5}{=} \{X \to Y \mid F \vdash X \to Y\}.$$

Beispiel 10.7. Im Beispiel 10.2 haben wir im Armstrong-Kalkül

$$F_1 \vdash \{\texttt{Autor}, \texttt{Titel}\} \to \{\texttt{Autor}, \texttt{Jahrgang}, \texttt{Titel}\}$$

hergeleitet. Mit obigem Korollar folgt nun daraus

$$\{\texttt{Autor}, \texttt{Titel}\} \rightarrow \{\texttt{Autor}, \texttt{Jahrgang}, \texttt{Titel}\} \in F_1^+.$$

Es folgen einige Deduktionsregeln für den Armstrong-Kalkül, die recht wichtig sind und sich mit den Regeln aus Definition 10.1 leicht beweisen lassen.

Theorem 10.8. *Ist F eine Menge von funktionalen Abhängigkeiten über U, so gilt für alle* $X, Y, Z \subseteq U$:

1. Vereinigung. $F \vdash X \rightarrow Y$ *und* $F \vdash X \rightarrow Z$ $\Longrightarrow$ $F \vdash X \rightarrow YZ$,

2. Zerlegung. $F \vdash X \rightarrow Y$ *und* $Z \subseteq Y$ $\Longrightarrow$ $F \vdash X \rightarrow Z$.

3. Einfachheit. $F \vdash X \rightarrow Y_1 Y_2 \ldots Y_n$ $\Longleftrightarrow$ $F \vdash X \rightarrow Y_i$ *für alle* $1 \leq i \leq n$.

Die dritte Aussage dieses Theorems folgt unmittelbar aus der Vereinigungs- und Zerlegungseigenschaft. Sie besagt, dass jede funktionale Abhängigkeit durch funktionale Abhängigkeiten mit einelementigen rechten Seiten ausgedrückt werden kann.

Definition 10.9 (Einfache funktionale Abhängigkeit). Funktionale Abhängigkeiten mit einelementigen rechten Seiten werden als *einfache* funktionale Abhängigkeiten bezeichnet.

10.2   Hüllenberechnungen

Häufig ist es für das Design einer Datenbank wesentlich, ob für eine gegebene Menge F von funktionalen Abhängigkeiten und für Attributmengen X und Y die Beziehung $F \vdash X \rightarrow Y$ gilt. Da wir andererseits wissen, dass

$$F \vdash X \rightarrow Y \quad \Longleftrightarrow \quad X \rightarrow Y \in F^+,$$

könnten wir im Prinzip die Frage, ob $F \vdash X \rightarrow Y$ der Fall ist, dadurch beantworten, dass wir die Menge F^+ systematisch auflisten. Dieses Vorgehen ist jedoch in der Regel unrealistisch, da F^+ für eine n-elementige Menge F im schlimmsten Fall $O(2^n)$ viele Elemente besitzen kann.

Beispiel 10.10. Wir betrachten die Menge

$$F := \{A \rightarrow B_1, \ A \rightarrow B_2, \ \ldots, \ A \rightarrow B_n\}.$$

Durch mehrfache Anwendung der Vereinigungseigenschaft aus Theorem 10.8 erhalten wir dann sehr leicht, dass F^+ mindestens $2^n - 1$ Elemente besitzt.

In Definition 9.12 haben wir die Hülle von einer Menge von funktionalen Abhängigkeiten betrachtet. Jetzt definieren wir die Hülle von einer Menge von Attributen.

Definition 10.11 (Attributhülle X^+). Gegeben seien eine Menge F von funktionalen Abhängigkeiten über der universellen Menge U sowie eine Menge $X \subseteq U$. Die *Attributhülle X^+ von X unter F* ist dann definiert durch

$$X^+ := \{A \in U \mid F \vdash X \to A\}.$$

Im folgenden Lemma geben wir nun eine weitere charakterisierende Eigenschaft von X^+ an und betrachten im Anschluss daran einen Algorithmus zur Berechnung von X^+.

Lemma 10.12. *Für alle Mengen F von funktionalen Abhängigkeiten über der universellen Menge U sowie für alle Mengen $X, Y \subseteq U$ gilt*

$$F \vdash X \to Y \iff Y \subseteq X^+.$$

Beweis. Es sei Y die Attributmenge $\{A_1, A_2, \ldots, A_n\}$. Wir zeigen nun zuerst die Richtung von links nach rechts. Es gelte also $F \vdash X \to Y$. Aufgrund der Zerlegungseigenschaft aus Theorem 10.8 folgt $F \vdash X \to A_i$ für alle $1 \le i \le n$. Dies ergibt $Y \subseteq X^+$.

Um die Richtung von rechts nach links zu zeigen, nehmen wir $Y \subseteq X^+$ an. Mit der Definition von X^+ folgt daraus $F \vdash X \to A_i$ für alle $1 \le i \le n$. Mit der Vereinigungseigenschaft aus Theorem 10.8 erhalten wir also unmittelbar $F \vdash X \to Y$. $\qquad\square$

Zusammen mit Theorem 10.5 erlaubt uns dieses Lemma also, die Frage nach $F \models X \to Y$ auf die Frage nach $Y \subseteq X^+$ zu reduzieren. Diese Überlegung bildet die Grundlage des folgenden Algorithmus.

Algorithmus zur Berechnung von X^+

Gegeben seien eine universelle Menge U von Attributen, eine Menge F von funktionalen Abhängigkeiten über U sowie eine Menge $X \subseteq U$. Folgender Algorithmus berechnet die Attributhülle X^+ von X unter F:

```
EINGABE: F, X
          R := X;   alt_R := ∅;
          WHILE R ≠ alt_R DO
            alt_R := R;
            FOR EACH V → W IN F DO
                IF V ⊆ R THEN R := R ∪ W
AUSGABE: X⁺ := R
```

Es ist leicht zu sehen, dass der oben angegebene Algorithmus im schlimmsten Fall quadratisch in der Anzahl der Elemente von F ist. Es gibt sogar einen etwas komplizierteren Algorithmus zur Berechnung der Attributhülle von X unter F, der nur linear in der Grösse von F ist.

Beispiel 10.13. Bezeichne U die Menge der Attribute $\{A, B, C, D, E, F, G\}$, F die Menge der funktionalen Abhängigkeiten

$$\{\, AC \to G, \ BD \to CE, \ E \to A, \ G \to BF \,\}$$

und X die Teilmenge $\{C, E\}$ von U. Dann nimmt R bei der Berechnung von X^+ im obigen Algorithmus der Reihe nach folgende Werte an:

$$\{C, E\}, \quad \{C, E, A\}, \quad \{C, E, A, G\}, \quad \{C, E, A, G, B, F\}.$$

10.3   Minimale Überdeckungen

In diesem Abschnitt betrachten wir Überdeckung und Äquivalenz von Mengen funktionaler Abhängigkeiten, beschäftigen uns mit einem Äquivalenztest und studieren minimale Überdeckungen.

Definition 10.14. Gegeben seien Mengen F und G von funktionalen Abhängigkeiten über U.

1. G *überdeckt* F, in Zeichen $F \leq G$, falls $F^+ \subseteq G^+$.
2. F und G sind *äquivalent*, falls F und G sich gegenseitig überdecken, das heisst

$$F \simeq G \quad :\Longleftrightarrow \quad F \leq G \wedge G \leq F.$$

Aufgrund früherer Überlegungen wissen wir, dass in der Regel die Äquivalenz von F und G **nicht** dadurch getestet werden sollte, dass wir F^+ und G^+ berechnen und auf Gleichheit untersuchen. Stattdessen betrachten wir zuerst ein Lemma und dann ein effizienteres Verfahren zur Abklärung von Äquivalenzen.

Lemma 10.15. *Gegeben seien Mengen F und G von funktionalen Abhängigkeiten über U. Dann gilt*

$$F \subseteq G^+ \quad \Longleftrightarrow \quad F \leq G.$$

Beweis. Die Richtung von rechts nach links ist offensichtlich. Um die Umkehrung zu beweisen, nehmen wir $F \subseteq G^+$ an. Damit gilt

$$F^+ = \{Y \to Z \mid F \vdash Y \to Z\}$$
$$\subseteq \{Y \to Z \mid G^+ \vdash Y \to Z\} = (G^+)^+ = G^+.$$

Daraus folgt mit der vorhergehenden Definition sofort die Behauptung, dass $F \leq G$ gilt. $\qquad\qquad\qquad\qquad\qquad\qquad\qquad\qquad\qquad\qquad\qquad\qquad\qquad\qquad\qquad\qquad$ $\square$

Algorithmen für Überdeckungs- und Äquivalenztest

Den Ausgangspunkt bilden Mengen F und G von funktionalen Abhängigkeiten über U. Mit folgendem Algorithmus können wir entscheiden, ob die Menge G die Menge F überdeckt:

> EINGABE: F, G.
>
> Überprüfe für jedes $Y \to Z \in F$, ob $Y \to Z \in G^+$ durch:
>
> > Berechne Y^+ unter G und teste $Z \subseteq Y^+$.
>
> Falls dies immer der Fall ist,
>
> AUSGABE: $F \leq G$; anderenfalls AUSGABE: $F \not\leq G$.

Damit erhalten wir natürlich auch einen Algorithmus für den Test der Äquivalenz von F und G, indem wir sowohl $F \leq G$ als auch $G \leq F$ überprüfen.

Lemma 10.16. *Jede Menge F von funktionalen Abhängigkeiten über U ist zu einer Menge G äquivalent, die nur einfache funktionale Abhängigkeiten enthält, d. h. funktionale Abhängigkeiten mit einelementigen rechten Seiten.*

Beweis. Wir gehen aus von einer Menge F von funktionalen Abhängigkeiten über U und definieren

$$G_F := \{X \to A \mid \exists Y (X \to Y \in F \text{ und } A \in Y)\}.$$

Aufgrund der Zerlegungseigenschaft folgt $X \to A \in F^+$ für alle A und Y mit $A \in Y$ und $X \to Y \in F$. Folglich ist $G_F \subseteq F^+$.

Ist andererseits Y die Menge $\{A_1, A_2, \ldots, A_n\}$ und gilt

$$X \to A_i \in G_F \quad \text{für alle } 1 \leq i \leq n,$$

so folgt mit der Vereinigungseigenschaft auch $X \to Y \in G_F^+$. Daraus folgt $F \subseteq G_F^+$.

Aus $G_F \subseteq F^+$ und $F \subseteq G_F^+$ folgt mit Lemma 10.15, dass $F \simeq G_F$ gilt. Da G_F offensichtlich eine Menge von einfachen funktionalen Abhängigkeiten ist, haben wir unser Lemma bewiesen. □

Definition 10.17. Eine Menge F von funktionalen Abhängigkeiten über U heisst *minimal*, falls folgende Bedingungen erfüllt sind:

1. F enthält nur einfache funktionale Abhängigkeiten.
2. Keine funktionale Abhängigkeit in F ist redundant, d. h.

$$(\forall X \rightarrow A \in F)(F \setminus \{X \rightarrow A\} \not\simeq F). \qquad \text{(M2)}$$

3. Kein Attribut auf der linken Seite einer funktionalen Abhängigkeit aus F ist redundant, d. h.

$$(\forall X \rightarrow A \in F)(\forall Y \subsetneq X)(F \setminus \{X \rightarrow A\} \cup \{Y \rightarrow A\} \not\simeq F). \qquad \text{(M3)}$$

Man kann direkt sehen, ob F nur aus einfachen funktionalen Abhängigkeiten besteht. Die Überprüfung auf Redundanz der funktionalen Abhängigkeiten von F geschieht durch das Testen auf

$$A \in X^+ \quad \text{unter} \quad F \setminus \{X \rightarrow A\}$$

für alle $X \rightarrow A \in F$. Schliesslich kann man auf Redundanz bei den Attributen auf der linken Seite testen, indem wir für alle $X \rightarrow A \in F$ und $Y \subsetneq X$ feststellen, ob

$$A \in Y^+ \quad \text{unter} \quad F.$$

Diese drei Punkte liefern damit ein Verfahren, um abzuklären, ob F minimal ist.

Definition 10.18. Gegeben sei eine Menge F von funktionalen Abhängigkeiten über U. Eine *minimale Überdeckung von F* ist eine minimale Menge von funktionalen Abhängigkeiten, welche zu F äquivalent ist.

In einem nächsten Schritt geben wir nun einen Algorithmus an, der für jede Menge F von funktionalen Abhängigkeiten über U eine minimale Überdeckung $\text{MU}(F)$ von F berechnet.

Algorithmus für minimale Überdeckungen

EINGABE: Eine Menge F von funktionalen Abhängigkeiten über U.

1. Spalte alle nicht-einfachen funktionalen Abhängigkeiten in F auf. Nenne die neue Menge F'.
2. Entferne sukzessive alle redundanten Attribute im Sinne von (M3) der vorhergehenden Definition aus F'. Nenne die neue Menge F''.
3. Entferne sukzessive alle redundanten funktionalen Abhängigkeiten im Sinne von (M2) der vorhergehenden Definition aus F''. Nenne die neue Menge F'''.

AUSGABE: $\mathrm{MU}(F) := F'''$.

Lemma 10.19. *Für jede Menge F von funktionalen Abhängigkeiten über U ist $\mathrm{MU}(F)$ eine minimale Überdeckung von F.*

Wir verzichten auf die explizite Angabe eines Beweises dieses Lemmas, da er sich recht direkt aus der Beschreibung des Algorithmus zur Berechnung von $\mathrm{MU}(F)$ und den begleitenden Überlegungen ergibt.

Beispiel 10.20. Wir gehen aus von einer Menge F von funktionalen Abhängigkeiten über der Attributmenge $\{A, B, C\}$ mit

$$F = \{ AB \to C, A \to AB, B \to A \}.$$

Nun wenden wir den obigen Algorithmus an.

1. Schritt: Die einzige nicht-einfache funktionale Abhängigkeit in F ist $A \to AB$. Wir spalten diese auf und erhalten so die Menge

$$F' = \{ AB \to C, A \to A, A \to B, B \to A \}.$$

2. Schritt: Wir testen, ob A redundant in $AB \to C$ ist. Dazu überprüfen wir, ob

$$C \in \{B\}^+ \quad \text{unter} \quad F'$$

gilt. Da $\{B\}^+$ unter F' die Menge $\{A, B, C\}$ ist, ist dies der Fall. Daher ist A redundant in $AB \to C$ und wird gestrichen. Weitere redundante Attribute auf linken Seiten gibt es nicht. Also erhalten wir

$$F'' = \{ B \to C, A \to B, B \to A, A \to A \}.$$

3. Schritt: Wir entfernen alle redundanten funktionalen Abhängigkeiten aus F''. Offensichtlich gilt

$$A \in \{A\}^+ \text{ unter } F'' \setminus \{A \rightarrow A\}.$$

Folglich ist $A \rightarrow A$ in F'' redundant und wird entfernt. Weitere Redundanzen gibt es dann nicht mehr. Es folgt also

$$\text{MU}(F) = \{B \rightarrow C, A \rightarrow B, B \rightarrow A\}.$$

Anmerkung 10.21. Sei F eine Menge von funktionalen Abhängigkeiten. Dann kann es mehrere minimale Überdeckungen von F geben. D. h. im Allgemeinen ist die minimale Überdeckung von F nicht eindeutig.

Betrachte zum Beispiel die beiden Mengen von funktionalen Abhängigkeiten über der Attributmenge $\{A, B, C\}$:

$$F_1 := \{A \rightarrow B, B \rightarrow A, A \rightarrow C, C \rightarrow A\},$$

$$F_2 := \{A \rightarrow B, B \rightarrow C, C \rightarrow A\}.$$

Beide Mengen sind offensichtlich minimal und es gilt $F_1^+ = F_2^+$.

10.4   Zerlegungen in BCNF und 3NF

In Theorem 9.34 haben wir gesehen:

1. jedes Schema kann verlustfrei in BCNF zerlegt werden;
2. jedes Schema kann verlustfrei und abhängigkeitserhaltend in 3NF zerlegt werden.

In diesem Abschnitt wollen wir nun Algorithmen angeben, um solche Zerlegungen zu erzeugen. Dabei werden wir Attributmengen wie folgt als Schemata betrachten: Eine Attributmenge X kann für ein beliebiges Schema stehen, welches alle Attribute aus X enthält.

Algorithmus für die BCNF-Zerlegung

Gegeben seien ein Relationenschema $\mathscr{S}$ mit einer Menge von funktionalen Abhängigkeiten F. Der folgende Algorithmus berechnet eine Zerlegung $\mathscr{Z}$ von $\mathscr{S}$, welche in BCNF bezüglich F ist.

EINGABE: $\mathscr{S}$, F

$\qquad \mathscr{Z} := \{\mathscr{S}\}$

$\qquad$ WHILE es gibt $\mathscr{S}_i \in \mathscr{Z}$ mit $\mathscr{S}_i$ nicht in BCNF bez. $\Pi_{\mathscr{S}_i}(F)$ DO

$\qquad\qquad$ wähle ein solches $\mathscr{S}_i$

$\qquad\qquad$ wähle disjunkte $X, Y, Z \subseteq \mathscr{S}_i$ mit

$$X \cup Y \cup Z = \mathscr{S}_i \text{ und}$$

$$X \to Y \in F^+ \text{ und}$$

$$X \to A \notin F^+ \text{ für alle } A \in Z$$

$$\mathscr{Z} := \big(\mathscr{Z} \setminus \{\mathscr{S}_i\}\big) \cup \big\{X \cup Y,\ X \cup Z\big\}$$

AUSGABE: $\mathscr{Z}$

Die Grundidee dieses Algorithmus ist folgende. Wähle ein Schema $\mathscr{S}_i$ welches die BCNF Bedingungen verletzt bezüglich einer funktionalen Abhängigkeit $X \to Y$. Das Schema $\mathscr{S}_i$ wird dann gemäss Abb. 10.1 in zwei Schemata zerlegt.

Weil $X \to Y \in F^+$ erfüllt sein muss, garantiert Lemma 9.19, dass diese Zerlegung von $\mathscr{S}_i$ in $\{X \cup Y, \mathscr{S}_i \setminus Y\}$ verlustfrei ist. Dieser Schritt wird solange wiederholt, bis alle Schemata der Zerlegung in BCNF sind.

Beispiel 10.22. Wir beginnen mit dem Schema aus Beispiel 9.32, welches BCNF verletzt. Wir betrachten also

$$\mathscr{S}_3 = (\texttt{Stadt}, \texttt{Str}, \texttt{PLZ})$$

$$F_3 = \big\{\{\texttt{Stadt}, \texttt{Str}\} \to \{\texttt{PLZ}\},\quad \{\texttt{PLZ}\} \to \{\texttt{Stadt}\}\big\}.$$

Wir beginnen nun mit $\mathscr{Z} := \{\mathscr{S}_3\}$. Es gilt $\mathscr{S}_3 \in \mathscr{Z}$ ist nicht in BCNF bezüglich F_3. Wir wählen nun

$$X := \{\texttt{PLZ}\} \qquad Y := \{\texttt{Stadt}\} \qquad Z := \{\texttt{Str}\}.$$

Es gilt $X \cup Y \cup Z = \mathscr{S}_3$ und $X \to Y \in F_3^+$ und $X \to \texttt{Str} \notin F_3^+$. Wir setzen $\mathscr{Z}$ neu auf

$$\big\{(\texttt{PLZ}, \texttt{Stadt}), (\texttt{PLZ}, \texttt{Str})\big\}.$$

Abb. 10.1 BCNF Zerlegung

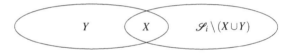

Jetzt sind alle Elemente von $\mathscr{Z}$ in BCNF und der Algorithmus gibt die Zerlegung $\mathscr{Z}$ als Resultat zurück.

Es lässt sich zeigen, dass ein Algorithmus, der iterativ ein Schema in zwei Schemata zerlegt, im Allgemeinen nicht eine abhängigkeitserhaltende Zerlegung erzeugen kann. Somit benötigen wir eine etwas komplexere Methode um eine abhängigkeitserhaltende Zerlegung in 3NF zu finden. Dabei benutzen wir vorgängig Lemma 10.19, um zu einer gegebenen Menge F von funktionalen Abhängigkeiten eine minimale Überdeckung zu berechnen.

Algorithmus für die 3NF-Zerlegung

Gegeben seien ein Schema $\mathscr{S}$ sowie eine *minimale* Menge F von funktionalen Abhängigkeiten. Für jede Abhängigkeit $X \to A \in F$ definieren wir ein Schema $\mathscr{S}_{X \to A}$, so dass

$$\mathscr{S}_{X \to A} = X \cup \{A\}$$

im mengentheoretischen Sinn.

> EINGABE: $\mathscr{S}$, F
>
> $\mathscr{Z} := \{\mathscr{S}_{X \to A} \mid X \to A \in F\}$
>
> IF kein $\mathscr{S}_{X \to A} \in \mathscr{Z}$ enthält Schlüssel für $\mathscr{S}$ bez. F THEN
>
> wähle Schema $\mathscr{K}$, welches Schlüssel für $\mathscr{S}$ ist
>
> $\mathscr{Z} := \mathscr{Z} \cup \{\mathscr{K}\}$
>
> AUSGABE: $\mathscr{Z}$

Die so erhaltene Ausgabemenge $\mathscr{Z}$ ist dann die gewünschte Zerlegung von $\mathscr{S}$ in 3NF bezüglich F.

Beispiel 10.23. Wir betrachten das Schema aus Beispiel 9.30, welches nicht in dritter Normalform ist. Wir haben

$\mathscr{S}_2 = (\,\texttt{BuchId, Autor, Jahrgang, Titel}\,)$

$F_2 = \big\{\{\texttt{BuchId}\} \to \{\texttt{Autor, Jahrgang, Titel}\}, \{\texttt{Autor}\} \to \{\texttt{Jahrgang}\}\big\}.$

Zuerst berechnen wir die minimale Überdeckung $\texttt{MU}(F_2)$ von F_2.

1. Durch Aufspalten erhalten wir

$$F_2' := \{ \texttt{BuchId} \to \texttt{Autor}, \texttt{BuchId} \to \texttt{Jahrgang}$$

$$\texttt{BuchId} \to \texttt{Titel}, \texttt{Autor} \to \texttt{Jahrgang} \}.$$

2. Redundante Attribute entfernen. Die linken Seiten sind alle ein-elementig. Es können
   also keine Attribute entfernt werden. Somit haben wir

$$F_2'' := F_2'.$$

3. Redundante Abhängigkeiten entfernen. Wir finden

$$\texttt{Jahrgang} \in \texttt{BuchId}^+ \text{ unter } F_2'' \setminus \{\texttt{BuchId} \to \texttt{Jahrgang}\}.$$

Somit gilt

$$F_2'' \setminus \{\texttt{BuchId} \to \texttt{Jahrgang}\} \simeq F_2''$$

und wir setzen

$$\texttt{MU}(F_2) := F_2''' := F_2'' \setminus \{\texttt{BuchId} \to \texttt{Jahrgang}\}.$$

Als Input für den 3NF-Algorithmus verwenden wir nun $\mathscr{S}_2$ und $\texttt{MU}(F_2)$. Im ersten Schritt
erhalten wir so die Zerlegung

$$\mathscr{Z} = \big\{ \{\texttt{BuchId}, \texttt{Autor}\}, \{\texttt{BuchId}, \texttt{Titel}\}, \{\texttt{Autor}, \texttt{Jahrgang}\} \big\}.$$

Das Schema $\{\texttt{BuchId}, \texttt{Autor}\} \in \mathscr{Z}$ enthält einen Schlüssel für $\mathscr{S}_2$ bezüglich $\texttt{MU}(F_2)$. Somit müssen wir im zweiten Schritt kein Schema hinzufügen.

Damit ist $\mathscr{Z}$ eine verlustfreie und abhängigkeitserhaltende Zerlegung des Schemas $\mathscr{S}_2$
in die dritte Normalform.

Anmerkung 10.24. Die Zerlegung $\mathscr{Z}$ im obigen Beispiel ist offensichtlich nicht optimal.
Die beiden Schemata

$$\{\texttt{BuchId}, \texttt{Autor}\} \text{ und } \{\texttt{BuchId}, \texttt{Titel}\}$$

könnten einfach zusammengefasst werden.

Dieser Effekt entsteht, weil eine minimale Überdeckung gemäss Definition aus *einfachen* funktionalen Abhängigkeiten besteht. Wir könnten nach der Berechnung von $\texttt{MU}(F_2)$
die Abhängigkeiten mit gleichen linken Seiten zusammenfassen zu

$$\mathrm{MU}'(F_2) := \big\{ \{\texttt{BuchId}\} \to \{\texttt{Autor}, \texttt{Titel}\}, \{\texttt{Autor}\} \to \{\texttt{Jahrgang}\} \big\}$$

und diese Menge als Input für den NF3-Algorithmus verwenden. Dies würde etwas bessere Ergebnisse liefern.

Anmerkung 10.25. Es gibt eine weitere Konstellation, in welcher der 3NF Algorithmus nicht zu einer optimalen Zerlegung führt. Wir betrachten nochmals das Schema

$$\mathscr{S}_3 = (\texttt{Stadt}, \texttt{Str}, \texttt{PLZ})$$

$$F_3 = \big\{ \{\texttt{Stadt}, \texttt{Str}\} \to \{\texttt{PLZ}\}, \quad \{\texttt{PLZ}\} \to \{\texttt{Stadt}\} \big\}.$$

Der Algorithmus liefert die Zerlegung

$$\big\{ (\texttt{Stadt}, \texttt{Str}, \texttt{PLZ}), (\texttt{Stadt}, \texttt{PLZ}) \big\}.$$

Diese Zerlegung erfüllt zwar die 3NF Bedingungen, ist aber nicht optimal. Offensichtlich ist das Schema (`Stadt`, `PLZ`) im Schema (`Stadt`, `Str`, `PLZ`) enthalten und damit überflüssig. Wir könnten den Algorithmus verbessern, indem wir am Ende noch überprüfen, ob es $\mathscr{S}', \mathscr{S}'' \in \mathscr{Z}$ gibt, so dass $\mathscr{S}' \subsetneq \mathscr{S}''$ gilt. Falls dies der Fall ist, entfernen wir $\mathscr{S}'$ aus $\mathscr{Z}$.

Beachte, dass in diesem Beispiel die funktionale Abhängigkeit

$$\{\texttt{PLZ}\} \to \{\texttt{Stadt}\} \tag{10.2}$$

für beide Schemata der Zerlegung gilt. Das heisst, sowohl

$$(\texttt{Stadt}, \texttt{Str}, \texttt{PLZ}) \quad \text{als auch} \quad (\texttt{Stadt}, \texttt{PLZ})$$

müssen (10.2) erfüllen. Damit können wir (`Stadt`, `PLZ`) aus der Zerlegung entfernen, ohne dass Abhängigkeiten verloren gehen.

Beispiel 10.26. In diesem Beispiel zeigen wir, weshalb wir möglicherweise ein Schema $\mathscr{K}$, welches ein Schlüssel für $\mathscr{S}$ ist, zu der Zerlegung in 3NF hinzufügen müssen. Wir betrachten ein Schema

$$\mathscr{S} := (\underline{A}, \underline{B}, C)$$

mit der Menge von funktionalen Abhängigkeiten

$$F := \{ B \to C \}.$$

Wir wenden nun den Algorithmus zur Zerlegung in 3NF an. Nach dem ersten Schritt erhalten wir

$$\mathscr{Z} = \big\{\{B, C\}\big\},$$

da $B \to C$ die einzige funktionale Abhängigkeit in F ist. Wir sehen, dass die Menge $\mathscr{Z}$ nach diesem ersten Schritt noch nicht alle Attribute aus $\mathscr{S}$ abdeckt. Die Menge $\mathscr{Z}$ ist also noch keine Zerlegung von $\mathscr{S}$. Der Algorithmus korrigiert dies im 2. Schritt, indem er noch einen Schlüssel $\mathscr{K}$ für $\mathscr{S}$ zu $\mathscr{Z}$ hinzufügt. Der einzige Schlüssel für $\mathscr{S}$ ist $\{A, B\}$ und wir erhalten somit

$$\mathscr{Z} = \big\{\{B, C\}, \{A, B\}\big\}$$

als 3NF–Zerlegung des Schemas $\mathscr{S}$.

Mit diesem Beispiel beschliessen wir dieses Buch und hoffen, dass Sie, liebe Leserinnen und Leser, das Wissen über relationale Datenbanken persistent gespeichert haben und effizient darauf zugreifen können.

Weiterführende Literatur[1]

1. Armstrong, W.W.: Dependency structures of data base relationships. In: IFIP Congress, S. 580–583 (1974)
2. Bernstein, P.A.: Synthesizing third normal form relations from functional dependencies. ACM Trans. Database Syst. **1**(4), 277–298 (1976). https://doi.org/10.1145/320493.320489
3. Biskup, J., Dayal, U., Bernstein, P.A.: Synthesizing independent database schemas. In: Proceedings of the 1979 ACM SIGMOD International Conference on Management of Data, SIGMOD '79, 143–151. ACM (1979). https://doi.org/10.1145/582095.582118
4. Tsou, D.M., Fischer, P.C.: Decomposition of a relation scheme into Boyce-Codd normal form. SIGACT News **14**(3), 23–29 (1982). https://doi.org/10.1145/990511.990513

---

[1]Armstrong [1] präsentierte seinen Kalkül zur Beschreibung von funktionalen Abhängigkeiten 1974. Bernstein [2] und Biskup et al. [3] studieren Synthesealgorithmen, um verlustfreie und abhängigkeitserhaltende Zerlegungen in dritte Normalform zu erzeugen. Die Dekomposition eines Schemas in Boyce-Codd Normalform wird unter anderem von Tsou und Fischer [4] untersucht.

Rollen und Berechtigungen

11

Nathalie Froidevaux und Thomas Studer

In diesem Kapitel werden die verschiedenen Möglichkeiten beim Erteilen von Zugriffsberechtigungen auf Datenbank-Objekte behandelt. Dazu schauen wir uns als erstes das
Konzept der Rollen in PostgreSQL und die Berechtigungen des Eigentümers (owner)
eines Datenbank-Objekts an. Auf die meisten Datenbank-Objekte kann standardmässig
nur der Eigentümer des Objekts oder ein Superuser zugreifen. Um weiteren Rollen den
Zugriff auf Datenbank-Objekte zu ermöglichen, müssen Mitgliedschaften oder explizite
Berechtigungen erteilt werden. Wir lernen die verschiedenen Arten von Berechtigungen
kennen und wie diese erteilt und wieder entfernt werden.

11.1 Datenbank-Rollen und -Objekte

PostgreSQL verwaltet Zugriffsberechtigungen anhand von Rollen (roles). Eine Rolle ist
entweder ein Datenbank-User oder eine Gruppe von Datenbank-Usern, je nachdem wie
die Rolle aufgesetzt ist. Rollen können Datenbank-Objekte (z. B. Tabellen, Funktionen)
besitzen und anderen Rollen Zugriffsberechtigungen (privileges) auf diese Objekte erteilen
und verwalten.

Weiter kann eine Rolle Mitglied von einer anderen Rolle sein, wobei die Zugriffsberechtigungen der "Gruppen-Rolle" von der "Mitglieder-Rolle" direkt oder indirekt
verwendet werden können. Mehr dazu im Abschnitt "Mitgliedschaft von Rollen".

Jede Rolle kann also ein User, eine User-Gruppe oder beides sein. In älteren Versionen
von PostgreSQL (vor 8.1) wurden die Entitäten "User" und "Gruppe" noch unterschieden,
jetzt gibt es nur noch "Rollen".

Datenbank-Rollen

Datenkbank-Rollen sind konzeptionell völlig separat von Betriebssystem-Usern zu betrachten. In der Praxis mag es nützlich sein, eine Beziehung zwischen einem Betriebssystem-User und der Datenbank-Rolle herzustellen, dies ist aber nicht zwingend nötig.

Ein frisch initialisiertes Datenbank-System enthält immer die vordefinierte Rolle Superuser, üblicherweise mit dem Namen "postgres". Die Rolle Superuser hat Zugriff auf alle Statements (Datenbank-Abfragen), alle anderen Rollen haben keine vordefinierten Berechtigungen. Somit muss als erstes der Superuser Rollen kreieren und Berechtigungen erteilen.

Rollen werden mit dem `CREATE ROLE` Statement und einem Rollen-Namen erstellt, z. B.:

```
CREATE ROLE alice
```

Eine Rolle kann mit dem `DROP ROLE` Statement, zusammen mit dem Rollen-Namen, wieder entfernt werden, wie z. B.:

```
DROP ROLE alice
```

Anmerkung 11.1. Wenn eine Rolle Eigentümer von Objekten ist, ist das Löschen dieser Rolle nicht direkt möglich und mit weiteren Aktionen verbunden. Dies wird im Abschnitt "Löschen von Rollen mit Datenbank-Objekten" genauer beschrieben.

Eine Auflistung aller existierender Rollen erhalten wir durch die Abfrage

```
SELECT rolname
FROM pg_roles
```

welche uns beispielsweise folgendes Resultat liefert:

rolname
postgres
bob
alice

Datenbank-Rollen sind global definiert, also Datenbank-übergreifend. Die obige Datenkbank-Abfrage ergibt also in jeder Datenbank innerhalb eines Datenbank-Clusters das gleiche Resultat.

Rollen-Attribute

Mit Attributen können einer Rolle Zugriffsberechtigungen erteilt werden. Zu den wichtigsten Attributen gehören z. B.:

- Das LOGIN Attribut, welches benötigt wird um sich mit einer Datenbank zu verbinden. Eine Rolle mit dem LOGIN Attribut kann als typischer Datenbank-User betrachtet werden.
- Das CREATEDB Attribut, welches einer Rolle erlaubt, Datenbanken zu erstellen.
- Das CREATEROLE Attribut, welches einer Rolle ermöglicht, selber Rollen zu erstellen, zu verändern und zu löschen. Weiter können mit diesem Attribut Mitgliedschaften von Rollen bei anderen Rollen erteilt und aufgelöst werden.
  Die Mitgliedschaften der Rolle Superuser sind davon ausgeschlossen.

Ein Attribut kann gesetzt werden, indem es beim Erstellen einer Rolle hinzugefügt wird, z. B.:

```
CREATE ROLE alice LOGIN
```

Anmerkung 11.2. Das Statement CREATE USER alice ist äquivalent zum Statement CREATE ROLE alice LOGIN.

Attribute können auch erst nach dem Erstellen einer Rolle hinzugefügt werden, wie z. B.:

```
CREATE ROLE bob
```

```
ALTER ROLE bob LOGIN
```

Anmerkung 11.3. In der Praxis ist es von Vorteil, eine Rolle mit den Attributen CREATEDB und CREATEROLE zu kreieren, welche aber nicht Superuser ist. Mit dieser Rolle werden dann Routine-Statements wie das Erstellen, Ändern und Löschen von Datenbanken, Rollen und Mitgliedschaften ausgeführt.

Da die Rolle Superuser automatisch alle Zugriffsberechtigungen hat und alle Zugriffs-Überprüfungen umgeht, ist diese Berechtigungsstufe vorsichtig zu handhaben. Mit einer zusätzlichen Rolle für Routine-Statements kann verhindert werden, dass aus Versehen heikle Manipulationen an Datenbanken und Rollen vorgenommen werden, die nur als Superuser vorgenommen werden sollen.

Zu PostgreSQL gehört das Terminal-basierte Front-End psql. Neben der interaktiven Ausführung von Datenbankabfragen unterstützt psql auch diverse Meta-Befehle. Im Folgenden wird es nützlich sein, einige davon zu kennen:

- \d liefert eine Liste aller Tabellen, Views und Sequenzen mit ihren jeweiligen Eigentümern.

- \du liefert eine Übersicht aller Rollen und den dazugehörigen Attributen.
- \dp liefert eine Liste aller Tabellen, Views und Sequenzen und den entsprechenden Zugriffsprivilegien.

Eine vollständige Liste aller `psql` Meta-Befehle findet man in der PostgreSQL Dokumentation [3].

Beispiel 11.4. Wir erstellen als Superuser folgende Rollen und erteilen verschiedene Attribute:

```
CREATE ROLE alice

CREATE ROLE bob LOGIN

CREATE ROLE admin

ALTER ROLE admin CREATEROLE
```

Betrachten wir die Rollen-Übersicht, welche uns das Statement \du anzeigt:

```
                         List of roles
   Role name    Attributes                     Member of
   admin        Create role, Cannot login      {}
   alice        Cannot login                   {}
   bob                                         {}
   postgres     Superuser, [...]               {}
```

Die Attribute der Rolle Superuser sind aus Platzgründen nicht alle aufgeführt, unter anderem sind hier auch die Attribute `Create role` und `Create DB` zu finden.

Mitgliedschaft von Rollen

Um die Verwaltung von Zugriffsberechtigungen zu vereinfachen, ist es üblich, mehrere User zu gruppieren und die Zugriffsberechtigungen für die ganze Gruppe zu definieren.

Eine "Gruppen-Rolle" wird, wie eine reguläre User-Rolle, mit dem `CREATE ROLE` Statement und einem Rollen-Namen erstellt und mit `DROP ROLE` und dem Rollen-Namen wieder gelöscht. Typischerweise wird für eine Gruppen-Rolle kein `LOGIN` Attribut gesetzt.

Mit den Statements `GRANT` und `REVOKE` werden Mitgliedschaften an Rollen erteilt und entfernt.

Beispiel 11.5. Wir erstellen als Superuser folgende Rollen, Attribute und Mitgliedschaften:

```
CREATE ROLE alice

CREATE ROLE bob LOGIN

CREATE ROLE admin

ALTER ROLE admin CREATEROLE

GRANT admin TO alice, bob

REVOKE admin FROM alice
```

Schauen wir uns die Rollen-Liste an, welche nun auch die erteilten Mitgliedschaften ausweist:

```
                        List of roles
```

Role name	Attributes	Member of
admin	Create role, Cannot login	{}
alice	Cannot login	{}
bob		{admin}
postgres	Superuser, [...]	{}

Ist eine Rolle Mitglied von einer anderen Rolle, kann sie die Zugriffsberechtigungen dieser Gruppen-Rolle unterschiedlich nutzen:

- Zugriffsberechtigungen auf Datenbank-Objekte wie Tabellen, werden automatisch an Mitglieder-Rollen weitervererbt. Dies umfasst unter anderem die Berechtigungen, Tabellen zu ändern (`ALTER TABLE`) und zu löschen (`DROP TABLE`) sowie Zeilen in Tabellen einzufügen (`INSERT`), abzufragen (`SELECT`), zu aktualisieren (`UPDATE`) und zu löschen (`DELETE`).

  Weiter erben die Mitglieder-Rollen die Möglichkeit, Zugriffsberechtigungen auf Tabellen weiteren Rollen zu gewähren (`GRANT`) und zu entziehen (`REVOKE`), wie im Kapitel "Zugriffsberechtigungen" beschrieben.

Diese automatische Vererbung kann mit dem Attribut NOINHERIT deaktiviert werden, mehr dazu im Abschnitt "Eigentümer von Datenbank-Objekten".

- Einige Spezial-Berechtigungen werden nicht automatisch an Mitglieder vererbt. Dabei handelt es sich um Berechtigungen, die mit Attributen erteilt werden, wie z. B. LOGIN, CREATEDB oder CREATEROLE.

Ist eine Rolle also Mitglied einer anderen Rolle, kann sie dessen durch Attribute gewährte Berechtigungen nicht direkt nutzen. Allerdings kann jede Mitglieder-Rolle vorübergehend die Funktion der Gruppen-Rolle einnehmen, indem sie das Statement SET ROLE ausführt.

Beispiel 11.6. Nehmen wir an, in der Datenbank sind die Rollen, Berechtigungen und Mitgliedschaften wie im vorigen Beispiel erstellt worden und wir sind als Rolle bob in der Datenbank eingeloggt. Wir möchten nun der Rolle alice das Attribut LOGIN erteilen und führen folgendes Statement aus:

```
ALTER ROLE alice LOGIN
```

Da wir, wie oben definiert, als Rolle bob kein Attribut CREATEROLE und somit keine Berechtigungen haben, Rollen zu ändern, erhalten wir das Feedback:

```
ERROR: permission denied
```

Die Rolle bob ist jedoch Mitglied der Rolle admin und wir können die Rolle wechseln:

```
SET ROLE admin
```

Somit werden die Berechtigungen der Rolle admin berücksichtigt und wir können Rollen erstellen und verändern und das Statement ALTER ROLE alice LOGIN ausführen.

Jede Rolle kann von beliebigen Rollen Mitglied sein und auch mehrstufige, und somit indirekte, Mitgliedschaften können kreiert werden.

Z. B. könnte die Rolle alice Mitglied von der Rolle bob sein und wäre dadurch indirektes Mitglied der Rolle admin:

```
                         List of roles
   Role name    Attributes                  Member of
   admin        Create role, Cannot login   {}
   alice                                     {bob}
   bob                                       {admin}
   postgres     Superuser, [...]            {}
```

Somit würde die Rolle `alice` die Zugriffsberechtigungen von der Rolle `bob` und von der Rolle `admin` erben und könnte ihre Rolle mit `SET ROLE` auch direkt zu `bob` oder `admin` wechseln um deren Zugriffsberechtigungen zu nutzen.

Anmerkung 11.7. Mit dem Statement `SET ROLE` kann nur zu Rollen gewechselt werden, in welchen die eingeloggte Rolle Mitglied ist, sei es direkt oder indirekt (über mehrere Stufen).

Umgekehrt geht dies jedoch nicht, z. B. wenn die Rolle `alice` Mitglied der Rolle `bob` ist, kann die eingeloggte Rolle `alice` zur Rolle `bob` wechseln. Sind wir jedoch als `bob` eingeloggt, können wir die Rolle nicht zu `alice` wechseln.

Eine Rolle, die Mitglieder hat, kann wie üblich mit dem Statement `DROP ROLE` und dem Rollen-Namen gelöscht worden. Alle Mitgliedschaften werden automatisch aufgelöst und bei den ehemaligen Mitgliedern nicht mehr aufgeführt, z. B:

```
DROP ROLE admin
```

Die Rolle `admin` wird gelöscht und die Mitgliedschaft von `bob` aufgelöst, bzw. unter der Rolle `bob` nicht mehr aufgeführt:

```
                          List of roles
    Role name    Attributes          Member of
    alice                            {}
    bob                              {}
    postgres     Superuser, [...]    {}
```

Eigentümer von Datenbank-Objekten

Datenbank-Objekte, wie z. B. Tabellen, Sequenzen oder Funktionen, haben immer einen Eigentümer (owner). In der Regel ist dies die Rolle, die das Objekt erstellt hat.

Dies muss nicht zwingend die eingeloggte Rolle sein: Falls eine Rolle Mitglied von einer "Gruppen-Rolle" ist und die Rolle mit dem Statement `SET ROLE` auf diese Gruppen-Rolle wechselt und dann ein Datenbank-Objekt erstellt, gilt diese Gruppen-Rolle als Eigentümer des Objekts.

Beispiel 11.8. Nehmen wir an, wir haben als Rolle `alice` eine neue Tabelle erstellt, wie z. B.:

```
CREATE TABLE books (
        bookId SERIAL,
        title VARCHAR(30),
        author VARCHAR(30))
```

Mit dem Statement \d erhalten wir eine Liste aller Relationen und ihren Eigentümern:

```
                       List of relations
   Schema    Name                    Type        Owner
   public    books                   table       alice
   public    books_bookid_seq        sequence    alice
```

Nehmen wir weiter an, die Rolle alice sei Mitglied der Rolle admin:

```
                      List of roles
   Role name    Attributes            Member of
   admin        Create role, [...]    {}
   alice                              {admin}
   bob                                {}
   postgres     Superuser, [...]      {}
```

Die eingeloggte Rolle alice kann ihre Rolle also wechseln:

```
SET ROLE admin
```

Somit können wir jetzt als Rolle admin Objekte erstellen, z. B.

```
CREATE TABLE movies (
      movieId SERIAL,
      title VARCHAR(30))
```

Und die Abfrage \d zeigt uns folgende Relationen und Eigentümer:

```
                       List of relations
   Schema    Name                    Type        Owner
   public    books                   table       alice
   public    books_bookid_seq        sequence    alice
   public    movies                  table       admin
   public    movies_movieid_seq      sequence    admin
```

Wie im Kapitel „Mitgliedschaft von Rollen" beschrieben, werden objektbezogene Berechtigungen automatisch an Mitglieder weitervererbt. Im obigen Beispiel ist die Rolle alice Mitglied der Rolle admin und kann somit direkt (ohne die Rolle zu wechseln) auf die Tabelle movies zugreifen, z. B. kann sie eine Zeile einfügen:

```
INSERT INTO movies
   VALUES (1, 'Skyfall')
```

Oder die Zeilen der Tabelle z. B. mit

```
SELECT *
FROM movies
```

abfragen, und erhält:

movieId	title
1	Skyfall

Sie kann Zeilen aktualisieren:

```
UPDATE movies
SET title = 'Goldeneye'
WHERE movieId = 1
```

Und auch Zeilen löschen:

```
DELETE FROM movies
```

Die Rolle alice kann auch die ganze Tabelle löschen:

```
DROP TABLE movies
```

Sie könnte auch weiteren Rollen Zugriff auf die Tabelle movies erteilen, so wie dies im Kapitel "Zugriffsberechtigungen" beschrieben wird.

Diese automatische Vererbung kann deaktiviert werden, indem einer Mitglieder-Rolle das Attribut NOINHERIT gesetzt wird. Somit kann die Mitglieder-Rolle nur noch auf Datenbank-Objekte der Gruppen-Rolle zugreifen, wenn sie mit SET ROLE aktiv die Gruppen-Rolle einnimmt.

Beispiel 11.9. Wir sind als alice eingeloggt und sind Mitglied der Rolle admin:

List of roles

Role name	Attributes	Member of
admin	Create role, [...]	{}
alice		{admin}
bob		{}
postgres	Superuser, [...]	{}

Wie im obigen Beispiel existiert eine Tabelle movies, die der Rolle admin gehört:

```
                         List of relations
     Schema   Name                   Type       Owner
     public   movies                 table      admin
     public   movies_movieid_seq     sequence   admin
```

Wir möchten es so einrichten, dass wir als Rolle alice nur auf die Tabelle movies zugreifen können, wenn wir aktiv zur Rolle admin wechseln. Um unseren direkten Zugriff zu deaktivieren, müssen wir uns das Attribut NOINHERIT zuweisen.

Ein Attribut wird mit dem ALTER ROLE Statement erteilt und kann nur von einer Rolle ausgeführt werden, die das Attribut CREATEROLE hat. Also müssen wir als erstes zur Rolle admin wechseln:

```
SET ROLE admin
```

Jetzt können wir die Berechtigung CREATEROLE der Rolle admin nutzen und der Rolle alice das Attribut NOINHERIT zuweisen:

```
ALTER ROLE alice NOINHERIT
```

Dieses Attribut wird in der Rollen-Übersicht wie folgt ausgewiesen:

```
                      List of roles
     Role name   Attributes          Member of
     admin       Create role, [...]  {}
     alice       No inheritance      {admin}
     bob                             {}
     postgres    Superuser, [...]    {}
```

Nachdem wir jetzt die Rolle mit

```
SET ROLE alice
```

wieder auf alice zurück wechseln und versuchen, eine Zeile in die Tabelle movies einzufügen, z. B. mit dem Statement

```
INSERT INTO movies
  VALUES (1, 'Skyfall')
```

wird der Zugriff neuerdings verweigert:

```
ERROR: permission denied for relation movies
```

Auch alle anderen Versuche von alice, direkt auf die Tabelle zuzugreifen, werden mit der obigen Error-Meldung abgeblockt.

Die Rolle `alice` kann jederzeit auf die Tabelle `movies` zugreifen, indem sie die Rolle zuerst zu `admin` wechselt, z. B.:

```
SET ROLE admin

INSERT INTO movies
  VALUES (1, 'Skyfall')
```

Mit dem Attribut `NOINHERIT` wird also verhindert, dass Mitglieder-Rollen die Zugriffsberechtigungen automatisch erben und dadurch nur indirekt auf die Datenbank-Objekte zugreifen können. Im Abschn. 11.2 sowie im Kap. 12 wird beschrieben, wie spezifische Zugriffsberechtigungen erteilt werden. So kann auch der Zugriff von Mitglieder-Rollen mit dem Attribut `NOINHERIT` gezielt eingerichtet werden.

Löschen von Rollen mit Datenbank-Objekten

Eine Rolle, die Datenbank-Objekte besitzt, kann nicht einfach so gelöscht werden. Vorher müssen die Datenbank-Objekte entweder gelöscht oder einem neuen Eigentümer zugewiesen werden.

Beispiel 11.10. Wie in den vorherigen Beispielen haben wir folgende Rollen, Attribute und Mitgliedschaften in unserer Datenbank:

List of roles

Role name	Attributes	Member of
admin	Create role, [...]	{}
alice		{admin}
bob		{}
postgres	Superuser, [...]	{}

Weiter existiert eine Tabelle `movies`, welche der Rolle `bob` gehört:

List of relations

Schema	Name	Type	Owner
public	movies	table	bob
public	movies_movieid_seq	sequence	bob

Die Rolle `bob` soll nun gelöscht werden. Wir sind als `alice` eingeloggt und haben kein Attribut `CREATEROLE`, welches es uns erlauben würde, Rollen und Mitgliedschaften zu verwalten. Das Statement

```
DROP ROLE bob
```

liefert uns eine Error-Meldung:

```
ERROR: permission denied to drop role
```

Als Mitglied der Rolle `admin` können wir zu dieser Rolle wechseln und deren Berechtigungen nutzen:

```
SET ROLE admin
```

Als Rolle `admin`, welche die nötigen Berechtigungen hat, versuchen wir es erneut:

```
DROP ROLE bob
```

Doch das Löschen der Rolle bob ist noch immer nicht möglich:

```
ERROR: role "bob" cannot be dropped
       because some objects depend on it
DETAIL: owner of sequence movies_movieid_seq
       owner of table movies
```

Bevor die Rolle bob gelöscht werden kann, müssen wir ihre Objekte entfernen.

Wir haben jetzt zwei Optionen: Wir löschen die Tabelle `movies` oder wir teilen ihr einen neuen Eigentümer zu.

Wir betrachten nun die erste Option: die Tabelle `movies` mit `DROP TABLE` zu löschen. Eine Tabelle kann normalerweise nur von der Eigentümer-Rolle und von deren Mitgliedern gelöscht werden. Wir haben als eingeloggte Rolle `alice` auf die Rolle `admin` gewechselt, aber auch so können wir die Tabelle von bob nicht löschen, das Statement

```
DROP TABLE movies
```

ergibt eine Error-Meldung:

```
ERROR: must be owner of relation movies
```

Die Rolle `admin` hat aber die Berechtigung, Mitgliedschaften zu verwalten (`Create role`), also erteilen wir der Rolle `admin` die Mitgliedschaft bei der Rolle bob:

```
GRANT bob TO admin
```

Die Mitgliedschaften sehen nun folgendermassen aus:

```
                        List of roles
     Role name    Attributes              Member of
     admin        Create role, [...]      {bob}
     alice                                {admin}
     bob                                  {}
     postgres     Superuser, [...]        {}
```

Als Mitglied der Rolle bob kann die Rolle admin jetzt die Tabelle movies löschen:

```
DROP TABLE movies
```

Und schliesslich kann auch die Rolle bob gelöscht werden:

```
DROP ROLE bob
```

Mit dem Löschen der Rolle bob wird auch gleich die Mitgliedschaft der Rolle admin entfernt:

```
                        List of roles
     Role name    Attributes              Member of
     admin        Create role, [...]      {}
     alice                                {admin}
     postgres     Superuser, [...]        {}
```

Anmerkung 11.11. Wenn die Rolle alice Mitglied der Rolle admin ist und diese wiederum Mitglied der Rolle bob, ist alice indirekt Mitglied von bob und könnte die Tabelle movies ebenfalls löschen.

Falls die Rolle alice das Attribut NOINHERIT hätte, könnte die Tabelle allerdings nur von den Rollen admin und bob manipuliert werden.

Hätte die Rolle admin das Attribut NOINHERIT, würde weder die Rolle admin noch die Rolle alice Zugriffsberechtigungen auf die Objekte von bob erben.

Nun untersuchen wir die zweite Option: Wir teilen die Tabelle movies mit ALTER ...OWNER TO ... einem neuen Eigentümer zu.

Tabellen können ebenfalls nur von der Eigentümer-Rolle oder von deren Mitgliedern einem neuen Eigentümer zugeteilt werden. Ausserdem muss die Rolle, die eine Tabelle einem neuen Eigentümer zuteilen möchte, auch Mitglied der neuen Eigentümer-Rolle sein.

Wir sind als Rolle `alice` eingeloggt und haben auf die Rolle `admin` gewechselt, um die Rolle `bob` zu löschen. Da wir die Tabelle `movies` von `bob` weiterverwenden möchten, werden wir die Tabelle einem neuen Eigentümer zuteilen.

Als Rolle `admin` erstellen wir als erstes die neue Rolle, welche wir als neue Eigentümer-Rolle vorsehen:

```
CREATE ROLE carol LOGIN
```

Wenn wir mit

```
ALTER TABLE movies OWNER TO carol
```

direkt versuchen, die Tabelle `movies` von `bob` an `carol` zuzuteilen, erhalten wir eine Error-Meldung

```
ERROR: must be owner of relation movies
```

Wir erhalten erst den nötigen Zugriff auf die Tabelle von `bob`, wenn wir Mitglied dieser Rolle sind, also erteilen wir uns diese Mitgliedschaft:

```
GRANT bob TO admin
```

Die Rollen-Übersicht weist nun folgende Rollen und Mitgliedschaften aus:

| | List of roles | |
Role name	Attributes	Member of
admin	Create role, [...]	{bob}
alice		{admin}
bob		{}
carol		{}
postgres	Superuser, [...]	{}

Mit den neuen Zugriffsberechtigungen versuchen wir mit

```
ALTER TABLE movies OWNER TO carol
```

erneut, die Tabelle `movies` der Rolle `carol` zuzuteilen. Dies klappt noch nicht:

```
ERROR: must be member of role "carol"
```

Die Rolle admin muss auch Mitglied der neuen Eigentümer-Rolle sein, wir erteilen uns also auch diese Mitgliedschaft:

```
GRANT carol TO admin
```

Neuerdings ist die Rolle admin also Mitglied der Rolle bob sowie der Rolle carol:

```
                        List of roles
     Role name    Attributes           Member of
     admin        Create role, [...]   {bob,carol}
     alice                             {admin}
     bob                               {}
     carol                             {}
     postgres     Superuser, [...]     {}
```

Schliesslich kann bob die Tabelle movies an carol zuteilen:

```
ALTER TABLE movies OWNER TO carol
```

Die Abfrage \d bestätigt uns das Ergebnis:

```
                    List of relations
     Schema   Name                 Type       Owner
     public   movies               table      carol
     public   movies_movieid_seq   sequence   carol
```

Die Mitgliedschaft von admin bei der Rolle carol können wir jetzt wieder auflösen:

```
REVOKE carol FROM admin
```

Und schliesslich ist auch das Löschen der Rolle bob möglich:

```
DROP ROLE bob
```

Anmerkung 11.12. Als elegantere Lösung können die Mitgliedschaften für das Umhängen der Tabelle movies wie folgt aufgesetzt werden:

```
                             List of roles
       Role name    Attributes              Member of
       admin        Create role, [...]      {bob}
       alice                                {admin}
       bob                                  {carol}
       carol                                {}
       postgres     Superuser, [...]        {}
```

Wir können so auch direkt als Rolle admin die Tabelle movies von bob an
carol übertragen. Beim Löschen der Rolle bob wird allerdings auch gleich dessen
Mitgliedschaft bei der Rolle carol sowie die Mitgliedschaft der Rolle admin bei der
Rolle bob entfernt.

Das Statement REASSIGN OWNED BY ...TO ... teilt alle Objekte, die einer
Rolle gehören, auf einmal einer anderen Rolle zu.

Mit diesem Statement können wir allerdings auf keine Objekte zugreifen, die in anderen
Datenbanken erstellt wurden. Das Statement muss folglich in jeder Datenbank wiederholt
werden, in welcher die Rolle Objekte besitzt.

Mit dem Statement DROP OWNED BY ... können alle Objekte, die einer Rolle
innerhalb einer Datenbank gehören, auf einmal gelöscht werden.

Das Statement ist ebenfalls nicht Datenbank-übergreifend und muss in jeder Datenbank
wiederholt werden, in welcher die Rolle Objekte besitzt. Datenbanken werden durch dieses
Statement nicht gelöscht, diese müssen manuell gelöscht werden.

Ausserdem werden mit dem DROP OWNED BY ... Statement auch alle Berechtigungen, die eine Rolle auf "fremde" Tabellen hat, entfernt. Einer Rolle können Zugriffsberechtigungen auf Tabellen gewährt werden, ohne dass sie Mitglied der Eigentümer-Rolle
sein muss. Ist dies der Fall, kann die Rolle nicht direkt gelöscht werden. Mehr dazu im
Kapitel "Löschen von Rollen mit Zugriffsberechtigungen".

Kurz gesagt, um eine Rolle x zu löschen, gibt es dieses allgemeine Rezept:

1. REASSIGN OWNED BY x TO y
2. DROP OWNED BY x
3. DROP ROLE x

Wobei die ersten zwei Statements in allen Datenbanken, in welchen die Rolle x Objekte
besitzt, wiederholt werden.

Anmerkung 11.13. Auch die Rolle Superuser kann keine Rollen löschen, die Objekte
besitzen. Allerdings kann die Rolle Superuser alle existierenden Datenbank-Objekte
löschen oder beliebigen Eigentümern zuweisen, ohne explizite Mitgliedschaften zu haben.

11.2 Zugriffsberechtigungen

Wenn ein Objekt kreiert wird, ist es einem Eigentümer zugeteilt. Dies ist normalerweise die Rolle, von welcher das Objekt kreiert worden ist. Die meisten Objekte kann standardmässig nur der Eigentümer oder der Superuser manipulieren. Alle Rollen, die nicht Mitglied der Eigentümer-Rolle sind, haben keinen Zugriff auf diese Objekte. Jeder Rolle können allerdings spezifische Zugriffsberechtigungen gewährt werden, ohne dass sie Mitglied der Eigentümer-Rolle sein muss.

Es gibt verschiedene Arten von Zugriffsberechtigungen, typische Tabellen- und Zeilen-Zugriffe sind zum Beispiel:

- `INSERT`
- `SELECT`
- `UPDATE`
- `DELETE`
- `TRUNCATE` (entfernt alle Zeilen aus einer oder mehreren Tabellen, ähnlich wie `DELETE`, aber schneller)
- `REFERENCES` (erlaubt das Erstellen einer Fremdschlüsselbeziehung zu anderen Tabellen oder zu ausgewählten Attributen in anderen Tabellen, vgl. Abschn. 6.4)

Zugriffsberechtigungen werden mit dem Statement `GRANT` erteilt, welches nur von der Eigentümer-Rolle des betreffenden Objekts, den Mitglieder-Rollen und von der Rolle Superuser ausgeführt werden kann.

Mit dem Statement `REVOKE` werden Zugriffsberechtigungen wieder aufgehoben. Auch dies kann nur von der Eigentümer-Rolle, den Mitglieder-Rollen und von der Rolle Superuser vorgenommen werden.

Eine Übersicht aller Berechtigungen auf die existierenden Schemata, erhalten wir mit der Abfrage `\dp`. Diese Tabelle "`Access privileges`" führt sechs Spalten, wobei die drei ersten Spalten die gleichen sind wie bei der "`List of relations`": `Schema`, `Name` und `Type`. Zusätzlich enthält sie drei weitere Spalten: `Access privileges`, `Column privileges` und `Policies`. Für dieses Kapitel ist lediglich die Spalte `Access privileges` relevant, die Spalte `Policies` wird im nächsten Kapitel behandelt. Aus Platzgründen werden die zwei letzten Spalten in den folgenden Beispielen vorerst nicht aufgeführt.

Beispiel 11.14. Wir sind als `alice` eingeloggt und haben folgende Rollen, Attribute und Mitgliedschaften in unserer Datenbank:

```
                          List of roles
        Role name    Attributes          Member of
        admin        Create role, [...]  {}
        alice                            {admin}
        bob                              {}
        postgres     Superuser, [...]    {}
```

Die Rolle bob erstellt die Tabelle movies:

```
CREATE TABLE movies (
        movieId integer PRIMARY KEY,
        title varchar(20))
```

Diese wird mit der Abfrage \d in der Datenbank angezeigt:

```
                  List of relations
        Schema   Name     Type    Owner
        public   movies   table   bob
```

Schauen wir uns die Zugriffsberechtigungen mit dem Statement \dp an. Die Rolle bob hat als Eigentümer der Tabelle movies alle relevanten Berechtigungen, so lange aber keine weiteren Berechtigungen erteilt werden, ist niemand explizit auf der Übersicht der Zugriffsberechtigungen aufgeführt:

```
                    Access privileges
        Schema   Name     Type     Access privileges   [...]
        public   movies   table
```

Die Rolle alice hat also keine Zugriffsberechtigungen auf die Tabelle movies und wenn sie z. B. die Abfrage

```
SELECT *
FROM movies
```

tätigt, erhält sie eine Zugriffsverweigerung:

```
ERROR: permission denied for relation movies
```

Diese Error-Meldung wird für jeden Zugriffs-Versuch von alice auf die Tabelle movies zurückgegeben.

Da der Eigentümer bob keine Mitglieder hat, kann nur er Zugriffsberechtigung auf die Tabelle movies gewähren. Allerdings ist alice Mitglied der Rolle admin und hat die Möglichkeit, die Rolle zu wechseln. Danach kann sie, Dank dem Attribut CREATEROLE von admin, eine Mitgliedschaft bei bob erteilen:

```
SET ROLE admin

GRANT bob TO admin
```

Wir definieren gleich direkt admin als Mitglied von bob, wodurch alice ein indirektes Mitglied von bob wird. Unsere Mitgliedschaften sehen jetzt so aus:

```
                      List of roles
    Role name    Attributes             Member of
    admin        Create role, [...]     {bob}
    alice                               {admin}
    bob                                 {}
    postgres     Superuser, [...]       {}
```

Da wir als Rolle admin nun Mitglied von bob sind, erben wir die Spezial-Berechtigung GRANT bezüglich der Tabelle von bob und können jetzt die gewünschte Zugriffsberechtigung an alice erteilen:

```
GRANT SELECT ON movies TO alice
```

Schliesslich entfernen wir die Mitgliedschaft von admin bei bob wieder und wechseln die Rolle zurück zu alice:

```
REVOKE bob FROM admin
SET ROLE alice
```

Ab sofort liefert die die Abfrage

```
SELECT *
FROM movies
```

die Tabelle:

```
    movieId    title
    1          Skyfall
    2          Casino Royale
```

Betrachten wir erneut die Übersicht der Zugriffsberechtigungen anhand der Abfrage \dp:

```
                          Access privileges
  Schema    Name     Type     Access privileges           [...]
  public    movies   table    bob=arwdDxt/bob        +
                              alice=r/bob
```

Neuerdings sind alle Rollen, die Zugriffsberechtigungen auf die Tabelle movies haben, mit ihren expliziten Berechtigungen aufgeführt: Die Rolle bob hat die Berechtigungen arwdDxt und die Rolle alice hat die Berechtigung r. Nach dem Schrägstrich ist jeweils der Eigentümer des Objekts aufgeführt.

Die Abkürzungen stehen für:

- a = INSERT („append")
- r = SELECT („read")
- w = UPDATE („write")
- d = DELETE
- D = TRUNCATE
- x = REFERENCES
- t = TRIGGER (erlaubt das Erstellen eines Triggers, mit welchem vor oder nach einer spezifischen Tabellen-Operation eine vordefinierte Funktion aktiviert werden kann. Z. B. wenn die Operation UPDATE ON accounts ausgeführt wird, soll zuerst die Funktion check_account_update() aufgerufen werden.)

Die Rolle alice hat nur eine Berechtigung zum Lesen der Tabelle movies erhalten, alle anderen Abfragen geben nach wie vor eine Error-Meldung zurück.

Mit dem Statement REVOKE können Berechtigungen wieder entfernt werden, z. B.:

```
REVOKE SELECT ON movies FROM alice
```

Mit dem Schlüsselwort ALL werden alle für das Objekt relevanten Berechtigungen auf einmal an eine Rolle erteilt, z. B.:

```
GRANT ALL ON movies TO alice
```

Die Zugriffsberechtigungen sind dann die gleichen, wie die der Eigentümer-Rolle (ausser die Spezial-Berechtigungen DROP, GRANT, REVOKE, welche nur durch Mitgliedschaft genutzt werden können), z. B.:

```
                          Access privileges
  Schema    Name     Type     Access privileges           [...]
  public    movies   table    bob=arwdDxt/bob        +
                              alice=arwdDxt/bob
```

Eine Berechtigung muss nicht jeder Rolle einzeln, sondern kann auch mehreren Rollen auf einmal gewährt werden, z. B.:

```
GRANT INSERT ON movies TO alice, carol

GRANT SELECT ON movies TO alice, carol

GRANT UPDATE ON movies TO alice
```

Die Rollen sind dann einzeln mit ihren erteilten Berechtigungen aufgeführt:

Access privileges				
Schema	Name	Type	Access privileges	[...]
public	movies	table	bob=arwdDxt/bob	+
			alice=arw/bob	+
			carol=ar/bob	

Es ist auch möglich, eine Berechtigung an alle im System existierenden Rollen auf einmal zu erteilen, indem eine Berechtigung an die Spezial-Rolle PUBLIC erteilt wird, z. B.:

```
GRANT INSERT ON movies TO PUBLIC
```

Auf der Übersichtstabelle der Zugriffsberechtigungen wird dann ein allgemeiner Eintrag für die erteilte Berechtigung kreiert:

Access privileges				
Schema	Name	Type	Access privileges	[...]
public	movies	table	bob=arwdDxt/bob	+
			=a/bob	

Demzufolge können wir mit folgendem Statement alle für die Tabelle movies relevanten Berechtigungen an alle Rollen im System erteilen:

```
GRANT ALL ON movies TO PUBLIC
```

Wiederum ist ein allgemeiner Eintrag mit allen relevanten Berechtigungen für die Tabelle movies aufgeführt:

Access privileges				
Schema	Name	Type	Access privileges	[...]
public	movies	table	bob=arwdDxt/bob	+
			=arwdDxt/bob	

Anmerkung 11.15. Mit der Berechtigung DELETE kann eine Rolle nur Datenmanipulationen vornehmen, also nur einzelne Tupel oder eine Menge von Tupeln aus einer Relation entfernen. Nur die Eigentümer-Rolle, Mitglieder dieser Rolle oder die Rolle Superuser können ganze Relationen (DROP TABLE) löschen.

Anmerkung 11.16. Die Eigentümer-Rolle kann sich selber auch Berechtigungen entfernen, z. B. um eine schreibgeschützte Tabelle zu kreieren.

Vererbung von Zugriffsberechtigungen

Die durch GRANT erteilten Zugriffsberechtigungen auf Datenbank-Objekte werden automatisch an Mitglieder einer Rolle weitervererbt.

Somit können wir Zugriffsberechtigungen auch anhand von Gruppen-Rollen und gezielten Mitgliedschaften verwalten. Dies kann vor allem bei zahlreichen Usern mit unterschiedlichen Berechtigungsstufen sinnvoll sein.

Beispiel 11.17. In einem Warengeschäft wollen wir eine Tabelle articles mit den verfügbaren Verkaufs-Artikeln führen. Die Personen, welche im Verkauf arbeiten, sollen diese Tabelle abfragen und aktualisieren können und die Personen, die in der Einkaufs-Abteilung arbeiten, sollen zusätzlich neue Artikel in die Tabelle einfügen können.

Wir haben die folgenden Rollen in unserer Datenbank, wobei die Rollen bob und carol im Verkauf arbeiten und die Rolle denis im Einkauf:

```
                       List of roles
      Role name    Attributes          Member of
      admin        Create role, [...]  {}
      alice        No inheritance      {admin}
      bob                              {}
      carol                            {}
      denis                            {}
      postgres     Superuser, [...]    {}
```

Wir sind als Rolle alice eingeloggt und können unsere Rolle zu admin wechseln. Durch das Attribut NOINHERIT verhindern wir, dass wir die Zugriffsberechtigungen auf die Datenbank-Objekte, die von der Rolle admin erstellt werden, nicht automatisch erben.

So können wir als fiktive Rolle admin die vorgesehene Tabelle articles verwalten und gezielte Zugriffsberechtigungen einrichten. Wir wechseln also mit dem Statement

```
SET ROLE admin
```

als erstes zur Rolle admin und erstellen dann die Tabelle articles:

```
CREATE TABLE articles (
        articleId INTEGER PRIMARY KEY,
        product VARCHAR(20),
        amount INTEGER)
```

Die erstellte Tabelle ist in der Liste der Relationen mit dem Eigentümer admin aufgeführt:

List of relations

Schema	Name	Type	Owner
public	articles	table	admin

Nun kreieren wir für die zwei Abteilungen die Gruppen-Rollen sales_dep und purchasing_dep und erteilen den Rollen die entsprechenden Mitgliedschaften:

```
CREATE ROLE sales_dep
```

```
CREATE ROLE purchasing_dep
```

```
GRANT sales_dep TO bob, carol
```

```
GRANT purchasing_dep TO denis
```

Die Rollen und Mitgliedschaften sehen jetzt folgendermassen aus:

List of roles

Role name	Attributes	Member of
admin	Create role, [...]	{}
alice	No inheritance	{admin}
bob		{sales_dep}
carol		{sales_dep}
denis		{purchasing_dep}
postgres	Superuser, [...]	{}
purchasing_dep	Cannot login	{}
sales_dep	Cannot login	{}

Bis jetzt hat ausser der Rolle admin noch keine weitere Rolle Zugriff auf die Tabelle articles, diesen muss die Rolle admin jetzt einrichten.

Damit alle Rollen, die im Verkauf und im Einkauf arbeiten, die Tabelle abfragen und verändern können, erteilen wir beiden Gruppen-Rollen die folgenden Zugriffsberechtigungen:

```
GRANT SELECT ON articles TO sales_dep, purchasing_dep
```

```
GRANT UPDATE ON articles TO sales_dep, purchasing_dep
```

Weiter sollen die Rollen, die im Einkauf arbeiten, zusätzlich neue Einträge in die Tabelle einfügen können. Wir erteilen der Gruppen-Rolle `purchasing_dep` also auch noch folgende Zugriffsberechtigung:

```
GRANT INSERT ON articles TO purchasing_dep
```

Die erteilten Berechtigungen sind auf der Übersicht der Zugriffsberechtigungen wie folgt aufgeführt:

Access privileges

Schema	Name	Type	Access privileges	[...]
public	articles	table	admin=arwdDxt/admin	+
			sales_dep=rw/admin	+
			purchasing_dep=arw/admin	

Versuchen wir als Rolle `bob` oder `carol`, die Mitglieder der Gruppen-Rolle `sales_dep` sind, mit dem Statement

```
INSERT INTO articles
  VALUES (1, 'Tablet computer A', 10)
```

einen Eintrag in die Tabelle `articles` zu machen, wird der Zugriff verweigert:

```
ERROR: permission denied for relation articles
```

Die Rolle `denis`, welche im Einkauf arbeitet und Mitglied der Gruppen-Rolle `purchasing_dep` ist, kann die Zeile hingegen einfügen:

```
INSERT INTO articles
  VALUES (1, 'Tablet computer A', 10)
```

Die Rollen `bob` und `carol` erben hingegen die Lese-Berechtigung auf die Tabelle `articles` von der Gruppen-Rolle `sales_dep` und erhalten auf die Abfrage

```
SELECT *
FROM articles
```

das Resultat:

articleId	product	amount
1	Tablet computer A	10

Weiter erben die beiden Rollen `bob` und `carol` von ihrer Gruppen-Rolle die Zugriffsberechtigung zum Ändern von Einträgen, somit können sie folgendes Statement erfolgreich ausführen:

```
UPDATE articles
SET amount = 9
WHERE articleId = 1
```

Anmerkung 11.18. Würde man der Rolle `alice` auch eine Mitgliedschaft bei der Gruppen-Rolle `sales_dep` oder `purchasing_dep` erteilen, würde sie deren Zugriffsberechtigungen wegen dem `NOINHERIT` Attribut nicht automatisch erben. Sie hätte also nur Zugriff auf die Tabelle `articles` wenn sie ihre Rolle zu einer der Gruppen-Rollen wechselt oder wenn die Zugriffsberechtigungen direkt an die Rolle `alice` erteilt würden.

Löschen von Rollen mit Zugriffsberechtigungen

Eine Rolle, die Zugriffsberechtigungen auf eine Tabelle hat, kann nicht direkt gelöscht werden. Zugriffsberechtigungen müssen, wie Datenbank-Objekte, vor dem Löschen der Rolle entfernt werden.

Besitzt eine Rolle eigene Tabellen, existieren Zugriffsberechtigungen auf diese Datenbank-Objekte. Mit dem Entfernen der Tabellen, wie im Abschnitt "Löschen von Rollen mit Datenbank-Objekten" beschrieben, werden auch die Zugriffsberechtigungen darauf entfernt.

Wenn die zu löschende Rolle allerdings Zugriffsberechtigungen auf Tabellen hat, von welchen sie nicht Eigentümerin ist, müssen diese Zugriffsberechtigungen separat entfernt werden.

Einzelne Zugriffsberechtigungen werden mit dem Statement `REVOKE` entfernt. Um alle Zugriffsberechtigungen einer Rolle auf einmal zu löschen, können wir das Statement `DROP OWNED BY ...` ausführen. Dabei werden auch alle Objekte dieser Rolle gelöscht werden, falls noch welche existieren sollten!

Wie unter „Löschen von Rollen mit Datenbank-Objekten" empfohlen, können wir also für das Löschen einer Rolle x zuerst die Objekte, die wir weiter verwenden möchten, an einen neuen Eigentümer y überweisen (`REASSIGN OWNED BY x TO y`) und dann alle übrigen Objekte und Zugriffsberechtigungen der Rolle x löschen (`DROP OWNED BY x`).

Dies wird in jeder Datenbank wiederholt, worin die zu löschende Rolle x Objekte besitzt oder Zugriffsberechtigungen darauf hat. Dann kann die Rolle schliesslich gelöscht werden (DROP ROLE x).

Beispiel 11.19. Nehmen wir an, wir haben folgende Rollen in unserer Datenbank:

```
                         List of roles
     Role name   Attributes                          Member of
     admin       Create role, [...]                  {}
     alice                                           {admin}
     bob                                             {}
     carol                                           {}
     postgres    Superuser, [...], Bypass RLS        {}
```

Es existieren die Tabellen books und movies, welche der Rolle carol bzw. bob gehören:

```
              List of relations
     Schema    Name      Type     Owner
     public    books     table    carol
     public    movies    table    bob
```

Die Rolle carol hat den Rollen alice und bob alle Zugriffsberechtigungen auf die Tabelle books erteilt:

```
GRANT ALL ON books TO alice, bob
```

Und auch die Rolle bob gewährt den Rollen alice und carol alle Zugriffe auf seine Tabelle:

```
GRANT ALL ON movies TO alice, carol
```

Die Übersicht der Zugriffsberechtigungen sieht also folgendermassen aus:

```
                        Access privileges
     Schema    Name      Type     Access privileges           [...]
     public    books     table    carol=arwdDxt/carol    +
                                  alice=arwdDxt/carol    +
                                  bob=arwdDxt/carol
     public    movies    table    bob=arwdDxt/bob        +
                                  alice=arwdDxt/bob      +
                                  carol=arwdDxt/bob
```

Wir sind jetzt als `alice` eingeloggt und möchten die Rolle `bob` löschen. Um Rollen zu löschen benötigen wir das Attribut `CREATEROLE`, welches die Rolle `admin` hat. Da diese Spezial-Berechtigung nicht automatisch vererbt wird, wechseln wir als Mitglied der Rolle `admin` unsere Rolle, um mit deren Berechtigungen das Löschen von `bob` vorzunehmen:

```
SET ROLE admin
```

Wenn wir direkt versuchen, die Rolle `bob` mit

```
DROP ROLE bob
```

zu löschen, erhalten wir eine Error-Meldung:

```
ERROR: role "bob" cannot be dropped
       because some objects depend on it
DETAIL: privileges for table books
        owner of table movies
```

Die Rolle kann nicht gelöscht werden weil einerseits Zugriffsberechtigungen für `bob` auf die Tabelle `books` existieren und weil `bob` Eigentümer der Tabelle `movies` ist.

Wir werden zunächst die Tabelle `movies` von `bob` an die Rolle `carol` übertragen. Dazu erteilen wir der Rolle `admin` die Mitgliedschaft bei der Rolle `bob` und dieser Rolle wiederum die Mitgliedschaft bei der Rolle `carol`:

```
GRANT bob TO admin
```

```
GRANT carol TO bob
```

Hier die Übersicht der aktuellen Mitgliedschaften:

```
                            List of roles

 Role name   Attributes                      Member of
 admin       Create role, [...]              {bob}
 alice                                       {admin}
 bob                                         {carol}
 carol                                       {}
 postgres    Superuser, [...], Bypass RLS    {}
```

Mit der Mitgliedschaft bei `bob` und der indirekten Mitgliedschaft bei `carol`, kann die Rolle `admin` die Tabelle `movies` von `bob` an `carol` übertragen. Für einzelne

Tabellen können wir dies mit dem Statement ALTER TABLE movies OWNER TO carol durchführen oder das generelle Statement anwenden, welches alle existierenden Tabellen von bob an carol überträgt:

```
REASSIGN OWNED BY bob TO carol
```

Die Abfrage \d zeigt uns, dass jetzt auch die Tabelle movies der Rolle carol gehört:

```
                List of relations
      Schema    Name      Type      Owner
      public    books     table     carol
      public    movies    table     carol
```

Schauen wir uns an, was mit den Zugriffsberechtigungen passiert ist:

```
                    Access privileges
   Schema   Name     Type     Access privileges           [...]
   public   books    table    carol=arwdDxt/carol     +
                              alice=arwdDxt/carol      +
                              bob=arwdDxt/carol
   public   movies   table    carol=arwdDxt/carol        +
                              alice=arwdDxt/carole
```

Durch das Umschreiben der Tabelle movies hat bob seine Zugriffsberechtigungen darauf verloren und ist dort nicht mehr aufgeführt.

Bevor wir die Rolle bob löschen können, müssen jetzt noch seine Zugriffsberechtigungen auf die Tabelle books entfernt werden.

Da die Rolle admin immer noch indirektes Mitglied der Rolle carol ist, welcher die Tabelle books gehört, kann die Rolle admin auch Zugriffsberechtigungen auf die Tabelle verwalten. Entweder kann die Rolle admin das Tabellen-spezifische Statement REVOKE ALL ON books FROM bob ausführen oder auch hier das generelle Statement anwenden um alle existierenden Objekte inkl. Zugriffsberechtigungen der Rolle bob zu löschen:

```
DROP OWNED BY bob
```

Jetzt existieren für die Rolle bob keine Zugriffsberechtigungen mehr:

Access privileges

Schema	Name	Type	Access privileges	[...]
public	books	table	carol=arwdDxt/carol	+
			alice=arwdDxt/carol	
public	movies	table	carol=arwdDxt/carol	+
			alice=arwdDxt/carol	

Schliesslich kann die Rolle bob gelöscht werden:

```
DROP ROLE bob
```

Damit werden auch gleich die vorher kreierten Mitgliedschaften entfernt und wir haben jetzt noch folgende Rollen und Mitgliedschaften in der Datenbank:

List of roles

Role name	Attributes	Member of
admin	Create role, [...]	{}
alice		{admin}
carol		{}
postgres	Superuser, [...], Bypass RLS	{}

Weiterführende Literatur[1]

1. The PostgreSQL Global Development Group: Postgresql documentation, database roles (2018). https://www.postgresql.org/docs/current/static/user-manag.html. Zugegriffen am 11.06.2019
2. The PostgreSQL Global Development Group: Postgresql documentation, privileges (2018). https://www.postgresql.org/docs/current/static/ddl-priv.html. Zugegriffen am 11.06.2019
3. The PostgreSQL Global Development Group: Postgresql documentation, PSQL (2018). https://www.postgresql.org/docs/current/static/app-psql.html. Zugegriffen am 11.06.2019

[1] Als Grundlage für dieses Kapitel diente die online verfügbare PostgreSQL Dokumentation zu Version 10. Daraus wurden die Inhalte berücksichtigt, welche einen Bezug auf die vorherigen Kapitel in diesem Buch hatten. Die Handhabung von Datenbank-Rollen in PostgreSQL ist unter [1] aufgeführt und unterr [2] ist das System der Zugriffsberechtigungen beschrieben.

Zugriffsberechtigungen und Sicherheitsrichtlinien auf Zeilenebene

Nathalie Froidevaux und Thomas Studer

Als Erweiterung zum standardmässigen SQL-Zugriffsberechtigungs-System, welches den Zugriff auf ganze Tabellen regelt, schauen wir uns in diesem Kapitel die Möglichkeiten der Zugriffsbeschränkung auf spezifische Zeilen an. Die Einschränkung des Zeilenzugriffs kann auf ausgewählte User und/oder Zeilen-Operationen angewendet werden. Somit können wir mit Sicherheitsrichtlinien auf Zeilenebene die Berechtigungen eines Users noch gezielter definieren.

12.1 Zeilenschutz

Zusätzlich zum standardmässigen SQL-Zugriffsberechtigungs-System, welches mit dem Statement GRANT verwaltet wird, können wir für eine Tabelle Sicherheitsrichtlinien auf Zeilenebene (row security policies) einrichten. Dieses Feature wird auch "Row-Level Security" genannt, wobei pro User festgelegt werden kann, welche Zeilen bei den Tabellen-Operationen auf Zeilenebene (SELECT, INSERT, UPDATE, DELETE) zurückgegeben oder verändert werden dürfen.

Nachdem einer Rolle, wie im Kap. 11 beschrieben, mit GRANT Zugriffsberechtigungen auf eine Tabelle erteilt werden, sind standardmässig alle Zeilen dieser Tabelle für die erteilten Zugriffe freigegeben. Bei einer Datenbank-Abfrage werden die Zugriffsberechtigungen der ausführenden Rolle mit den existierenden Sicherheitsrichtlinien auf Zeilenebene kombiniert und der Zugriff auf eine Tabelle nur auf die freigegebenen Zeilen gewährt.

Damit die Sicherheitsrichtlinien auf Zeilenebene zur Anwendung kommen, muss der Zeilenschutz (row security) aktiviert sein. Falls der Zeilenschutz aktiv ist und noch keine Sicherheitsrichtlinen auf Zeilenebene definiert sind, kommt eine sogenannte "Verweigerungs-Richtlinie" (default-deny policy) zum Zug und hat zur Folge, dass

T. Studer, *Relationale Datenbanken*,
https://doi.org/10.1007/978-3-662-58976-2_12

gar keine Zeilen sichtbar sind. Sobald Sicherheitsrichtlinien auf Zeilenebene existieren, ersetzen diese die Verweigerungs-Richtlinie und definieren dann, welche Zeilen für welche Zeilen-Operationen sichtbar sein sollen.

Die Rolle Superuser verfügt automatisch über das Attribut BYPASSRLS (Bypass Row-Level Security) und umgeht so das Sicherheitssystem auf Zeilenebene (row-security-system). Dieses Attribut kann jeder Rolle zugesprochen werden, jedoch nur durch die Rolle Superuser.

Anmerkung 12.1. Operationen, welche nicht auf Zeilenebene, sondern auf die ganze Tabelle angewendet werden, wie TRUNCATE (entfernt alle Zeilen aus einer oder mehreren Tabellen) und REFERENCES (erstellt eine Fremdschlüsselbeziehung zwischen Tabellen) sind von Sicherheitsrichtlinien auf Zeilenebene nicht betroffen.

Schauen wir uns als erstes an einem Beispiel an, wie der Zeilenschutz (row security) aktiviert wird und was dies für Auswirkungen auf Rollen hat, die mit GRANT standardmässige Zugriffsberechtigungen auf eine Tabelle erhalten haben.

Beispiel 12.2. Wird sind als alice eingeloggt und haben folgende Rollen, Attribute und Mitgliedschaften in unserer Datenbank:

```
                          List of roles
   Role name   Attributes                          Member of
   admin       Create role, [ ]                    {}
   alice                                           {}
   bob                                            {admin}
   postgres    Superuser, [...], Bypass RLS        {}
```

Man beachte das Attribut BYPASSRLS (ausgeschrieben als Bypass RLS), welches beim Superuser aufgeführt ist. Da dies in früheren Beispielen irrelevant war, wurde es bisher nicht explizit erwähnt.

Die Rolle bob hat die Tabelle movies erstellt:

```
CREATE TABLE movies (
        movieId integer PRIMARY KEY,
        title varchar(20))
```

Der Besitzer bob ist auf der Liste der Relationen wie üblich angegeben:

```
             List of relations
   Schema    Name     Type     Owner
   public    movies   table    bob
```

Da die Rolle `alice` kein Mitglied der Rolle `bob` ist, erbt sie nicht automatisch Zugriffsberechtigungen auf die von `bob` erstellten Objekte. Die Rolle `bob` hat jedoch der Rolle `alice` mittels `GRANT` alle Zugriffsberechtigungen auf das Objekt `movies` erteilt:

```
GRANT ALL ON movies TO alice
```

Auf der Übersichtstabelle der Zugriffsberechtigungen ist dies wie folgt nachgewiesen:

		Access privileges		
Schema	Name	Type	Access privileges	[...]
public	movies	table	bob=arwdDxt/bob	+
			alice=arwdDxt/bob	

Somit kann die Rolle `alice`, wie in Abschn. 10.2 beschrieben, alle standardmässigen (tabellen- und zeilenbezogenen) Operationen auf die Tabelle `movies` ausführen.

Die Rolle `alice` kann beispielsweise die folgenden zwei Zeilen in die Tabelle `movies` einfügen:

```
INSERT INTO movies
  VALUES (1, 'Spectre')

INSERT INTO movies
  VALUES (2, 'Casino Royale')
```

Für die Zeilen-Abfrage

```
SELECT *
FROM movies
```

hat `alice` ebenfalls die nötige Berechtigung und erhält das Resultat:

movieId	title
1	Spectre
2	Casino Royale

Auch Änderungsanweisungen kann `alice` erfolgreich ausführen:

```
UPDATE movies
SET title = 'Skyfall'
WHERE movieId = 1;
```

Und auch das Löschen von Zeilen ist für `alice` möglich:

```
DELETE FROM movies
WHERE movieId = 2
```

Bevor `bob` den Zeilenschutz aktiviert, betrachten wir nochmals das aktuelle Resultat der Zeilen-Abfrage:

```
SELECT *
FROM movies
```

Wir erhalten die Tabelle:

movieId	title
1	Skyfall

Da nun `bob` für seine Tabelle `movies` eine Sicherheitsrichtlinie auf Zeilenebene einrichten möchte, muss er den Zeilenschutz aktivieren:

```
ALTER TABLE movies ENABLE ROW LEVEL SECURITY
```

Wenn wir jetzt einen Blick auf die Liste der Zugriffsberechtigungen werfen, stellen wir fest, dass sich hier nichts verändert hat:

Access privileges				
Schema	Name	Type	Access privileges	[...]
public	movies	table	bob=arwdDxt/bob +	
			alice=arwdDxt/bob	

Durch das Aktivieren des Zeilenschutzes wird jedoch die Verweigerungs-Richtlinie angewendet und auch für Rollen, die Zugriffsberechtigungen haben, sind keine Zeilen für Abfragen oder Manipulationen zugänglich.

Die gleiche Zeilen-Abfrage wie vor der Aktivierung des Zeilenschutzes

```
SELECT *
FROM movies
```

liefert `alice` jetzt nur noch eine leere Liste:

movieId	title

Auf den Versuch, eine Zeile mit

```
INSERT INTO movies
  VALUES (2, 'Quantum of Solace')
```

einzufügen, erhält alice neuerdings eine Error-Meldung:

```
ERROR: new row violates row-level security policy
       for table "movies"
```

Und auch die Statements UPDATE und DELETE sind durch den Zeilenschutz wirkungslos geworden.

Allerdings betrifft der Zeilenschutz nur Operationen auf Zeilenebene. Die Rolle alice hat z. B. auch die Berechtigungen D (TRUNCATE) und x (REFERENCES), welche auf die ganze Tabelle angewendet werden und vom Sicherheitssystem auf Zeilenebene nicht betroffen sind. Diese Statements kann alice weiterhin erfolgreich ausführen.

Nun kann bob eine Sicherheitsrichtlinie auf Zeilenebene formulieren, um zu definieren, welche Zeilen für alice sichtbar und modifizierbar sein sollen. Dies wird die Verweigerungs-Richtlinie ersetzen und die Zugriffsberechtigungen von alice werden für die freigegebenen Zeilen wieder berücksichtigt.

Der Zeilenschutz wird, wie im obigen Beispiel beschrieben, mit dem Statement

```
ALTER TABLE ...   ENABLE ROW LEVEL SECURITY
```

aktiviert. Zum Deaktivieren dient das Statement

```
ALTER TABLE ...   DISABLE ROW LEVEL SECURITY.
```

Der Zeilenschutz kann nur vom Objekt-Eigentümer und von Mitglieder-Rollen aktiviert und deaktiviert werden (die Zugriffsberechtigung ALTER TABLE wird an Mitglieder-Rollen weitervererbt).

Nebst der Rolle Superuser umgehen auch der Tabellen-Eigentümer und seine Mitglieder das Sicherheitssystem auf Zeilenebene. Die Eigentümer-Rolle hat also nach dem Aktiveren des Zeilenschutzes und dem Aufsetzen von Sicherheitsrichtlinien auf Zeilenebene weiterhin vollumfänglichen Zugriff auf ihre Tabelle.

Um sich selber auch in das Sicherheitssystem auf Zeilenebene einzubeziehen, kann die Eigentümer-Rolle zusätzlich das Statement

```
ALTER TABLE ...   FORCE ROW LEVEL SECURITY
```

ausführen. Danach werden der Zeilenschutz und die Sicherheitsrichtlinien auf Zeilenebene auch auf die Eigentümer-Rolle angewendet. Zum Deaktiveren dient schliesslich das Statement

```
ALTER TABLE ...  NO FORCE ROW LEVEL SECURITY
```

und der vollumfängliche Zugriff ist für die Eigentümer-Rolle und ihre Mitglieder wieder hergestellt.

12.2 Sicherheitsrichtlinien

Sicherheitsrichtlinien auf Zeilenebene werden mit `CREATE POLICY` erstellt, mit `ALTER POLICY` verändert und mit `DROP POLICY` gelöscht. Nur der Tabellen-Eigentümer und dessen Mitglieder-Rollen können Sicherheitsrichtlinien auf Zeilenebene für die betreffende Tabelle erstellen, verändern und löschen.

Falls der Zeilenschutz nicht aktiviert wurde, werden die Sicherheitsrichtlinien auf Zeilenebene bei einer Abfrage ignoriert und sind somit wirkungslos.

Eine Sicherheitsrichtlinie auf Zeilenebene muss mit einem einmaligen Namen und einem Ausdruck (expression) formuliert werden, welcher eine boolesche Variable (Boolean) zurückgibt. Dieser Ausdruck wird bei einer Operation auf Zeilenebene als erstes für jede Zeile geprüft und nur jene Zeilen werden weiterverarbeitet, für welche der Ausdruck "wahr" (true) zurückgibt.

Mit dem Schlüsselwort `ON` wird eine Sicherheitsrichtlinie auf Zeilenebene einer bestimmten Tabelle zugewiesen. Alle erstellten Sicherheitsrichtlinien auf Zeilenebene werden in der Übersichtstabelle der Zugriffsberechtigungen (durch die Abfrage `\dp` einsehbar) auf der Zeile der zugehörigen Tabelle in der Spalte `Policies` aufgelistet.

Wir können Sicherheitsrichtlinien auf Zeilenebene mit dem Schlüsselwort `TO` für spezifische Rollen definieren. Lassen wir diese Angabe weg, wird die Sicherheitsrichtlinie auf Zeilenebene standardmässig auf alle im System existierenden Rollen angewendet. Den gleichen Effekt hat die Angabe `TO PUBLIC`, womit wir eine Sicherheitsrichtlinie auf Zeilenebene explizit für alle Rollen im System definieren.

Schauen wir uns ein einfaches Beispiel an, wie eine Sicherheitsrichtlinie auf Zeilenebene erstellt wird:

Beispiel 12.3. Wir haben in unserer Datenbank folgende Rollen:

```
                    List of roles
  Role name   Attributes                    Member of
  admin       Create role, [...]            {}
  alice                                     {}
  bob                                       {admin}
  carol                                     {}
  postgres    Superuser, [...], Bypass RLS  {}
```

Die Rolle bob erstellt die Tabelle movies wie folgt:

```
CREATE TABLE movies (
      movieId integer PRIMARY KEY,
      title varchar(20),
      created_by varchar(10))
```

Wir sehen hier eine zusätzliche Domäne created_by in der Tabelle movies, worin der Name der Rolle verzeichnet werden soll, von welcher die Zeile eingefügt wurde.

Die erstellte Tabelle ist wie üblich in der Liste der Relationen aufgeführt:

```
              List of relations
  Schema    Name      Type      Owner
  public    movies    table     bob
```

Bis jetzt hat nur bob Zugriff auf seine Tabelle und erteilt nun den Rollen alice und carol die Berechtigungen zum Abfragen, Einfügen, Ändern und Löschen von Zeilen in der Tabelle movies:

```
GRANT SELECT ON movies TO alice, carol

GRANT INSERT ON movies TO alice, carol

GRANT UPDATE ON movies TO alice, carol

GRANT DELETE ON movies TO alice, carol
```

Die Übersichtstabelle der Zugriffsberechtigungen sieht also folgendermassen aus:

```
                  Access privileges
  Schema   Name     Type    Access privileges        [...]
  public   movies   table   bob=arwdDxt/bob        +
                            alice=arwd/bob         +
                            carol=arwd/bob
```

Jetzt kann die Rolle alice folgende Zeilen in die Tabelle movies einfügen:

```
INSERT INTO movies
  VALUES (1, 'Skyfall', 'alice')

INSERT INTO movies
  VALUES (2, 'Casino Royale', 'alice')
```

Auch die Rolle `carol` fügt eine Zeile ein:

```
INSERT INTO movies
  VALUES (3, 'Spectre', 'carol')
```

Und die Rolle `bob` fügt selber auch noch eine Zeile ein:

```
INSERT INTO movies
  VALUES (4, 'Quantum of Solace', 'bob')
```

Die Zeilen-Abfrage

```
SELECT *
FROM movies
```

liefert bei allen Rollen das gleiche Resultat:

movieId	title	created_by
1	Skyfall	alice
2	Casino Royale	alice
3	Spectre	carol
4	Quantum of Solace	bob

Mit der Berechtigung `INSERT` ist es allerdings auch möglich, eine Zeile mit einem anderen Namen als dem eigenen einzufügen. Die Rolle `alice` kann beispielsweise eine Zeile mit dem Namen `bob` in der Domäne `created_by` einfügen:

```
INSERT INTO movies
  VALUES(5, 'Goldfinger', 'bob')
```

Die Rolle `bob` möchte also eine Sicherheitsrichtlinie auf Zeilenebene so formulieren, dass die Rollen `alice` und `carol` nur noch Zeilen in ihrem eigenen Namen einfügen können sowie nur noch Zeilen abfragen und bearbeiten können, welche sie selber eingefügt haben. Zunächst aktiviert `bob` den Zeilenschutz:

```
ALTER TABLE movies ENABLE ROW LEVEL SECURITY
```

Somit kommt die default-deny policy zum Zuge und für die Rollen `alice` und `carol` sind vorübergehend keine Zeilen mehr sichtbar und modifizierbar.

Die Rolle `bob` formuliert nun die Sicherheitsrichtlinie auf Zeilenebene mit dem Namen `movies_policy` auf die Tabelle `movies`:

```
CREATE POLICY movies_policy ON movies
       USING (created_by = current_user)
```

Der Ausdruck, welcher Zeile für Zeile geprüft wird und jeweils einen booleschen Wert zurückgibt, ist mit dem Schlüsselwort USING erfasst. Der rechte Teil des Ausdrucks, current_user, ist eine SQL Sitzungs-Informations-Funktion (session information function), welche den Namen der ausführenden Rolle zurückgibt.

Bei einer Operation auf Zeilenebene werden jetzt nur noch jene Zeilen weiterverarbeitet, für welche der unter USING definierte Ausdruck "wahr" (true) zurückgibt, also nur, wenn der in der Domäne created_by verzeichnete Name mit dem der ausführenden Rolle übereinstimmt.

Schauen wir uns zuerst an, welche Auswirkungen dies auf die Zeilen-Abfrage hat: Sind wir als alice eingeloggt, erhalten wir auf die Suchabfrage

```
SELECT *
FROM movies
```

folgendes Resultat:

movieId	title	created_by
1	Skyfall	alice
2	Casino Royale	alice

Und als Rolle carol erhalten wir für die gleiche Suchabfrage dieses Resultat:

movieId	title	created_by
3	Spectre	carol

Die Rolle bob hat weiterhin alle Zugriffsberechtigungen auf alle Zeilen und erhält die vollständige Liste zurück.

Die Sicherheitsrichtlinie auf Zeilenebene wirkt sich auch auf das Einfügen von Zeilen aus: Der Versuch, eine Zeile mit einem anderen Namen als dem eigenen in der Domäne created_by einzufügen, liefert z. B. der ausführenden Rolle alice neuerdings eine Error-Meldung, z. B. das Statement

```
INSERT INTO movies
   VALUES (6, 'Dr. No', 'bob')
```

ergibt das Feedback:

```
ERROR: new row violates row-level security policy
for table "movies"
```

Nur mit dem eigenen Namen in der Domäne `created_by` funktioniert das Einfügen:

```
INSERT INTO movies
  VALUES (6, 'Dr. No', 'alice')
```

Versuchen wir als `alice` eine Zeile zu ändern, in welcher `carol` in der Domäne `created_by` verzeichnet ist:

```
UPDATE movies
SET title = 'Goldeneye'
WHERE movieId = 3
```

Da es sich um einen Zugriff auf eine existierende Zeile handelt, wird auf dieses Statement keine Error-Meldung zurückgegeben. Stattdessen erhalten wir das Feedback:

```
UPDATE 0
```

Das Abändern der Zeile hat also nicht funktioniert, der Zugriff ist für `alice` nur auf eigene Zeilen möglich:

```
UPDATE movies
SET title = 'Goldeneye'
WHERE movieId = 1
```

Diesmal liefert das Statement ein positives Feedback:

```
UPDATE 1
```

Das Gleiche gilt für das Löschen von Zeilen: Versuchen wir als `alice` eine Zeile zu löschen, in welcher `carol` in der Domäne `created_by` verzeichnet ist:

```
DELETE FROM movies
WHERE movieId = 3
```

Auch hier erhalten wir keine Error-Meldung, sondern das Feedback:

```
DELETE 0
```

Das Löschen von eigenen Zeilen mit

```
DELETE FROM movies
WHERE movieId = 6
```

ist hingegen erfolgreich:

```
DELETE 1
```

Wie erwähnt, hat bob weiterhin alle Zugriffsberechtigungen und umgeht die Sicherheitsrichtlinien auf Zeilenebene. Um diese auch auf sich selbst anzuwenden führt er folgendes
Statement aus:

```
ALTER TABLE movies FORCE ROW LEVEL SECURITY
```

Nun kann bob auch nur noch Zeilen einfügen, abändern und löschen, die in der Domäne
created_by seinen eigenen Namen haben und erhält auf eine Zeilen-Abfrage nur noch
jene Zeilen zurück, bei welchen er in der Domäne created_by verzeichnet ist. Seine
Abfrage

```
SELECT *
FROM movies
```

liefert ihm das Resultat:

movieId	name	created_by
4	Quantum of Solace	bob
5	Goldfinger	bob

Wie im Kapitel "Zugriffsberechtigungen" erwähnt, führt die Tabelle der Zugriffsberechtigungen, welche wir mit der Abfrage \dp erhalten, sechs Spalten. Die Spalten
Column privileges und Policies waren bisher nicht relevant und wurden in den
bisherigen Beispielen weggelassen. Jetzt schauen wir uns die Spalte Policies genauer
an, denn hier werden alle erstellten Zeilen-Richtlinien aufgeführt.

Die im obigen Beispiel erstellte Sicherheitsrichtlinie auf Zeilenebene ist nun in der
Tabelle der Zugriffsberechtigungen auf der Zeile der Tabelle movies (aus Platzgründen
nicht aufgeführt) in der Spalte Policies wie folgt verzeichnet:

```
                    Access privileges
[...]   Policies
        movies_policy:                                    +
        (u): ((created_by)::name = CURRENT_USER)
```

Wie im vorherigen Beispiel beschrieben, handelt es sich bei `current_user` um eine SQL Sitzungs-Informations-Funktion (session information function). Äquivalent dazu sind die Funktionen `current_role` und `user`, auch diese geben den Namen der ausführenden Rolle zurück. Im Gegensatz zum SQL Standard wird in PostgreSQL kein Unterschied zwischen `current_role` und `current_user` gemacht.

Die zeilenweise Überprüfung des formulierten Ausdrucks wird durchgeführt, bevor weitere Konditionen oder Funktionen aus einer Query berücksichtigt werden. Betrachten wir im nächsten Beispiel die Auswirkungen von Sicherheitsrichtlinien auf Zeilenebene auf Queries mit Aggregatsfunktionen und auf Subqueries.

Beispiel 12.4. Nehmen wir die Ausgangslage aus dem vorherigen Beispiel: Die Rolle bob hat auf seine Tabelle `movies` eine Sicherheitsrichtlinie auf Zeilenebene formuliert, so dass die Rollen `alice` und `carol` nur noch Zugriff auf jene Zeilen haben, in welchen sie in der Domäne `created_by` aufgeführt sind.

Die Rolle bob sei von dieser Sicherheitsrichtlinie auf Zeilenebene ausgeschlossen und habe vollen Zugriff auf die Tabelle. Macht er also die Zeilen-Abfrage

```
SELECT *
FROM movies
ORDER BY movieId
```

erhält er die vollständige Liste:

movieId	title	created_by
1	Goldeneye	alice
2	Casino Royale	alice
3	Spectre	carol
4	Quantum of Solace	bob
5	Goldfinger	bob

Mit der Aggregatsfunktion `COUNT(*)` möchte er abfragen, wieviele Zeilen jede Rolle erstellt hat, bzw. wie oft jede Rolle in der Domäne `created_by` verzeichnet ist. Er formuliert also die Abfrage:

```
SELECT created_by, COUNT(*)
FROM movies
GROUP BY created_by
```

Wie erwartet, erhält bob folgende Auswertung:

created_by	count
bob	2
carol	1
alice	2

Wenn die Rollen alice und carol die gleiche Abfrage ausführen, wird zuerst die zeilenweise Überprüfung aus der Sicherheitsrichtlinie auf Zeilenebene durchgeführt und danach die Aggregatsfunktion COUNT nur auf die freigegebenen Zeilen angewendet.

Die Rolle alice erhält auf die gleiche Abfrage also nur eine Auswertung zu den Zeilen, in welchen sie in der Domäne created_by vorkommt:

created_by	count
alice	2

Analog dazu erhält carol:

created_by	count
carol	1

Auch bei Datenbankabfragen mit Subqueries wirkt sich die Sicherheitsrichtlinie auf Zeilenebene aus. Schauen wir uns zwei Beispiele mit der WHERE Klausel an.

Zuerst möchten wir mit folgender Query die höchste id aus der Liste movies abfragen:

```
SELECT *
FROM movies
WHERE movieId >= ALL (
   SELECT movieId
   FROM movies)
```

Wenn die Rolle bob die Abfrage durchführt, erhält er erwartungsgemäss folgendes Resultat:

movieId	title	created_by
5	Goldfinger	bob

Die Abfrage liefert, unabhängig von der in der Domäne created_by erfassten Rolle, die Zeile mit der höchsten verzeichneten id.

Hingegen erhält alice ein Resultat, welches sich auf die Zeilen beschränkt, zu welchen sie, gemäss Sicherheitsrichtlinien auf Zeilenebene, Zugriff hat:

movieId	title	created_by
2	Casino Royale	alice

Auch für `carol` wird die Abfrage auf jene Zeilen eingeschränkt, auf welche der Zugriff gewährt wurde:

movieId	title	created_by
3	Spectre	carol

Als zweites Beispiel betrachten wir das Resultat von Existenzabfragen. Dazu formulieren wir eine Subquery mit dem Schlüsselwort EXISTS. Folgende Abfrage soll zurückgeben, ob eine Zeile mit `id` = 3 existiert:

```
SELECT DISTINCT 'yes'
FROM movies
WHERE EXISTS (
  SELECT *
  FROM movies
  WHERE movieId = 3)
```

Dies führt für die ausführende Rolle bob zu folgender Auswertung:

?column?
yes

Zuerst wird gemäss Sicherheitsrichtlinie auf Zeilenebene geprüft, ob bob Zugriff auf die Zeile mit `movieId` = 3 hat. Da dies der Fall ist, wird dann die Subquery berechnet und liefert ein positives Resultat.

Für die Rolle `carol`, die ebenfalls Zugriff auf die Zeile mit `movieId` = 3 hat, ergibt die Abfrage das gleiche Resultat:

?column?
yes

Die Rolle `alice` hat auf die Zeile mit der `movieId` = 3 keinen Zugriff und erhält deshalb eine leere Liste zurück:

?column?

Dies illustriert, dass die Sicherheitsrichtlinien auf Zeilenebene vor dem Ausführen von weiteren Funktionen und Subqueries zum Tragen kommen und somit zuerst durch die zeilenweise Überprüfung die Zeilen gefiltert werden, auf welche der weitere Zugriff gewährt wird.

Als einzige Ausnahme dieser Regel gelten sogenannte "leakproof functions", welche garantieren, dass keine Informationen über die Argumente ausser der Rückgabewert (return value) durchgelassen werden. Als Gegenbeispiel kann man an Funktionen denken, welche z. B. eine Fehlermeldung werfen, die Argument-Werte der Funktion enthalten. Eine solche Funktion ist nicht "leakproof".

Während das System normalerweise Sicherheitsrichtlinien auf Zeilenebene beim Ausführen priorisiert, können Funktionen mit der Option LEAKPROOF vor der Berücksichtigung von Sicherheitsrichtlinien auf Zeilenebene ausgeführt werden.

12.3 Vererbung von Zugriffsberechtigungen auf Zeilenebene

Sicherheitsrichtlinien auf Zeilenebene werden an Mitglieder-Rollen weitervererbt. Wird eine Sicherheitsrichtlinie auf Zeilenebene auf eine explizite Rolle angewendet (und nicht auf alle Rollen, z. B. mit der Angabe TO PUBLIC), erben allfällige Mitglieder-Rollen die erteilten Zugriffsberechtigungen auf Zeilenebene.

So können wir mit Gruppen-Rollen unterschiedliche Berechtigungsstufen einrichten und bis auf Zeilenebene regulieren, welche Gruppen bzw. Rollen welche Zeilen-Zugriffe erhalten sollen.

Beispiel 12.5. Wir haben folgende Rollen in unserer Datenbank:

```
                          List of roles
    Role name   Attributes                        Member of
    admin       Create role, [...]                {}
    alice                                         {}
    bob                                           {admin}
    carol                                         {}
    denis                                         {}
    postgres    Superuser, [...], Bypass RLS      {}
```

Die Rolle bob ist Mitglied der Rolle admin und kann seine Rolle zu admin wechseln und dessen Berechtigungen nutzen, wie z. B. Rollen erstellen oder Mitgliedschaften erteilen.

Ausserdem ist bob Eigentümer der Tabelle movies, welche erneut die Domänen movieId, title und created_by führt:

```
            List of relations

 Schema    Name      Type      Owner

 public    movies    table     bob
```

Wie im vorherigen Beispiel sollen die Rollen nur Zeilen mit ihrem eigenen Namen in der Domäne `created_by` in die Tabelle einfügen und auch nur diese Zeilen ändern und löschen dürfen. Diese Zugriffsberechtigung sollen alle Rollen erhalten, welche "Manager" sind, alle anderen Rollen sollen keinen Zugriff auf die Tabelle erhalten.

Dies will bob mit einer Gruppen-Rolle und einer Sicherheitsrichtlinie auf Zeilenebene umsetzen.

Als erstes wechselt er seine Rolle zu `admin` um die Gruppen-Rolle zu erstellen:

```
SET ROLE admin

CREATE ROLE managers
```

Dann erteilt er den Rollen `alice` und `carol` die Mitgliedschaft bei der Gruppen-Rolle `managers`:

```
GRANT managers TO alice, carol
```

Die Rollen-Übersicht sieht jetzt so aus:

```
                    List of roles

 Role name    Attributes                      Member of

 admin        Create role, [...]              {}
 alice                                        {managers}
 bob                                          {admin}
 carol                                        {managers}
 denis                                        {}
 managers     Cannot login                    {}
 postgres     Superuser, [...], Bypass RLS    {}
```

Um der Gruppen-Rolle `managers` Zugriffsberechtigungen zu erteilen, muss wieder zur Rolle bob gewechselt werden, da nur der Objekt-Eigentümer (und seine Mitglieder) die Berechtigung `GRANT` auf Tabellen haben:

```
SET ROLE bob

GRANT ALL ON movies TO managers
```

Die erteilten Berechtigungen sind in der Übersicht der Zugriffsberechtigungen ersichtlich:

```
                              Access privileges
Schema    Name     Type     Access privileges               [...]
public    movies   table    bob=arwdDxt/bob          +
                            managers=arwdDxt/bob
```

Als Mitglieder der Rolle managers erben die Rollen alice und carol die erteilten Zugriffsberechtigungen auf die Tabelle movies. Beispielsweise die Zeilenabfrage

```
SELECT *
FROM movies
```

liefert beiden Rollen die vollständige Tabelle:

```
movieId   title               created_by
1         Skyfall             alice
2         Spectre             bob
3         Casino Royale       carol
4         Quantum of Solace   carol
```

Die Rolle denis hat hingegen keine Zugriffsberechtigungen erhalten und ist auch nicht Mitglied einer Rolle, von welcher sie Zugriffsberechtigungen erben könnte. Auf die gleiche Zeilenabfrage

```
SELECT *
FROM movies
```

erhält denis die Error-Meldung:

```
ERROR: permission denied for relation movies
```

Zum jetzigen Zeitpunkt sind die standardmässigen Zugriffsberechtigungen auf die ganze Tabelle (und somit auf alle Zeilen) eingerichtet worden, also können die Rollen alice und carol auch auf Zeilen zugreifen, in welchen sie nicht in der Domäne created_by aufgeführt sind.

Ähnlich wie im vorherigen Beispiel wird bob nun die Sicherheitsrichtlinie auf Zeilenebene formulieren, welche den Zugriff auf die vorgesehenen Zeilen einschränkt.

Dazu aktiviert er mit

```
ALTER TABLE movies ENABLE ROW LEVEL SECURITY
```

den Zeilenschutz und erstellt die Sicherheitsrichtlinie auf Zeilenebene mit dem Namen
movie_managers für die Gruppen-Rolle managers:

```
CREATE POLICY movie_managers ON movies
      TO managers
      USING (created_by = current_user)
```

Dadurch erben die Mitglieder-Rollen alice und carol von der Gruppen-Rolle
managers auch die Sicherheitsrichtlinie auf Zeilenebene und haben somit nur noch
Zugriff auf Zeilen, in welchen sie unter der Domäne created_by verzeichnet sind.

Die Rolle alice kann in der Tabelle movies folglich nur noch die Zeile 1 abrufen,
verändern und löschen und die Rolle carol die Zeilen 3 und 4. Ausserdem können
beide Rollen nur noch Zeilen einfügen, wenn sie ihren eigenen Namen in der Domäne
created_by verzeichnen.

Operationen auf die ganze Tabelle, wie TRUNCATE oder REFERENCES, sind von der
Einschränkung nicht betroffen und können von den Rollen alice und carol erfolgreich
ausgeführt werden.

Auf der Übersichtstabelle der Zugriffsberechtigungen ist die erstellte Sicherheitsrichtlinie auf Zeilenebene folgendermassen aufgeführt:

```
                    Access privileges
   [...]   Policies
   ─────────────────────────────────────────────────────
          movie_managers:                              +
          (u): ((created_by)::name = CURRENT_USER)     +
          to: managers
   ─────────────────────────────────────────────────────
```

12.4   Zeilenzugriffe bei "Referential integrity checks"

"Referential integrity checks", wie unique Constraints oder primary key Constraints und
Fremdschlüsselbeziehungen ("foreign key references"), umgehen die Sicherheitsrichtlini-
en auf Zeilenebene, um die Datenintegrität sicherzustellen.

Beim Entwickeln von Schemata und Sicherheitsrichtlinien auf Zeilenebene ist also
Vorsicht geboten, damit kein verborgener Kanal ("covert channel") kreiert wird, welcher
Informationen durch "referential integrity checks" zugänglich macht.

Schauen wir uns anhand folgendem Beispiel an, wie sich Sicherheitsrichtlinien auf
Zeilenebene bei Fremdschlüssel-Beziehungen auswirken können.

Beispiel 12.6. Die Rolle bob erstellt zwei Tabellen, wobei die Tabelle movies einen Fremdschlüssel auf die Tabelle actors enthält:

```
CREATE TABLE actors (
      actorId integer PRIMARY KEY,
      name varchar(20),
      created_by varchar(10)  )

CREATE TABLE movies (
      movieId integer PRIMARY KEY,
      title varchar(20),
      mainActor integer REFERENCES actors  )
```

Auf der Liste der Beziehungen, welche wir mit \d erhalten, sind die beiden erstellten Tabellen mit der Angabe des Eigentümers ersichtlich:

List of relations

Schema	Name	Type	Owner
public	actors	table	bob
public	movies	table	bob

Die Rolle bob möchte die Zugriffsberechtigungen so einrichten, dass die User in der Tabelle actors nur Zugriff auf Zeilen haben, welche von ihnen selber eingefügt worden sind. Die Tabelle movies soll hingegen für alle vollumfänglich zum Abfragen und Einfügen zugänglich sein.

In unserer Datenbank haben wir folgende Rollen, Attribute und Mitgliedschaften:

List of roles

Role name	Attributes	Member of
admin	Create role, [...]	{}
alice		{}
bob		{admin}
carol		{}
postgres	Superuser, [...], Bypass RLS	{}

Um die Tabelle movies für alice und carol zugänglich zu machen, gewährt ihnen bob die Zugriffe zum Abfragen, Einfügen, Ändern und Löschen von Zeilen:

```
GRANT SELECT ON movies TO alice, carol

GRANT INSERT ON movies TO alice, carol

GRANT UPDATE ON movies TO alice, carol

GRANT DELETE ON movies TO alice, carol
```

Auf der Tabelle der Zugriffsberechtigungen sind die erteilten Zugriffe entsprechend aufgeführt:

```
                         Access privileges
     Schema    Name      Type    Access privileges        [...]
     public    actors    table
     public    movies    table   bob=arwdDxt/bob      +
                                  alice=arwd/bob       +
                                  carol=arwd/bob
```

Mit den jetzigen Zugriffsberechtigungen können alice und carol zwar Zeilen in die Tabelle movies einfügen, aber weil die Tabelle einen Fremdschlüssel auf die Tabelle actors enthält und in jener Tabelle noch keine Einträge vorhanden sind, erhalten alice und carol beim Versuch, eine Zeile einzufügen eine Error-Meldung, z. B. das Statement

```
INSERT INTO movies
  VALUES (1, 'Skyfall', 2)
```

liefert das Feedback:

```
ERROR: insert or update on table "movies"
       violates foreign key constraint
       "movies_mainactor_fkey"
DETAIL: Key (mainactor)=(2) is not present
       in table "actors"
```

Also gewähren wir alice und carol zunächst die nötigen Zugriffe zum Abfragen, Einfügen, Ändern und Löschen von Zeilen in der Tabelle actors:

```
GRANT SELECT ON actors TO alice, carol

GRANT INSERT ON actors TO alice, carol
```

```
GRANT UPDATE ON actors TO alice, carol

GRANT DELETE ON actors TO alice, carol
```

Die aktualisierte Tabelle der Zugriffsberechtigungen sieht jetzt so aus:

Access privileges

Schema	Name	Type	Access privileges	[...]
public	actors	table	bob=arwdDxt/bob	+
			alice=arwd/bob	+
			carol=arwd/bob	
public	movies	table	bob=arwdDxt/bob	+
			alice=arwd/bob	+
			carol=arwd/bob	

Nun können alle Rollen beide Tabellen vollständig abfragen und beliebige Zeilen einfügen, ändern und löschen.

Jetzt richtet bob für die Tabelle actors die Sicherheitsrichtlinie auf Zeilenebene ein. Er aktiviert den Zeilenschutz mit

```
ALTER TABLE actors ENABLE ROW LEVEL SECURITY
```

und formuliert die Sicherheitsrichtlinie auf Zeilenebene so, dass jede Rolle nur Zugriff auf die Zeilen hat, in welcher sie in der Domäne created_by verzeichnet ist:

```
CREATE POLICY actors_policy ON actors
      USING (created_by = current_user)
```

Die erfasste Sicherheitsrichtlinie auf Zeilenebene wird in der Spalte Policies in der Tabelle der Zugriffsberechtigungen ausgewiesen:

Access privileges

[...]	Policies
	actors_policy: +
	(u): ((created_by)::name = CURRENT_USER)

Sofort können die Rollen alice und carol nur noch Zeilen in actors erfassen, in welchen sie ihren eigenen Namen in der Domäne created_by verzeichnen und können auch nur diese Zeilen abfragen, abändern und löschen.

Sind wir als alice eingeloggt können wir also folgenden Eintrag machen:

```
INSERT INTO actors
    VALUES (1, 'Sean Connery', 'alice')
```

Und als Rolle `carol` fügen wir folgende Zeile hinzu:

```
INSERT INTO actors
    VALUES (2, 'Daniel Craig', 'carol')
```

Die Zeilen-Abfrage

```
SELECT *
FROM actors
```

liefert der Rolle `alice` nur ihre eigene erfasste Zeile:

actorId	name	created_by
1	Sean Connery	alice

Die Rolle `carol` erhält bei der gleichen Abfrage auch nur ihre eigene erfasste Zeile:

actorId	name	created_by
2	Daniel Craig	carol

Nur die Eigentümer-Rolle `bob` hat vollen Zugriff auf die Tabelle und erhält alle Zeilen als Resultat:

actorId	name	created_by
1	Sean Connery	alice
2	Daniel Craig	carol

Für die Tabelle `movies` existiert keine Sicherheitsrichtlinie auf Zeilenebene, enthält aber einen Fremdschlüssel auf die Tabelle `actors`.

Schauen wir uns den Versuch von `alice` an, eine Zeile in die Tabelle `movies` einzufügen, wobei sie als `mainActor` den Fremdschlüssel 2 angibt. In der Tabelle `actors` wurde die Zeile mit der `actorId` 2 von `carol` eingefügt, somit hat `alice` in der Tabelle `actors` keinen Lese- und Schreib-Zugriff darauf. Trotzdem kann `alice` die folgende Zeile mit dem Fremdschlüssel 2 in `movies` einfügen:

```
INSERT INTO movies
    VALUES (1, 'Skyfall', 2)
```

Auch umgekehrt kann die Rolle `carol` eine Zeile in die Tabelle `movies` einfügen, wenn sie als Fremdschlüssel die `mainActor` 1 angibt, auf welche in der Tabelle `actors` nur `alice` Zugriff hat:

```
INSERT INTO movies
  VALUES (2, 'Goldfinger', 1)
```

Für die Tabelle `movies` ist der Zeilenschutz nicht aktiviert worden, daher liefert das Statement

```
SELECT *
FROM movies
```

allen Rollen die vollständige Liste:

movieId	name	mainActor
1	Skyfall	2
2	Goldfinger	1

Beide Rollen können folglich Filme erfassen und mit beliebigen Schauspielern verknüpfen, auch wenn sie auf die entsprechende Zeile in der Tabelle `actors` keinen Zugriff haben.

Bei einer Abfrage mit kartesischem Produkt, wobei die beiden Tabellen verknüpft und die Tupel, welche via Fremdschlüssel verbunden sind, kombiniert werden, erhalten die Rollen hingegen nur noch jene Tupel zurück, welche die Sicherheitsrichtlinie auf Zeilenebene in der Tabelle `actors` nicht verletzt.

Dabei spielt es keine Rolle, wer die Zeile in der Tabelle `movies` erfasst hat, z. B. erfasst `carol` den nächsten Film mit dem Fremdschlüssel `mainActor` 2:

```
INSERT INTO movies
  VALUES (3, 'Spectre', 2)
```

Und auch `alice` erfasst einen Film mit dem Fremdschlüssel `mainActor` 2:

```
INSERT INTO movies
  VALUES (4, 'Casino Royale', 2)
```

Eine Abfrage, welche die beiden Tabellen `movies` und `actors` verknüpft, liefert nun, wegen den Sicherheitsrichtlinien auf Zeilenebene, unterschiedliche Resultate.

Wenn die Eigentümer-Rolle `bob` die Abfrage

```
SELECT movies.title, actors.name, created_by
FROM movies, actors
WHERE movies.mainActor = actors.actorId
```

ausführt, erhalten wir erwartungsgemäss das vollständige Resultat:

title	name	created_by
Skyfall	Daniel Craig	carol
Goldfinger	Sean Connery	alice
Spectre	Daniel Craig	carol
Casino Royale	Daniel Craig	carol

Man beachte, dass sich die Angabe in der Spalte `created_by` nur auf die Information `name` bezieht und nichts darüber aussagt, wer den Film in die Tabelle `movies` eingefügt hat.

Die identische Abfrage liefert der Rolle `alice` nur noch das reduzierte Resultat:

title	name	created_by
Goldfinger	Sean Connery	alice

Obwohl der Film `Casino Royale` von `alice` in die Tabelle `movies` eingefügt wurde, ist diese Zeile wegen der Kombination mit der `actorId` 2 aus der Tabelle `actors` für sie nicht abrufbar.

Und auch die Rolle `carol` erhält nur noch jene Kombinationen im Resultat, welche die Sicherheitsrichtlinien auf Zeilenebene in der Tabelle `actors` nicht verletzen:

title	name	created_by
Skyfall	Daniel Craig	carol
Spectre	Daniel Craig	carol
Casino Royale	Daniel Craig	carol

Die beiden Rollen `alice` und `carol` erhalten also nur noch Kombinationen mit dem Schauspieler, welchen sie selber erfasst haben.

Dieses Beispiel zeigt auf, dass sich Sicherheitsrichtlinien auf Zeilenebene bei Tabellen mit Integritätsbedingungen nicht immer so auswirken, wie es vielleicht zu erwarten ist.

Wie mit allen Sicherheitseinstellungen, ist es daher wichtig, die eingerichteten Zugriffsberechtigungen zu testen und zu überprüfen, ob sich das System so verhält, wie es beabsichtigt war.

12.5 USING **vs.** WITH CHECK

In den bisherigen Beispielen haben wir keine spezifischen Zeilen-Operationen definiert, für welche die kreierte Sicherheitsrichtlinie gültig sein soll. Dies hat zur Folge, dass die Sicherheitsrichtlinie auf Zeilenebene standardmässig bei allen Zeilen-Operationen zur Anwendung kommt.

Soll eine Sicherheitsrichtlinie auf Zeilenebene nur für eine spezifische Zeilen-Operation gelten, können wir diese mit dem Schlüsselwort FOR angeben, z. B. FOR SELECT. Mit FOR ALL kann die Sicherheitsrichtlinie explizit für alle Zeilen-Operationen definiert werden. Dies hat die gleiche Wirkung wie wenn wir die Angabe FOR weglassen.

Die bisher verwendete USING Notation ist für das Überprüfen von existierenden Zeilen vorgesehen, kommt also bei den Zeilen-Operationen SELECT, UPDATE und DELETE zum Zuge.

Zum Überprüfen von neuen Zeilen, welche mit INSERT und UPDATE (nimmt eine existierende Zeile und ersetzt diese mit einer neuen) eingefügt werden sollen, wird die WITH CHECK Notation verwendet.

Wird eine Sicherheitsrichtlinie auf Zeilenebene für alle Zeilen-Operationen zusammen formuliert (ohne FOR Angabe oder mit FOR ALL), müssen existierende sowie neue Zeilen überprüft werden. Es reicht jedoch aus, den Ausdruck für die Zeilen-Überprüfung mit der USING Notation zu erfassen. Das System übernimmt diesen Ausdruck im Hintergrund in die WITH CHECK Notation und wendet für das Überprüfen der neuen Zeilen die gleiche Bedingung wie für die existierenden Zeilen an.

Betrachten wir folgende Sicherheitsrichtlinie:

```
CREATE POLICY movies_policy ON movies
      USING (created_by = current_user)
```

Äquivalent dazu ist:

```
CREATE POLICY movies_policy ON movies
      FOR ALL
      TO PUBLIC
      USING (created_by = current_user)
      WITH CHECK (created_by = current_user)
```

Die erste Formulierung ist also eine Kurzform der zweiten und bewirkt, ähnlich wie in bisherigen Beispielen, dass alle existierende Rollen (TO PUBLIC) für alle ihnen gewährten Zeilen-Operationen (FOR ALL) nur Zeilen einfügen können, in welchen sie ihren eigenen Namen in der Domäne created_by erfassen und nur diese Zeilen abfragen, ändern und löschen können (created_by = current_user).

Dies soll für existierende Zeilen bei den Statements SELECT, UPDATE und DELETE (mit USING) und für neu eingefügte Zeilen bei INSERT und UPDATE Statements (mit WITH CHECK) geprüft werden.

Formulieren wir eine Sicherheitsrichtlinie auf Zeilenebene nur für eine einzelne Zeilen-Operation, müssen wir den Ausdruck für die Zeilen-Überprüfung mit der entsprechenden Notation erfassen:

- SELECT und DELETE versuchen auf existierende Zeilen zuzugreifen, daher müssen wir die USING Notation verwenden.
- INSERT versucht eine neue Zeile einzufügen, daher verwenden wir hier die WITH CHECK Notation.
- UPDATE greift zuerst auf existierende Zeilen zu und versucht dann neue Zeilen einzufügen, daher werden hier beide Notationen akzeptiert. Der Ausdruck, der mit der USING Notation erfasst wird, kontrolliert, welche Zeilen für die Operation UPDATE sichtbar sind und der Ausdruck unter WITH CHECK überprüft die aktualisierten Zeilen, die neu eingefügt werden sollen.

  Sollte der Ausdruck für das Überprüfen der existierenden sowie der neuen Zeilen identisch sein, kann auch hier die Kurzform verwendet werden: Der Ausdruck wird nur mit der USING Notation erfasst und das System wendet diesen automatisch auch für das Überprüfen von neuen Zeilen an.

Wenn wir mehrere Sicherheitsrichtlinien auf Zeilenebene für die gleiche Tabelle kreieren, werden diese bei einer Zeilen-Operation standardmässig mit dem Booleschen OR kombiniert.

Anmerkung 12.7. Ohne eine Sicherheitsrichtlinie auf Zeilenebene für das Statement INSERT sind Sicherheitsrichtlinien für die Statements UPDATE und DELETE ohne Wirkung! Diese funktionieren nur, wenn auch ein Lese-Zugriff auf die Zeilen vorhanden ist.

Schauen wir uns in folgendem Beispiel genauer an, wie Sicherheitsrichtlinien auf Zeilenebene für einzelne Zeilen-Operationen definiert werden und wie diese zusammenwirken.

Beispiel 12.8. Wir testen unterschiedliche Sicherheitsrichtlinien auf Zeilenebene mit folgenden Rollen in unserer Datenbank:

```
                        List of roles
   Role name   Attributes                     Member of
   admin       Create role, [...]             {}
   alice                                      {}
   bob                                        {admin}
   carol                                      {}
   postgres    Superuser, [...], Bypass RLS   {}
```

Die Rolle bob erstellt die Tabelle movies:

```
CREATE TABLE movies (
    movieId integer PRIMARY KEY,
    title varchar(20),
    created_by varchar(10)   )
```

Ausserdem erteilt er den Rollen alice und carol die Zugriffsberechtigungen für das
Abfragen, Einfügen, Ändern und Löschen von Zeilen:

```
GRANT SELECT ON movies TO alice, carol

GRANT INSERT ON movies TO alice, carol

GRANT UPDATE ON movies TO alice, carol

GRANT DELETE ON movies TO alice, carol
```

Diese Zugriffsberechtigungen sind in der Übersichtstabelle, welche wir mit \dp erhalten,
aufgeführt:

Access privileges

Schema	Name	Type	Access privileges	[...]
public	movies	table	bob=arwdDxt/bob	+
			alice=arwd/bob	+
			carol=arwd/bob	

Somit sind alle Zeilen an alice und carol für die Abfrage und Modifizierung
freigegeben. Um spezifische Sicherheitsrichtlinien auf Zeilenebene anzuwenden, aktiviert
bob den Zeilenschutz:

```
ALTER TABLE movies ENABLE ROW LEVEL SECURITY
```

Nun sind für die erteilten Zugriffe keine Zeilen mehr sichtbar und können jetzt mit
Sicherheitsrichtlinien wieder gezielt sichtbar und modifizierbar gemacht werden.

Zunächst formuliert bob eine Sicherheitsrichtlinie auf Zeilenebene nur für das
INSERT Statement:

```
CREATE POLICY movie_insert ON movies
    FOR INSERT
    WITH CHECK (created_by = current_user)
```

Dies hat zur Folge, dass `alice` und `carol` jetzt Zeilen einfügen können, solange in der Domäne `created_by` ihr eigener Name verzeichnet ist. Der Versuch von `alice`, mit dem Statement

```
INSERT INTO movies
   VALUES (1, 'Casino Royale', 'carol')
```

eine Zeile einzufügen, in welcher sie nicht ihren eigenen Namen in der Domäne `created_by` angibt, resultiert in einer Error-Meldung:

```
ERROR: new row violates row-level security policy
for table "movies"
```

Nur wenn `alice` ihren eigenen Namen angibt, funktioniert das Einfügen der Zeile:

```
INSERT INTO movies
   VALUES (1, 'Casino Royale', 'alice')
```

Somit hat die von bob definierte Sicherheitsrichtlinie auf Zeilenebene für das `INSERT` Statement die gewünschte Wirkung.

Für die Statements `SELECT`, `UPDATE` und `DELETE` sind die Zeilen nach wie vor nicht sichtbar für `alice` und `carol`. Beide Rollen erhalten auf die Zeilen-Abfrage

```
SELECT *
FROM movies
```

eine leere Tabelle zurück:

movieid	title	created_by

Und auch die Statements

```
UPDATE movies
SET title = 'Skyfall'
WHERE title = 'Casino Royale'
```

und

```
DELETE FROM movies
WHERE movieId = 1
```

bleiben für beide Rollen erfolglos.

In der Spalte `Policies` auf der Übersicht der Zugriffsberechtigungen, ist die Sicherheitsrichtlinie auf Zeilenebene für das `INSERT` Statement folgendermassen verzeichnet:

```
                        Access privileges
─────────────────────────────────────────────────────────────
[...]   Policies
─────────────────────────────────────────────────────────────
        movie_insert (a):                               +
        (c): ((created_by)::name = CURRENT_USER)
─────────────────────────────────────────────────────────────
```

Als nächstes setzt bob die Sicherheitsrichtlinie auf Zeilenebene für das Statement `SELECT` auf. Würde er zuerst Sicherheitsrichtlinien für die Operationen `UPDATE` oder `DELETE` definieren, wären diese wirkungslos, da für eine ausführende Rolle ohne Leseberechtigung auch keine Zeilen zum Ändern oder Löschen sichtbar sind.

Er möchte für die Zeilen-Abfrage allen Rollen die vollständige Liste zugänglich machen, unabhängig von dem in der Domäne `created_by` verzeichneten Namen. Dies setzt er mit folgender Sicherheitsrichtlinie auf Zeilenebene um:

```
CREATE POLICY movie_select ON movies
      FOR SELECT
      USING (true)
```

Nun können alle Rollen die vollständige Tabelle abrufen und erhalten bei der Zeilen-Abfrage

```
SELECT *
FROM movies
```

das folgende Resultat:

```
─────────────────────────────────────────────────
movieid   title            created_by
─────────────────────────────────────────────────
1         Casino Royale    alice
─────────────────────────────────────────────────
```

In der Übersicht der Zugriffsberechtigungen sind neuerdings beide Sicherheitsrichtlinien auf Zeilenebene in der Spalte `Policies` aufgeführt:

```
                        Access privileges
─────────────────────────────────────────────────────────────
[...]   Policies
─────────────────────────────────────────────────────────────
        movie_select (r):                               +
        (u): true                                       +
        movie_insert (a):                               +
        (c): ((created_by)::name = CURRENT_USER)
─────────────────────────────────────────────────────────────
```

Die Zeilen sind jetzt für `alice` und `carol` für das SELECT Statement sichtbar, jedoch existieren noch keine Sicherheitsrichtlinien auf Zeilenebene für die Statements UPDATE und DELETE. Dank dem Zeilenschutz sind noch immer keine Zeilen für die beiden Statements zugreifbar.

Das Ausführen der Statements

```
UPDATE movies
SET title = 'Skyfall'
WHERE title = 'Casino Royale'
```

und

```
DELETE FROM movies
WHERE movieId = 1
```

ist weiterhin für beide Rollen ohne Erfolg.

Also formuliert `bob` die Sicherheitsrichtlinie auf Zeilenebene für das Statement UPDATE wobei er nur jene Zeilen zugänglich machen will, welche von der ausführenden Rolle eingefügt worden sind:

```
CREATE POLICY movie_update ON movies
        FOR UPDATE
        USING (created_by = current_user)
```

Bei der UPDATE Operation wird einerseits der Zugriff auf die existierenden Zeilen geprüft und andrerseits werden die aktualisierten Zeilen, welche neu eingefügt werden sollen, geprüft. Die Anwendung der USING Notation reicht jedoch aus, da die Bedingungen für die Zeilen-Überprüfung für die existierenden und die neuen Zeilen die gleichen sind und der Ausdruck `created_by = current_user` im Hintergrund in die WITH CHECK übernommen wird.

Testen wir die Auswirkungen dieser Sicherheitsrichtlinie auf Zeilenebene zuerst für `carol`, welche versucht, die Zeile zu verändern, die von `alice` eingefügt worden ist:

```
UPDATE movies
SET title = 'Skyfall'
WHERE title = 'Casino Royale'
```

Das Feedback lautet:

```
UPDATE 0
```

Es hat offensichtlich nicht funktioniert. Für alice hingegen ist der Zugriff jetzt möglich:

```
UPDATE movies
SET title = 'Skyfall'
WHERE title = 'Casino Royale'
```

Sie erhält ein positives Feedback:

```
UPDATE 1
```

Die Spalte Policies in der Tabelle der Zugriffsberechtigungen sieht inzwischen folgendermassen aus:

```
                        Access privileges
[...]    Policies
         movie_select (r):                                  +
         (u): true                                          +
         movie_insert (a):                                  +
         (c): ((created_by)::name = CURRENT_USER)  +
         movie_update (w):                                  +
         (u): ((created_by)::name = CURRENT_USER)
```

Bleibt noch die Sicherheitsrichtlinie auf Zeilenebene für das DELETE Statement, welches zu diesem Zeitpunkt für alice und carol weiterhin wirkungslos ist.

Mit der folgenden Sicherheitsrichtlinie auf Zeilenebene will bob auch nur jene Zeilen zum Löschen zugänglich machen, welche von der ausführenden Rolle eingefügt worden sind:

```
CREATE POLICY movie_delete ON movies
      FOR DELETE
      USING (created_by = current_user)
```

Testen wir schliesslich als Rolle carol, die von alice eingefügte Zeile zu löschen:

```
DELETE FROM movies
WHERE movieId = 1
```

Dies klappt nicht, wir erhalten das Feedback:

```
DELETE 0
```

Hingegen kann die Rolle `alice` das Statement

```
DELETE FROM movies
WHERE movieId = 1
```

jetzt erfolgreich ausführen:

```
DELETE 1
```

Alle vier erfassten Sicherheitsrichtlinien auf Zeilenebene sind als `Policies` in der Übersicht der Zugriffsberechtigungen aufgeführt:

```
                      Access privileges
   [...]   Policies
           movie_select (r):                          +
           (u): true                                  +
           movie_insert (a):                          +
           (c): ((created_by)::name = CURRENT_USER)   +
           movie_update (w):                          +
           (u): ((created_by)::name = CURRENT_USER)   +
           movie_delete (d):                          +
           (u): ((created_by)::name = CURRENT_USER)
```

Im obigen Beispiel haben wir in der Sicherheitsrichtlinie für die Zeilen-Operation `SELECT` den Ausdruck

```
USING (true)
```

erfasst. Dies bewirkt, dass beim Ausführen des `SELECT` Statements die Zeilen-Überprüfung für jede Zeile `true` zurück gibt und somit alle Zeilen für diese Operation freigegeben werden.

Schauen wir uns nun die gleichzeitige Anwendung der `USING` und der `WITH CHECK` Notation an. Dazu betrachten wir folgende Sicherheitsrichtlinie:

```
CREATE POLICY movies_policy ON movies
       USING (true)
       WITH CHECK (created_by = current_user)
```

Da keine spezifische Operation angegeben ist (kein `FOR`), wird die Sicherheitsrichtlinie auf Zeilenebene standardmässig auf alle Operationen (`FOR ALL`) angewendet. Der Ausdruck `USING (true)` bewirkt, dass der Zugriff bei den entsprechenden Zeilen-Operationen (`SELECT`, `UPDATE`, `DELETE`) auf alle existierenden Zeilen gewährt wird. Der Ausdruck

```
WITH CHECK (created_by = current_user)
```

wird geprüft, wenn mit den entsprechenden Zeilen-Operationen (INSERT, UPDATE) neue Zeilen eingefügt werden sollen.

Beispiel 12.9. Wir haben erneut folgende Rollen in unserer Datenbank:

```
                          List of roles
   Role name   Attributes                      Member of

   admin       Create role, [...]              {}
   alice                                       {}
   bob                                         {admin}
   carol                                       {}
   postgres    Superuser, [...], Bypass RLS    {}
```

Die Rolle bob erstellt die Tabelle movies mit einer movieId, dem title und der für die Zeilenzugriffe benötigte Domäne created_by:

```
CREATE TABLE movies (
    movieId integer PRIMARY KEY,
    title varchar(20),
    created_by varchar(10)   )
```

Dann erteilt bob den Rollen alice und carol die standardmässigen Berechtigungen zum Abfragen, Einfügen, Ändern und Löschen von Zeilen auf die Tabelle movies:

```
GRANT SELECT ON movies TO alice, carol

GRANT INSERT ON movies TO alice, carol

GRANT UPDATE ON movies TO alice, carol

GRANT DELETE ON movies TO alice, carol
```

Die Übersicht der Zugriffsberechtigungen weist die erteilten Berechtigungen wie üblich aus:

```
                       Access privileges
   Schema   Name     Type    Access privileges    [...]

   public   movies   table   bob=arwdDxt/bob +
                             alice=arwd/bob +
                             carol=arwd/bob
```

Somit sind alle Zeilen an alice und carol für die Abfrage und Modifizierung freigegeben.

Es folgt die Aktivierung des Zeilenschutzes auf die Tabelle movies:

```
ALTER TABLE movies ENABLE ROW LEVEL SECURITY
```

Jetzt formuliert bob die Sicherheitsrichtlinie auf Zeilenebene für alle Operationen auf einmal und definiert für existierende und neue Zeilen unterschiedliche Ausdrücke für die Zeilen-Überprüfung:

```
CREATE POLICY movies_policy ON movies
        USING (true)
        WITH CHECK (created_by = current_user)
```

Die erstellte Sicherheitsrichtlinie auf Zeilenebene ist in der Spalte Policies in der Übersicht der Zugriffsberechtigungen folgendermassen ausgewiesen:

```
                   Access privileges
 [...]   Policies
         movies_policy:                                      +
         (u): true                                           +
         (c): ((created_by)::name = CURRENT_USER)
```

Testen wir nun die Zugriffsmöglichkeiten der verschiedenen Rollen.

Die Rolle alice versucht eine Zeile wie folgt einzufügen:

```
INSERT INTO movies
  VALUES (1, 'Casino Royale', 'carol')
```

Mit dem INSERT Statement wird versucht, eine neue Zeile einzufügen. Für die Zeilen-Überprüfung kommt also der Ausdruck unter WITH CHECK zum Zuge. Da alice in der Domäne created_by den Namen carol angibt, besteht das Statement die Zeilen-Überprüfung nicht und resultiert in einer Error-Meldung:

```
ERROR: new row violates row-level security policy
        for table "movies"
```

Nur wenn alice ihren eigenen Namen angibt, wird das Einfügen der Zeile akzeptiert:

```
INSERT INTO movies
  VALUES (1, 'Casino Royale', 'alice')
```

Für das SELECT Statement wird die Bedingung unter USING berücksichtigt und der Ausdruck true bewirkt, dass alle existierenden Zeilen für das SELECT Statement sichtbar sind. Somit liefert die Zeilen-Abfrage

```
SELECT *
FROM movies
```

für alice und carol das gleiche Resultat:

movieid	title	created_by
1	Casino Royale	alice

Versuchen wir weiter als Rolle carol eine Zeilen-Manipulation an der von alice eingefügten Zeile vorzunehmen:

```
UPDATE movies
SET title = 'Skyfall'
WHERE title = 'Casino Royale'
```

Beim UPDATE Statement kommen nun beide Ausdrücke, jener unter USING sowie jener unter WITH CHECK zum Zuge. Der Ausdruck true unter USING macht zwar alle existierenden Zeilen für die UPDATE Operation sichtbar, aber der Ausdruck

```
created_by = current_user
```

unter WITH CHECK, lässt die neue, aktualisierte Zeile nicht zu.

Somit erhält carol eine Error-Meldung :

```
ERROR: new row violates row-level security policy
       for table "movies"
```

Änderungen kann nur die Rolle vornehmen, welche in der Domäne created_by aufgeführt ist. Die Rolle alice erhält auf das Statement

```
UPDATE movies
SET title = 'Skyfall'
WHERE title = 'Casino Royale'
```

das Feedback:

```
UPDATE 1
```

Schliesslich betrachten wir das DELETE Statement, mit welchem existierende Zeilen gelöscht werden. Wie beim SELECT Statement wird hierfür nur der Ausdruck unter

USING berücksichtigt und der Ausdruck `true` bewirkt, dass alle Zeilen für das DELETE Statement sichtbar sind.

Das heisst, die Rolle `carol` kann die von `alice` eingefügte Zeile erfolgreich löschen, das Statement

```
DELETE FROM movies
WHERE movieId = 1
```

wird so bestätigt:

```
DELETE 1
```

Um das Löschen von Zeilen nur jenen Rollen zu gewähren, welche in der Domäne `created_by` verzeichnet sind, müssen wir eine zusätzliche Sicherheitsrichtlinie auf Zeilenebene formulieren, welche den Zugriff für das DELETE Statement mit dem passenden Ausdruck unter USING separat regelt.

12.6 PERMISSIVE vs. RESTRICTIVE

Kommen bei einer Zeilen-Operation mehrere Sicherheitsrichtlinien auf Zeilenebene zum Zug, werden diese standardmässig mit dem Booleschen OR kombiniert und gelten als "erlaubende" (PERMISSIVE) Sicherheitsrichtlinien.

Ab PostgreSQL 10 kann eine Sicherheitsrichtlinie auf Zeilenebene auch als RESTRICTIVE deklariert werden, was dazu führt, dass die verschiedenen Sicherheitsrichtlinien mit dem Booleschen AND kombiniert werden. Solche Sicherheitsrichtlinien gelten als "restriktiv".

Es muss mindestens eine "erlaubende" Sicherheitsrichtlinie auf Zeilenebene vorhanden sein um den Zugriff auf eine Tabelle zu gewährleisten.

In folgendem Beispiel werden die unterschiedlichen Auswirkungen erläutert.

Beispiel 12.10. Im vorigen Beispiel haben wir eine kurze und einfache Sicherheitsrichtlinie auf Zeilenebene definiert, welche mit der kombinierten Anwendung von USING und WITH CHECK alle existierenden Zeilen sichtbar macht, vgl.:

```
USING (true)
```

aber nur jene Zeilen eingefügt und geändert werden können, in welchen die ausführende Rolle in der Domäne `created_by` verzeichnet ist, vgl.:

```
WITH CHECK (created_by = current_user)
```

Jedoch werden durch den Ausdruck USING (true) die existierenden Zeilen nicht nur für die Abfrage (SELECT) sondern auch fürs Löschen (DELETE) sichtbar gemacht.

Wir benötigen eine zusätzliche Sicherheitsrichtlinie auf Zeilenebene, welche beim Löschen den Zugriff nur auf die selber eingefügten Zeilen beschränkt:

```
CREATE POLICY movie_delete ON movies
      FOR DELETE
      USING (created_by = current_user)
```

In der Spalte Policies sind beide Sicherheitsrichtlinien auf Zeilenebene in der Zeile der Tabelle movies (aus Platzgründen nicht aufgeführt) zu finden:

```
                   Access privileges
  [...]  Policies
─────────────────────────────────────────────────────
         movies_policy:                              +
         (u): true                                   +
         (c): ((created_by)::name = CURRENT_USER)    +
         movie_delete (d):                           +
         (u): ((created_by)::name = CURRENT_USER)
─────────────────────────────────────────────────────
```

Zum Testen der Zugriffsberechtigungen und Sicherheitsrichtlinien auf Zeilenebene fügen wir als Rolle alice erneut die folgende Zeile zur Tabelle movies hinzu:

```
INSERT INTO movies
   VALUES (1, 'Casino Royale', 'alice')
```

Durch die Zeilen-Abfrage

```
SELECT *
FROM movies
```

erhalten alle Rollen die Liste:

movieid	title	created_by
1	Casino Royale	alice

Erneut versucht carol das DELETE Statement auf die von alice eingefügte Zeile auszuführen:

```
DELETE FROM movies
WHERE movieId = 1
```

Das Feedback lautet:

```
DELETE 1
```

Die Zeile konnte von `carol` gelöscht werden, obwohl dies die Sicherheitsrichtlinie auf Zeilenebene für das `DELETE` Statement nicht hätte zulassen dürfen!

Da Sicherheitsrichtlinien auf Zeilenebene standardmässig als `PERMISSIVE` ("erlaubend") behandelt werden, kombiniert das System die beiden resultierenden Werte aus der Zeilen-Prüfung mit dem Booleschen `OR`. In diesem Fall ergibt die Zeilen-Prüfung für das `DELETE` Statement die Resultate:

* `true` aus der Sicherheitsrichtlinie

$$\texttt{movies\_policy:USING (true)}$$

* `false` aus der Sicherheitsrichtlinie

$$\texttt{movie\_delete:USING (created\_by = current\_user)}$$

Laut Wahrheitstabelle erhalten wir für die Formel `true OR false` das Resultat `true` und somit passieren bei `DELETE` Statements weiterhin alle Zeilen die Kombination der beiden Überprüfungen, auch wenn eine davon `false` zurückgibt.

Wir deklarieren die Sicherheitsrichtlinien auf Zeilenebene für das `DELETE` Statement jetzt als `RESTRICTIVE` ("restriktiv"). Dazu löschen wir zuerst die vorhin erstellte Sicherheitsrichtlinie mit

```
DROP POLICY movie_delete ON movies
```

und formulieren die neue Sicherheitsrichtlinie folgendermassen:

```
CREATE POLICY movie_delete ON movies
      AS RESTRICTIVE
      FOR DELETE
      USING (created_by = current_user)
```

Die Übersicht der Zugriffsberechtigungen zeigt, dass es sich bei `movie_delete` um eine restriktive Sicherheitsrichtlinie handelt:

```
                    Access privileges
       [...]    Policies
               movies_policy:                        +
               (u): true                             +
               (c): ((created_by)::name CURRENT_USER)  +
               movie_delete (RESTRICTIVE) (d):       +
               (u): ((created_by)::name = CURRENT_USER)
```

Somit werden die beiden Sicherheitsrichtlinien mit dem Booleschen AND verknüpft und die Formel true AND false resultiert nach Wahrheitstabelle in false. Also wird eine Zeile für das DELETE Statement nur freigegeben, wenn sie beide Sicherheitsrichtlinien passiert.

Wir fügen erneut als Rolle alice die folgende Zeile in die Tabelle movies ein:

```
INSERT INTO movies
   VALUES (1, 'Casino Royale', 'alice')
```

Wiederum liefert die Zeilen-Abfrage

```
SELECT *
FROM movies
```

für alle Rollen die Liste:

movieid	title	created_by
1	Casino Royale	alice

Und nochmals versuchen wir als carol die von alice eingefügte Zeile zu löschen:

```
DELETE FROM movies
WHERE movieId = 1
```

Endlich erhalten wir darauf ein negatives Feedback:

```
DELETE 0
```

Nur alice kann diese Zeile löschen, da ihr Name in der Domäne created_by verzeichnet ist. Auf das gleiche Statement

```
DELETE FROM movies
WHERE movieId = 1
```

erhält alice die Bestätigung:

```
DELETE 1
```

Diese beiden einfachen Sicherheitsrichtlinien auf Zeilenebene lassen die Rollen schliesslich nur noch Zeilen einfügen, bearbeiten und löschen, in welchen der Name in der Domäne created_by mit dem Namen der ausführenden Rolle übereinstimmt. Weiter sind alle Zeilen für die Abfrage SELECT freigegeben, unabhängig von der ausführenden Rolle.

Weiterführende Literatur[1]

1. The PostgreSQL Global Development Group: Postgresql documentation, row security policies (2018). https://www.postgresql.org/docs/current/static/ddl-rowsecurity.html. Zugegriffen am 11.06.2019
2. Stoffel, K., Studer, T.: Provable data privacy. In: Database and Expert Systems Applications. DEXA 2005, S. 324–332. Springer (2005). https://doi.org/10.1007/11546924_3
3. Stouppa, P., Studer, T.: A formal model of data privacy. In: Perspectives of Systems Informatics. PSI 2006, S. 401–411. Springer (2007). https://doi.org/10.1007/978-3-540-70881-0_34

---

[1]Die PostgreSQL Dokumentation zu Sicherheitsrichtlinien auf Zeilenebene findet sich unter [1]. Datenschutz in relationaled Datenbanken ist auch ein wichtiges Thema in der theoretischen Forschung. Wir verweisen hier nur auf [2, 3] als Ausgangspunkt zur entsprechenden Literatur.

Stichwortverzeichnis

© Springer-Verlag GmbH Deutschland, ein Teil von Springer Nature 2019
T. Studer, *Relationale Datenbanken*,
https://doi.org/10.1007/978-3-662-58976-2

Printed in the United States
By Bookmasters